江西省哲学社会科学成果文库

JIANGXISHENG ZHEXUE SHEHUI KEXUE

CHENGGUO WENKU

魏晋南北朝
汉语连词研究

STUDIES ON CONJUNCTION IN CHINA'S WEI, JIN AND
SOUTHERN & NORTHERN DYNASTIES

潘志刚　著

社会科学文献出版社
SOCIAL SCIENCES ACADEMIC PRESS (CHINA)

魏晋南北朝
文治武功研究

总　序

　　作为人类探索世界和改造世界的精神成果，社会科学承载着"认识世界、传承文明、创新理论、资政育人、服务社会"的特殊使命，在中国进入全面建成小康社会的关键时期，以创新的社会科学成果引领全民共同开创中国特色社会主义事业新局面，为经济、政治、社会、文化和生态的全面协调发展提供强有力的思想保证、精神动力、理论支撑和智力支持，这是时代发展对社会科学的基本要求，也是社会科学进一步繁荣发展的内在要求。

　　江西素有"物华天宝，人杰地灵"之美称。千百年来，勤劳、勇敢、智慧的江西人民，在这片富饶美丽的大地上，创造了灿烂的历史文化，在中华民族文明史上书写了辉煌的篇章。在这片自古就有"文章节义之邦"盛誉的赣鄱大地上，文化昌盛，人文荟萃，名人辈出，群星璀璨，他们创造的灿若星辰的文化经典，承载着中华文明成果，汇入了中华民族的不朽史册。作为当代江西人，作为当代江西社会科学工作者，我们有责任继往开来，不断推出新的成果。今天，我们已经站在了新的历史起点上，面临许多新情况、新问题，需要我们给出科学的答案。汲取历史文明的精华，适应新形势、新变化、新任务的要求，创造出今日江西的辉煌，是每一个社会科学工作者的愿望和孜孜以求的目标。

　　社会科学推动历史发展的主要价值在于推动社会进步、提升文明水平、提高人的素质。然而，社会科学的自身特性又决定了它只有得到民众的认同并为其所掌握，才会变成认识和改造自然与社会的巨大物质力量。因此，社会科学的繁荣发展和其作用的发挥，离不开其成果的运用、交流与广泛传播。

　　为充分发挥哲学社会科学研究优秀成果和优秀人才的示范带动作用，促进江西省哲学社会科学进一步繁荣发展，我们设立了江西省哲学社会科学成果出版资助项目，全力打造《江西省哲学社会科学成果文库》。

　　《江西省哲学社会科学成果文库》由江西省社会科学界联合会设立，资助江西省哲学社会科学工作者的优秀著作出版。该文库每年评审一次，通过作者申报和同行专家严格评审的程序，每年资助出版30部左右代表江西现阶段社会科学研究前沿水平、体现江西社会科学界学术创造力的优秀著作。

　　《江西省哲学社会科学成果文库》涵盖整个社会科学领域，收入文库的都是具有较高价值的学术著作和具有思想性、科学性、艺术性的社会科学普及和成果转化推广著作，并按照"统一标识、统一封面、统一版式、统一标准"的总体要求组织出版。希望通过持之以恒地组织出版，持续推出江西社会科学研究的最新优秀成果，不断提升江西社会科学的影响力，逐步形成学术品牌，展示江西社会科学工作者的群体气势，为增强江西的综合实力发挥积极作用。

祝黄河

2013 年 6 月

前　言

　　汉语是世界上缺乏严格意义的形态变化的孤立型语言之一，语法意义的表达主要借助于语序和虚词。语序具有更多的语言类型学上的共性，而虚词则具有不同于其他民族语言的丰富的个性特点，因此，要揭示汉语语法的本质规律，就需要对汉语虚词进行深入系统的研究。连词是汉语中典型的虚词词类，是汉语组词成句的重要的语法功能词，因此，无论是共时平面还是历时平面的汉语语法研究，连词都是重要内容之一。

　　在汉语历史语法研究领域，各个阶段的连词研究进展程度是不一致的。其中，上古汉语连词的研究最为充分，近代汉语的连词研究在 21 世纪也取得了较大的进展，只有中古汉语的连词仍然没有得到充分系统的研究，成为汉语语法史系统研究中薄弱的一环。魏晋南北朝汉语是中古汉语的主干部分，这个时期使用的连词大致可以体现中古汉语连词的全貌。因此，本书中我们选取魏晋南北朝汉语的连词作为研究对象，从汉语史学界常用的魏晋南北朝时期的文献语料中找出此时期使用的连词词项，通过全面系统地描写分析此时期使用的连词，揭示出中古汉语连词的使用特点，探究中古汉语连词的来源及发展情况，并进一步深入探讨中古汉语连词在整个汉语连词发展进程中的某些演变规律。

前　言

目　　录

第一章　绪论

第一节　研究的目的及意义

汉语系统的语法研究，自清末马建忠的《马氏文通》开始，至今已有一百余年的历史。早期的语法著作，主要是借鉴西方传统语法理论来研究汉语语法，对汉语语法的特点缺乏深刻的认识。"什么是汉语结构的最基本的特点？这个问题到三十年代才逐渐明确起来，那就是汉语没有严格意义的形态变化。"（张斌、胡裕树，1981/1989：115）正是由汉语语法的这一基本特点，决定了汉语语法不同于印欧语系语言的其他一系列特点。现在普遍认为，语序和虚词是汉语表示语法意义的重要语法手段。因此，无论是共时的汉语语法研究，还是历时的汉语语法研究，虚词都应是研究的重要内容之一。

系统的虚词研究是从1898年的《马氏文通》开始的，迄今为止已经取得了相当丰硕的成果。纵观这一百余年的虚词研究，我们可以发现虚词中各个类别的研究以及各个发展阶段的研究是不太平衡的，上古汉语的虚词研究最为充分，近代汉语的虚词研究也呈蒸蒸日上之势。相对而言，中古汉语的虚词研究略显滞后。就虚词中各词类的历时研究和断代研究来看，副词、介词、助词、语气词等词类的研究成果要多一些，而针对连词的历时研究或断代研究的成果较少。连词是虚词中的一个重要词类，在语法研究中应该同介词、助词等虚词一样，居于同等重要的地位。我们选取魏晋南北朝汉语的连词作为研究对象，就是想对此时期连词的整体面貌及发展规律作深入的了解，以期能为汉语语法史研究贡献些许力量。

我们知道，上古汉语的句子连接很多时候不用连词，主要采用"意合法"，但汉语的句法结构在后来的发展中日益精密，复句中小句与小句间的连接更倾向于采用"形合法"，新的连词不断产生，汉语句子间的语义关系、结构层次由于更多地使用连词而显得更为清晰显豁。因此，研究汉语中连词的产生及历时演变对于我们研究汉语句法的发展有着重要的意义。系统的、历时的研究总是以断代的研究为基础的，因而魏晋南北朝汉语连词的研究对于汉语连词历时的研究无疑是有重要价值的。我们可以通过此时期汉语连词的断代描写、分析，发现它有别于汉语史其他阶段连词的显著特点；也可以从中发现汉语连词产生及发展演变的一些普遍规律。此外，这样的研究对于古汉语虚词词典的编纂、修订以及中古时期汉语文献的整理、注释等都是有明显的作用的。

第二节   研究范围

本书主要做的工作是连词的断代研究，我们将它定位于魏晋南北朝这一阶段，是基于这样的考虑：从汉语史分期的角度来看，魏晋南北朝近400年的历史时段可以看作中古汉语的主干部分，东汉可以看作上古汉语向中古汉语的过渡时期，隋代可以看作中古汉语向近代汉语的过渡时期。新的语法现象在过渡时期可能初露端倪，在主干时期就已发展得较为成熟了。因此，对于此时期的连词进行系统研究，应该能大致反映中古汉语连词的特点及演变发展规律。

我们知道，语言的发展是渐变的，这决定了语言历史分期不可能像对历史事件的切分那样精确。为了研究的需要，对汉语史的分期只能是大致的阶段划分。袁宾（1992：3）在给近代汉语划界时提出的两条原则可以给我们以启发，他提出："在认识近代汉语历史范围的问题上，我们觉得，可以确立下面两条原则：（一）认识主干部分的原则。（二）前后阶段可以部分重叠的原则。"在确定中古汉语的分期上我们认为也可以参照这样的原则。那么，我们为何确定魏晋南北朝时期是中古汉语的主干部分呢？这主要是基于我们比较多家学者的分期意见以及结合当代学界对近代汉语分期的认识所提出的看法。关于汉语史的分期，在20世纪一直存在着分歧。在中古汉语的分期上，学界有多种看法。王力（1958/1980：35）提出，汉语史的中古期是公元 4 世纪到 12 世纪（南宋前半），12、13 世纪为过渡阶段。同时，他也认为"因为对于汉语的历史，特别是对于汉语语法的历史，还没有充分研究过"，这只是一个初步意见。潘允中（1982：12）认为汉语史的中古时期是"自两晋经过十六国时期至隋唐五代"。孙锡信（1992：13）对中古时期的分期是：中古时期（魏晋南北朝。公元 2 世纪～公元 6 世纪）。王云路、方一新（1992：8）认为"东汉魏晋南北朝隋——中古汉语"。向熹（1993：42）关于汉语发展史的分期把中古时期确定为从公元 4 世纪到公元 12 世纪，即六朝、唐、宋时期。董志翘、蔡镜浩（1994：2）提出："我们给中古所定的时限是魏晋至宋代。"日本学者志村良治（1984/1995：3）提出："这里所说的中世汉语的时期，指从魏晋至唐末五代。与此相应，以汉末与北宋初年为参考时期。通常把这一时期的汉语称为'中古汉语'。"从以上各家的观点来看，将"魏晋南北朝"包括在中古汉语时期内基本上是没有疑义的，出入比较大主要是中古汉语的下限。这就需要联系近代汉语的分期来确定了，如果近代汉语的上限明确了，那么中古汉语的下限也就确定了。

　　自 20 世纪 80 年代以来，近代汉语的研究在汉语史研究中一直居于领先地位，因此，对近代汉语的时限的大致确定，也成了一个重要的课题。吕叔湘（1983/2002：260）指出："尽管从汉魏到隋唐都有夹杂一些口语成分的文字，但是用当时口语做基础，而或多或少掺杂些文言成分的作品是直到晚唐五代才开始出现的（如禅宗语录和敦煌俗文学作品），因此我们建议把近代汉语的开始定在晚唐五代即第九世纪。"袁宾（1987）提出，近代汉语的历史范围，不采用画线切分规定上下限的方法。他认为，汉语历史阶段由主干部分和交替重叠部分组成，以南宋、元、明、清为近代主干，上下可推延几个世纪。蒋冀骋（1990）"主张将汉语史分为四期：上古：2 世纪以前；中古：魏晋——中唐（2～8 世纪）；近代：晚唐五代——明末清初（9～17 世纪）；现代：清末——今（18 世纪～今）。"蒋绍愚（1994：6）认为："把语音和语法综合起来看，把唐代初年作为近代汉语的上限是可以的。"进入 21 世纪后，汉语史各个方面的研究愈益深入，关于中古汉语和近代汉语的分期也渐渐地趋向于达成共识。蒋绍愚、曹广顺（2005：2）指出："从研究工作的实际状况出发，现在学术界一般还倾向于三分，近代汉语的上限大致定在晚唐五代，下限大致定在清代中期；近年来，还把古代汉语分为'上古汉语'和'中古汉语'两个阶段。但对近代汉语研究的范围并不以晚唐五代到清代中期为限，早于和晚于此时期的语言数据和语言现象，只要和近代汉语时期的语言有关，也都在近代汉语研究的范围之内。"

从汉语语法史研究的实际情况来看，现在学界基本上是把汉语史分为上古、中古、近代和现代四个时期，研究近代汉语的学者一般都把语料的考察范围向上延伸到唐代。因此，把唐代归入近代汉语的范围已经得到学界的广泛认可。这样，中古汉语的范围也就可以基本确定下来了。董志翘、王东（2002）曾肯定地指出："关于中古汉语的起讫，目前比较一致的意见是指东汉至隋（公元1世纪到7世纪初）。中古汉语语法，也就是指这一时期的汉语语法。"因此，关于汉语史的分期在今天来说已经不再是讨论的热点，大家对中古汉语、近代汉语的分期已经基本上有了相同的认识。近几年出版的有关中古汉语语法的专题研究的两本著作《中古汉语助动词研究》（段业辉，2002）和《中古汉语副词研究》（高育花，2007）都明确地把东汉至隋这一段看成中古汉语时期，而中古汉语的主体仍然是魏晋南北朝的汉语。

我们在本书中也赞同把魏晋南北朝汉语看成中古汉语的主体的观点，并且认为以此时期的连词作为研究对象应该能够基本反映中古汉语连词的特点，也能够揭示中古汉语连词的演变规律。当然，如果考察的某个连词的最早用例是在东汉时期，我们也可以把它定性为中古汉语新产生的连词。

第三节　研究概况

对于中古汉语虚词的研究，到目前为止学界已经取得了较多的成果，但相对于上古及近代汉语的虚词研究而言，仍然稍显薄弱。董志翘、王东（2002）在总结此时期的虚词研究时说："词法研究中的虚词研究尤待进一步加强，汉译佛典等新材料中的虚词研究得很少。研究虚词的专书也太少。研究方法与研究手段尚需进一步更新。目前主要还是采用传统的分析方法，有些虚词的研究还停留在训诂阶段。运用计算机作随机统计研究的论文更是凤毛麟角。"而在中古汉语虚词各个词类的研究上，介词、副词、代词、助动词等都已经得到了深入系统的研究，也出版了一些专著，但是对于此阶段的连词，学界关注较少，至今尚未有人做过全面深入的专题研究。因此，就目前所见文献材料看，魏晋南北朝汉语连词的研究成果主要见于一些语法史专著及专书研究的有关章节，以及一定数量的单篇论文。

一 语法专著相关研究综述

较早从语法史的角度关注汉语连词发展问题的是现代语言学家王力，他的《汉语史稿》中册（1958/1980）专列一节论述"介词和连词的发展"。在这一节的开头，作者说道："在汉语里介词和连词的界限不是十分清楚的。我们给它们一个总名，叫作联结词，所以并在一节里加以叙述。为篇幅所限，本节里只谈'于'、'之'、'以'、'而'、'则'、'与'六个联结词的发展。其中有专用为介词的，即'于'、'之'、'以'；有专用为连词的，即'则'；有兼用为介词和连词的，即'而'、'与'。"显然，由于《汉语史稿》是一本教科书性质的专著，作者对于介词、连词的发展只是做了举例性的研究，并未对介词、连词作分时段的系统研究。限于本书的性质及它产生的时代，这样的研究已经超出同时期的相关研究了，它为汉语史学者以后的研究提供了一个很好的范例。

日本学者太田辰夫是比较早地系统研究近代汉语语法的学者之一。他的《中国语历史文法》（1958/1987）对近代汉语的语法现象进行了全面系统的研究，其"连词"一章首次在近代汉语语法研究领域建立了一个完整的连词体系，在给连词以定义的同时还进行了粗具规模的分类描写，并追溯了近代汉语某些连词的来源，不乏精彩见解，对汉语史连词的断代研究、整体研究都有很深远的影响。但由于该书是一部全面的近代汉语历史语法专著，受篇幅限制，"连词"一章的分类描写还是显得比较简略。当然，在当时的学术条件下，能够建立起一个近代汉语连词研究的基本框架，已经显示出了学者独特的研究眼光。可以说，这样的研究在当时已经是很先进的了。只可惜这本著作的中文译本直到 20 世纪 80 年代末才产生，因此作者的学术思想和学术观点、方法在我国产生重大影响实际上是 20 世纪 80 年代以后的事了。

此外，潘允中（1982）也论述了"而""以""且""则""然而""顾""但""但是"等几个常用连词的发展，对同次类的连词用法进行了细致的比较分析，使我们能够清楚地看出它们在表达同样的语法意义时在用法上的细微差别。此外，作者还对这些连词的用法进行了大致分阶段的描写分析。虽然只是举例式地分析了几个连词的发展情况，但是这种细致的横向对比分析及纵向的历时演变描写还是为后来的研究者提供了可资借鉴的思路。

史存直（1986）在论述连词的发展时，选择了上古汉语中已经出现的"与""而""且""则""即"等进行了举例式的描写，主要描写了这些词在先秦两汉时期的用法，并和现代汉语中的用法进行了对比，从语法史的角度来说，这样的对比显得跨度过大，中间发展演变的某些细节被忽略了，不利于看出连词演变的全貌，也不利于得出汉语连词演变的客观规律。

而到了 20 世纪 80 年代末，王力在以前出版的《汉语史稿》中册的基础上，又出版了单行本《汉语语法史》（1989），后者在语法史研究方面较前者充实了不少内容，显示了当时国内语法史研究方面的最新发展趋势和理论成果。作者在第十章"介词和连词"中，仍然坚持以前的基本观点，即"在汉语里，介词和连词的界限不是十分清楚的，我曾经给它们一个总名，叫作联结词"。有关连词的问题，作者重点讨论了上古汉语中的一些连词，比如"与""而""则""然""虽""若""苟""如"等，在说明它们用法的同时，也讲到了它们的发展变化。此章最精彩的部分是详细论述了"实词的虚化"问题。作者明确提出"多数介词和连词都是由实词虚化而成的"，并把虚化的情况分成六种类型，即："1. 动词虚化为介词；2. 动词虚化为连词、介词；3. 动词虚化为介词再发展为连词；4. 形容词虚化为连词；5. 副词虚化为连词；6. 短语虚化为连词。"这样的论述在当时来说都是有关介词、连词来源的很系统很先进的理论观点了，也与 20 世纪 90 年代由西方传入并在中国产生重大影响的语法化理论的某些观点吻合。[①] 这表明扎根于汉语语言事实的深度研究往往会揭示出普通语言学理论的某些重要规律。因此，王力有关实词虚化的理论对后辈学者的影响也是很深远的。但总的说来，此书对连词的发展演变的研究还只是举例性的，系统的研究还有待于学界继续努力。

进入 20 世纪 90 年代后，在汉语史的研究方面又产生了几部优秀的著作，它们在中古汉语连词的研究方面比以前的研究有了新的发展。柳士镇（1992）单独列了"连词"一章，首先分析了魏晋南北朝时期连词运用的四个比较显著的变化，其次按类别对此时期的新生单音节连词"共、将、并、加、为、还、但、由、因、脱、自、就、正、便"等进行了描写分析，还按"同义复用、短语凝定、附有词缀'复'字"三个成因类别分析了此时期一些双音节连词，在连词断代研究的深度方面迈出了坚实的一步。但是，作者在分析这些连词的用法时，仍侧重于共时描写，而在解释这些新生连词的起源及发展演变方面则写得很简略，并且此章在全书中所占分量也很少。因此，此书中的魏晋南北朝汉语连词研究也还只是粗具规模。孙锡信（1992）在虚词篇中也单独列"连词"一章来论述汉语连词的发展，分"概说"和"常用连词辨析"两个小节。"概说"一节中大致分甲骨文时期、周代春秋至东汉时期、魏晋南北朝时期、唐五代以后这几个阶段概括连词发展的脉络。另一小节主要选了几组连词从用法方面进行了辨析，特别注意这些连词在中古时期使用上的不同。作者在魏晋南北

---

① 语法化理论在西方兴起于 20 世纪初期，霍伯尔、特拉格特（2005，梁银峰译，2008：24，27）指出，"语法化"这个词明显是由法国语言学家 Antoine Meillet（梅耶）创造的，他是"第一个认识到语法化的重要性并把它作为语言演变理论的中心领域的学者，还是第一个使用'语法化'这个术语并把它作为专门的工作而投身于其中的语言学家"。Meillet 在他的文章（1912）中描述了新的语法形式是如何通过两种途径产生的。其中一种途径是众所周知的类推法，即由于与业已建立的聚合体相似从而产生出新的聚合体。新的语法形式产生的第二种途径是通过语法化，"由某个自主词转变为某个语法成分的通道"。在当代的"语法化"研究中，霍伯尔、特拉格特（2005，梁银峰译，2008：2）说："'语法化'这个术语有两个意思，一个意思是涉及一种用来解释语言现象的研究框架，另一个意思则涉及语言现象本身。作为一个涉及研究框架的术语，'语法化'指关于语言演变研究的部分，这种演变和如下问题有关：比如词汇项和结构是如何进入某种语境来表示语法功能的，语法项是如何发展出新的语法功能的。作为一个涉及实际语言现象的术语，'语法化'在大多数情况下尤其指借以使特殊项因时间的推移而变得更具语法性的演变步骤。"

朝连词研究方面对我们启发很大的主要有两个方面：一是对《世说新语》中的连词进行了概括归纳，并开始运用定量统计的方法说明一些连词在《世说新语》中的使用情况；二是在同类连词的用法比较上挖掘很深，观察非常细致。当然，由于该书是一部通论汉语历史语法的著作，深入系统的专题研究并非它的主要任务，因此，魏晋南北朝连词的断代专题研究自然非其研究重点。但是，此书中研究连词的一些方法对于断代系统的连词研究还是有重大的参考价值的。向熹的著作（1993）是继王力《汉语史稿》之后又一部影响深远的汉语史专著。此书的下册是汉语语法史，分"上古汉语语法的发展""中古汉语语法的发展""近代汉语语法的发展"三章。在中古汉语语法的发展中，作者单列一节来论述介词、连词的发展。在连词的发展问题上，作者重点论述了 86 个新生连词的用法。此书在中古汉语新生连词的描写方面较以前的同类著作更全面。但此书对汉语史的分期主要采纳了王力《汉语史稿》中的观点，中古汉语的时限确定为公元 4 世纪到公元 12 世纪左右，即六朝、唐、宋时期，因此，按照学术界目前的通行观点，作者论述的中古汉语的某些新生连词实则是近代汉语时期才产生的。尽管如此，此书在对新生连词作详尽细致的描写分析方面，仍然能给我们从事断代系统的连词专题研究以重要启示。此外，董志翘、蔡镜浩（1994）专门针对中古汉语的虚词进行了研究。从该著作的性质来看，应属于汉语语法史断代研究的虚词词典。此词典共收连词 101 个，分别对它们的用法进行了解释，对有的连词也简要地说明了它们的来源及发展演变情况，是一本研究中古汉语连词时值得参照的很好的工具书。但是此书给中古汉语所定的时限是魏晋至宋朝，这同样与当前学界通行的关于中古汉语时限的观点不符，因此，其中产生于唐宋时期的连词按现时的观点应该属于近代汉语的范围。

最近几年，有些学者对魏晋南北朝的一些专书进行了语法研究，里面也包含了此时期连词的研究内容。刘光明（2006）以《颜氏家训》一书作为语法研究对象，研究了它的各个词类及判断句、被动式、疑问句等句法现象。在"连词"一章中统计出《颜氏家训》使用的连词共为 69 个，然后对这些连词进行了分类描写，最后结合上古汉语和魏晋南北朝这两个时期的连词特点，简要总结了《颜氏家训》一书中连词的特点。这样的研究有利于我们认识《颜氏家训》一书连词的使用概貌，但作者对于某些新生连词只描写了其用法，未解释其来源，未免使人感到有点遗憾。汪维辉（2007）研究了《齐民要术》的词汇及语法现象，对于《齐民要术》中的连词，作者并未作全面研究，只论及了"而且、所以、脱"这三个新生的连词。周生亚（2007）对《搜神记》一书的词汇、语法进行了研究。在语法研究部分有"连词研究"一章，共归纳出《搜神记》有 40 个连词，并分 8 类进行了描写，然后分析了这些连词的功能，最后论述了《搜神记》的连词在汉语连词发展中表现出来的四个方面特征：（一）随着汉语复音词的发展，《搜神记》中也出现了一批复音连词。（二）由于语言发展，《搜神记》中新老连词并存，这也反映出词类发展中的交替、渐变过程。（三）语言发展强化了连词的语法特点，促进了介词和连词的分化进程。（四）和上面相关的就是，由于语言发展，连词本身的语法特点也在不断地变化。作者对《搜神记》中连词的研究是全面而细致的，总结出的连词发展的若干特点也符合中古汉语时期连词发展的普遍特点。在对专书的语法研究中，这样的词类研究成果已经显得相当深入了，可为断代系统的连词研究提供可靠依据。

二　有关论文相关研究综述

关于魏晋南北朝汉语连词研究的学术论文，大致可以 20 世纪 80 年代为界分为两个大的时期，在此之前这样的单篇论文数量很少，进入 80 年代后，这方面的研究逐渐升温，发表的单篇论文也就慢慢多了起来。进入 21 世纪后这方面研究的学术论文呈迅速增加的趋势。下面我们对 20 世纪 80 年代以来有关魏晋南北朝汉语连词研究的学术论文加以概述。

（1）目前所见已发表的与本书相关的单篇学术论文，大部分是立足于现代汉语的单个连词，从纵向演变的视角对某个连词的起源、发展作历时性的描写、分析，揭示单个连词在不同时期的用法。这种研究对于了解现代汉语单个连词的来源及其发展是很有意义的，我们在此只选择论述形成于中古时期的连词的论文加以介绍，因为这样的成果与本书的研究紧密相关。

刘坚（1989）论述了"和""共""连"这三个虚词的来源及发展，

指出"和"字在唐代已开始由动词发展为连词，在宋代已发展为介词。"共"字在六朝时由副词进一步虚化产生出介词的用法，"共"作连词是在宋元时期，文章举的例子分别出自《董解元西厢记》《武王伐纣平话》《七国春秋平话》。"连"字由动词用法虚化而来的介词用法，比"和"字出现得更早，产生于唐代，到了宋代，"连"字就已经变成纯粹的介词了。文章对虚词"共"的论述值得我们关注，在作者看来，"共"表示并列关系的连词用法产生于宋代。但据后来学界对连词"共"的研究来看，表示并列关系的连词"共"显然在魏晋南北朝时期已经产生了。

于江（1996a）从历史语法的角度，对"与、及、并、和"这一组意义相近的虚词在30多种文献中的发展演变逐个加以考察，并对"与"和"及""并"和"和"略加辨析，说明了这四个虚词在使用上的一些特点。文章对虚词"并"的考察值得我们注意，作者认为"并且"义的连词"并"当从"兼并、合并"义的动词"并"虚化而来，并且早在《庄子》中就已经出现。西汉以后，"并"以连接动词性成分为常，也连接名词性成分，而到了宋元明时期，"并"逐渐多用于名词成分之间的连接，而且出现频率很高。文章还指出，在与其他词素组成复合虚词方面，"及"能与"并"复合成连词"并及"，这种用法多见于中古时期。后来的学者在连词"并"的产生时代上有不同看法，郭齐（2000）、徐朝红（2007）都认为表示并列关系的连词"并"应该是中古时期新生的连词。据我们对上古及中古文献中"并"的考察，表示并列关系的连词"并"在先秦及西汉的文献中都未见使用，在东汉的文献中才见少数用例，到魏晋南北朝时期的用例稍有增加，并一直沿用至现代汉语。因此，我们赞同表示并列关系的连词"并"产生于中古汉语时期的观点。

于江（1996b）考察了近代汉语"和"类虚词"共""连""和""同""跟"的来源及发展，从文章论述来看，"连""和""同""跟"发展成为虚词是在近代汉语时期，而"共"的虚词用法出现在魏晋南北朝。作者认为，魏晋南北朝时期，动词"共"已逐渐虚化，开始产生介词用法，用来引进动作行为的对象，而早在南北朝和唐代，"共"就已具备了连词的功能。作者举的南北朝时连词"共"的两个例子分别出自《文心雕龙》和庾信的诗歌。作者对虚词"共"的发展演变有这样的结论："共"从魏晋南北朝开始先虚化成介词，然后虚化成连词，唐、宋、元三代继续使用，到了明代才完全被"和"与"同"所取代。

马贝加（2002）首先分析了动词"要"的语法化，认为动词"要"的语法化始于汉代，最早出现的是能愿动词"要"，《史记》已见用例。其次是连词"要"，转折连词"要"始见于《汉书》，沿用于《三国志》，唐宋时期常见，"要"表示转折，其来源很可能是"要"的形容词义项"重要的"；假设连词"要"在《汉书》中发现一例，《三国志》亦有用例，唐诗中已有较多的"要"用于假设复句中的例子，假设连词"要"脱胎于表示主观愿望的能愿动词"要"。文章对动词"要"演变为假设连词"要"的语法化过程的探讨是很可取的，但是我们对于假设连词"要"产生于东汉时期的观点有不同看法，我们将在后面分析这个连词时进一步详细阐述。

曹炜（2003）分析了并列连词"并"的产生、发展及消亡，认为作为并列连词的"并"最早出现在东汉应劭的《汉书》注中，比较频繁地使用是在元末明初问世的《三国演义》中。在明清两代，作为并列连词的"并"的使用由盛而衰，"五四"以后就逐渐隐退了，由"和、跟、同、与"取代了，而"并"则专用在否定词前面，加强否定语气，或者用作表示递进关系的连词。它是从伴随动词直接语法化成为并列连词的，中间并没有经历一个"伴随介词"的阶段。

邱娟娟（2006）认为因果连词"因此"产生的时代是南北朝时期。"因此"由介词短语演变为因果连词至少有三个条件：①表原因的语义基础；②在因果关系中处于表果分句的句首；③表因果关系的句意由它来承担。作为因果连词的"因此"，从产生之初到现今，它都不如"所以"那么纯粹表示结果，仍有"因为这样，所以……"的意义，既起承上启下的作用，又有复指上文的作用。我们对于作者提出的"因此"由介词短语演变为因果连词的三个条件有不同看法，连词只是起连接作用并凸显连接成分间逻辑语义关系的语法功能词，表示因果关系的句意并不是依靠连词来承担的，事实上无论在现代汉语还是在古代汉语中都能见到大量不使用因果连词却依然表示因果关系的复句。邢福义（2001：31~33）曾详细论述了汉语中复句关系词语（主要是连词，也包括有关联作用的副词）

的作用，指出复句关系词语的作用，需要从静态和动态两个角度去考察。从静态的角度看，即从关系词语的运用结果看，关系词语的作用是标明复句关系。从动态的角度看，关系词语的作用有四种：一是显示，二是选示，三是转化，四是强化。所谓显示，是用某种形式显示某种关系，即两个分句之间本来隐含某种关系，人们运用表示这种关系的关系词语显示了这种关系。所谓选示，是有选择地用某种形式显示两种或多种关系中的一种。所谓转化，是用特定形式转化某种关系，即关系词语所标明的关系，对本来存在的关系有所转化。所谓强化，是用特定形式强化已由某种格式所显示的某种关系。我们认为邢福义（2001）对复句关系词语作用的论述也可以作为对连词语法作用的高度概括，连续的话语语流中的语法单位（词、短语、小句、句子）间都隐含某种逻辑语义关系，而连词只是标明这种语义关系的标志，并不是说连词就承担起了这种语义，这是我们在研究连词时要避免走入的一个认识上的误区。

徐朝红（2007）利用汉译佛经和中土文献材料进行对比研究，证明并列连词"并"产生于东汉，并且从使用频率、语法功能、语法意义的发展几个角度，论证了并列连词"并"在整个中古汉语时期处于不断的发展中。近代汉语时期并列连词"并"的用法在中古汉语时期能找到源头。

李小军、唐小薇（2007）考察了现代汉语中的连词"因而""从而"的词汇化过程，认为它们都是由跨层非短语结构词汇化为连词的，魏晋时期"因而"已经出现了较典型的连词用法，"从而"较典型的因果连词用法产生于唐代。并从句法、语义、语境等角度探讨了"因而""从而"由跨层非短语结构词汇化为因果连词的原因。

（2）有些论文侧重于对汉语连词形成过程中的突出特点、普遍规律的探讨。

李英哲、卢卓群（1997）认为连词是比副词、介词更虚的一个词类，它用来连接词、短语、分句和句群乃至段落，具有纯连接性，没有修饰作用，也不充当句子成分。一般说来，连词有很多是由副词、介词发展而来的，很多副词、介词又是由动词发展而来的。连词的发展，从古到今，表现出四种情况，即兼职者分担，同义者竞争，异形者更换，同形者自汰。

这四种情况又是互相渗透、交织在一起的。连词在历史上从上古到中古、近代到现代，其数量经历了"少——多——少"这一竞争变化的发展过程，使自身趋于精密、通俗、单一，以适合社会交际的需要。文章对于连词在发展过程中表现出来的特点的揭示符合连词发展的总体趋势，对连词的历时研究具有启发意义。

周刚（2003）揭示了从上古至现代汉语连词产生和发展的历史概貌。文章根据连词本身的特点，把连词产生和发展的历史，分为五个时期，即（一）上古时期（殷商——两汉）；（二）中古时期（魏晋——唐中叶）；（三）近代时期（晚唐——清中叶）；（四）近代至现代过渡时期（清中叶——清末、民国初年）；（五）现代时期（五四运动以后），讨论了前四个时期的情况。作者认为，考察中古时期的材料，可发现这时期连词的发展演变具以下特点：（一）出现了一批新生的连词。（二）连词数量增加，使用频率也有所提高。（三）连词的双音节化趋势开始显露，具体表现为以下两方面：①同义复合进一步发展。②固定短语凝定为双音节连词。但是，作者在探讨中古时期连词的发展演变特点时其论述还显得不够充分，我们认为中古时期连词的发展演变要比该文所概括的复杂得多，我们在本书中将进一步探讨。

邓云华、石毓智（2006）探讨了汉语中的转折连词的来源，认为汉语中的转折连词绝大部分来自限止程度和范围的副词，其他语言也有类似的情况，这是语言发展的一个共性。自然语言中的各种转折关系有一个共同的特点，虽然表面上看起来它们不直接表示对范围大小或者程度高低的限止，但是实际上可以归结为各种更抽象的范围或者程度，这就是限止向转折发展的概念基础。文章还指出"但"的转折用法出现得很晚，是在元明之后。中古时期的"但"都还是限止用法，表示"只、仅仅、不过"等。从前后句子的关系看，"但"所引进的句子与其前的句子并没有语义的对立。宋元时期的文献还很少见到"但"用作转折连词。这篇文章从跨语言比较的角度来证明转折连词很多都是来自表限止程度和范围的副词，这种研究的思路是值得借鉴的。但是对于作者说的转折连词"但"出现在元明后的观点，我们不能赞同，据我们对文献中"但"的考察，转折连词"但"应该产生于魏晋南北朝时期，我们后面将进行进一步论述。

　　（3）最近几年陆续产生了一些研究此时期某些文献中的连词的硕士博士学位论文，说明魏晋南北朝汉语连词的研究逐渐受到了学界的重视。

　　范崇峰（2004）选取了吴支谦译《撰集百缘经》，吴康僧会译《六度集经》，西晋竺法护译《生经》，北魏慧觉等译《贤愚经》，南朝齐求那毗地译《百喻经》，东晋法显撰《法显传》，北魏杨衒之著《洛阳伽蓝记》，梁慧皎著《高僧传》，南朝傅亮、张演、陆杲等撰《观世音应验记三种》等文献作为语料，对这些文献中的连词进行了全面的描写，初步概括了此时期新生的连词，在此时期连词的研究方面进行了有益的探索。作为一篇硕士学位论文，其选题和论述都是很成功的，但限于篇幅，这种断代的专题研究在此论文中并没有充分展开，并且由于作者对连词的判定标准定得不是很严格，以至于将不是连词的词、短语等都划入了此时期的连词范畴，因此离真实客观地反映中古时期连词的面貌尚有一定距离。此外，作者对此时期连词的用法描写还显得较为简略和粗疏，对此时期佛教文献连词使用特点及连词演变规律的探讨还不够深入。

　　张爱丽（2005）对《宋书》中的连词进行了全面研究，将《宋书》中出现的连词分为沿用上古汉语的旧有连词和中古汉语产生的新生连词进行描写，并对转折连词"要"、因果连词"因而"等的形成进行了论述。此论文还对《宋书》中同类的旧有连词和新生连词从使用频率、构词方式等方面进行了统计及对比分析，便于从统计资料方面看出《宋书》连词与上古汉语相比发展演变的特点。但是此论文在统计时，将有多个义项的连词分别列入不同连词次类从而视为多个连词。我们对此观点持否定态度。事实上，目前所见的语法专著、教材及虚词词典都没有这样统计的，只有一个词在跨不同的大类时，才能算两个词，比如用作介词的"及"和用作连词的"及"当然是两个不同的词，而中古时期的连词"以"可以表示两种语法意义，既可以用来连接具有承接关系的两项语法单位，也可以用来连接表示原因的小句，但是我们不能说有两个连词"以"。因为词类是词汇成员在使用中从语法功能上划分出来的聚合类，词的分类标准只能是语法功能，对于虚词而言尤其如此，这一点在今天来说已经是学界的共识了。一个连词不管在怎样的具体句法环境中，它的功能都是一样的，就是起连接作用，并把它所连接的成分之间的某种逻辑语义关系显性地表现出来。因此，此论文虽然在统计比较的研究方法上有可取之处，但是就整个魏晋南北朝汉语的连词研究而言其价值还是很有限的。

孙琦（2006）对《颜氏家训》中的连词进行了研究，统计出该书共使用了43个连词，对每一个连词进行了分析描写，也对同一小类中的连词的使用频率进行了比较，这样的研究方法是很可取的，它可以帮助我们通过客观的统计数据了解同类连词中不同个体在同一部文献中使用频率上的差异，并进而了解某些连词的发展趋势。此外，该论文还利用已有的专书连词研究成果，分别与《世说新语》《敦煌变文集》中使用的连词进行了横向纵向的比较，初步概括了《颜氏家训》中使用的连词在汉语连词演变发展中的历史地位，也对《颜氏家训》中双音连词的形成方式进行了探讨。但此论文相对于魏晋南北朝汉语连词的研究来说，只是极小的局部研究，且论文对于《颜氏家训》中属于中古时期新生的连词并未加以深入考察，对于连词在中古发展演变的特点、规律等更未深入探讨。

徐朝红（2008）对中古汉译佛经中本缘部译经的连词进行了全面系统的研究，这是迄今为止在中古汉语连词研究领域产生的最为宏大的研究成果。文章以东汉至隋代的五十四部本缘部译经为语料，全面系统地描写了其中的各类连词，并通过与同期中土文献连词的比较，分析了中古本缘部特有的连词以及中古新生的连词在这些译经中的使用、发展情况。文章还详细论述了"亦""并""合""正使""虽然""如或""脱"等连词的产生和发展，并阐述了连词产生的一些规律。诚然，此论文对中古汉语连词研究是一个很大的贡献，但仍然不是对中古汉语连词全面系统的研究，因为其研究对象只是中古汉语连词中的一个部分。这样的研究成果与我们的研究并无冲突，相反可以互为补充。我们在研究中的考察将以中土文献为主，以译经材料为辅，结合这篇博士学位论文的研究成果，将能更好地反映中古汉语连词的面貌，以及中古汉语连词在汉语连词发展链上的地位、价值，总结出连词产生、发展演变的普遍规律。

第四节　研究的语料

我们知道，从事汉语历史语法的研究只能以古代文献所记录的书面语言作为研究材料。书面语本是口语的进一步加工，两者使用的词汇和语法规则应该是基本一致的，但从历时的角度看，书面语相对于口语而言具有较强的保守性，某些词汇和语法中的创新成分在书面语中的运用总是比同时期的口语略显滞后。从我国古代文献所记录的汉语书面语来看，事实上自东汉以后就开始形成两种不同风格的书面语言，一种是崇尚仿古，模拟先秦汉语并与同时期口语相脱离的书面语言，一般称之为"文言"，以这种书面语言记录的古代文献包括历代史籍、政府文告、帝王敕令、臣子奏章及后来文人模仿先秦汉语创作的文学作品；另一种是以同时期的口语为基础，并随时代演进而不断发展变化的书面语言，一般称之为"古白话"，这个书面语系统是现代汉语的直接来源，它主要运用于不同时代的俗文学作品中，比如魏晋南北朝时期的志怪轶事小说、唐代小说、唐五代变文、宋元话本以及元杂剧、明清小说等。此外，中古时期的汉译佛经及唐宋时期的禅宗语录，汉以后的农学医学等科技著作也基本上是用古白话记录的。就研究语言演变的价值而言，古白话文献自然要高于文言文献。但是，历代文献的书面语是很复杂的，往往是文言成分和古白话成分交织在一起，只存在量上的程度差别，并不可能是绝对的文言作品或古白话作品。对于魏晋南北朝时期的文献来说，这种文言和古白话交织的特点尤为鲜明。因为此时期刚刚产生这种"言文分离"的现象，即使是崇尚使用口语进行创作的作者，也不可能走得很远，他们的作品中必然有一定的文言成分。因此，我们在选择语料时，将坚持如下原则：以学界普遍认可的体现较多口语成分的古白话文献为主，同时也不完全排斥此时期以文言为主的文献。坚持这样的原则也是与我们的研究对象相适应的。我们知道，连词是语言中比较纯粹的语法功能词，是一个相对封闭的词类，在较长的时期内都处于相对稳定的状态，不可能像语言中的实词那样迅速变化。因此，在一定时期内，口语中使用的连词也会影响到书面语言，我们看到中古时期产生的史书使用了一些不同于上古汉语的新连词就可证明这一点。

还有一个原因是连词的使用与文体有一定的相关性，口语性强的作品连词使用得往往较少，而比较正式的书面语文体连词使用得则较多。考虑到这些因素，我们在选择语料时，既要选择口语性较强的古白话文献，并以之为主体，同时也不能对此时期口语成分较少、文言色彩较浓的文献完全置之不理。在魏晋南北朝汉语连词的研究中，我们拟作为重点考察的语料来源文献包括：

（1）史书。考虑到选择的语料要反映这一时期的语言面貌，我们选取史书作者和所记史实都是此时期的正史作为语料来源之一。符合这些条件的史书有《三国志》《宋书》《魏书》和《南齐书》。而《后汉书》和《汉书》作为记录东汉时期史实的语料，也可作为研究此时期连词的参考语料，因为我们前面说过东汉时期实际上是中古汉语的早期阶段，一些新生的语法现象在东汉时期已经开始产生。

（2）志怪轶事小说。这一类作品的口语性很强，一些新生连词往往出自其中。但也由于口语性强，因而运用的连词数量并不是很多，凭借这些作品尚不足以反映魏晋南北朝汉语连词的全貌，我们只能将其当成重点考察的语料来源之一。这些作品包括南朝宋刘义庆的《世说新语》、东晋干宝的《搜神记》，以及鲁迅辑录的魏晋南北朝小说《古小说钩沉》等。

（3）散文体著作及科技杂著。这些作品的口语性也较强，但程度不一。北魏杨衒之的《洛阳伽蓝记》、郦道元的《水经注》及北齐颜之推的《颜氏家训》是文言和白话成分夹杂的作品，相对于正史而言，白话成分要多一些，但和志怪小说相比，文言色彩又要浓厚一些。北魏贾思勰的《齐民要术》是我国现存最早的完整农书，由于作者著述此书重在实用，所以口语性很强。但是此书引用古文献较多，因此在研究时要把作者引用的不属于魏晋南北朝时期的材料排除在外。另外，据汪维辉（2007）研究，此书还有一些后人掺入的文字，如卷前"杂说"和卷二"青稞麦"条等，卷前"杂说"的语言带有明显的唐代汉语的特点，据此大致可以推测"杂说"的写作不会早于唐。因此，在使用其作语料时，我们也应将这部分予以剔除。

（4）汉译佛经。此时期的汉译佛经比起东汉时期更为成熟，口语性极强，可以作为反映此时期语言面貌的重点语料来使用。但由于此时期汉译佛经语言多用四字格，有程式化特点，有的双音节词只是译经者为了凑足四字格而在单音节词上加同义语素组成的，这样的语言成分就并不一定是当时口语的反映了，这是我们要仔细辨别的。我们将选取此时期那些故事性强的本缘部译经作为重点考察的语料，如三国吴康僧会译《六度集经》、北魏慧觉等译《贤愚经》、北魏吉迦夜共昙曜译《杂宝藏经》、南朝齐求那毗地译《百喻经》等。

（5）道教文献。此时期包含一定口语成分的道教文献主要是晋葛洪著的《抱朴子》。

除了上述重点考察的文献外，我们还将旁及此时期文人创作的诗文作品。

第五节　研究方法及研究目标

在本书的研究中，我们在方法上将注意以下几个方面的结合：一、详尽的描写与合理的归纳相结合。研究语法问题，精细的描写一直是基础工作，我们要在详尽地了解各个连词的分布情况下，对它们的用法作出合理的归纳，尽可能如实地反映魏晋南北朝汉语连词的状况和使用特点。二、定量统计与定性分析相结合。语言成分的演变大凡都有一个由量变到质变的过程，对于某些新生连词的使用及发展演变，采取必要的定量统计将有助于我们得出可靠的结论，而定性分析将有助于我们形成更好的理论。三、共时研究和历时比较相结合。因为我们进行的是历史语法的研究，所以除了反映魏晋南北朝汉语连词的共时特征外，我们还要进行必要的历时比较，以确定魏晋南北朝汉语连词在汉语连词发展过程中的地位、作用。四、描写与解释相结合。我们不仅要详尽地描写出魏晋南北朝汉语连词的全貌，而且应尽可能地对此时期连词的发展变化作出解释，特别是对一些新产生的连词，应运用现代语言学相关理论对它们的来源、演变的动因及规律加以合理的解释。我们将在前人研究成果的基础上，努力达成如下目标：

（1）对连词和介词、副词加以区别，提出比较明确的且符合汉语事实的连词判别标准。

（2）通过对魏晋南北朝汉语重点语料的穷尽性考察，确定在此时期产生并沿用至现代汉语的连词的产生时代。

（3）通过对魏晋南北朝时期一些新生连词的来源、发展、演变的研究，找到汉语连词产生、发展的普遍规律。

第二章　魏晋南北朝汉语连词概说

第一节　连词的定义

连词是人类语言中客观存在的指明成分和成分之间的相互关系的一种语法标记，它不因语言学的存在而存在，也不因语言学理论的改变而改变。语法学家在给这种客观存在的语法标记命名时，因语言不同名称也不一样，比如英语中它被称为"conjunction"，汉语中被称为"连词"。即使是同一种语言，不同时期的语法学家给它的名称也可能不一样，比如系统的汉语语法研究刚建立时，它被称为"连字"，而现当代汉语语法学家一般都称之为"连词"。金立鑫（2007：133）将连词称为语法研究中一种相对客观工具，意思是说它是语法研究者可以直接运用的元语言中的客观性工具，它不会因理论学派的改变而改变，任何理论学派，哪怕是语言观完全对立的理论或学派，都可以使用这一工具。

人类对于语言中连词的研究，已经有相当长的历史了。在公元前 1 世纪的时候，希腊亚历山大里亚学派的学者狄奥尼修斯编写了现存的第一部明确描写希腊语的著作，名为《读写技巧》。狄奥尼修斯在书中分出八种词类。它们的名称是：名词、动词、分词、冠词、代词、介词、副词、连词。他还给每个词类下了定义，其中连词的定义是：连接话语，并在理解话语时填补空白的词类。（R. H. 罗宾斯，1996/1997：38，43）

大约在公元 500 年前后，东罗马帝国的拉丁语法学家普利西安著有《语法原理》，系统地描写了古典拉丁文学中的语言，提出了由狄奥尼修斯确立的含有八种词类的传统体系，取消了冠词，又把叹词单独分为一类。因而他确立的拉丁语词类名称是：名词、动词、分词、代词、副词、介词、叹词、连词，其中连词的定义是：连词的特性是在句法上连接任何其他词类的两个或更多的成员，并表示它们之间的关系。普利西安的《语法原理》可说是拉丁语法学家的代表作。他的语法描写在以后的 800 年里，一直是语法理论的基础，直到今天仍然是拉丁语教学的依据。（R. H. 罗宾斯，1996/1997：66~75）

欧洲中世纪埃尔福的托马斯（Thomas of Erfurt）写的《论思辨语法》（约 1310 年）几乎原封不动地照搬普利西安拉丁语形态学的所有描写细节。给拉丁语分的八种词类名称也完全一样，他给连词的定义是：通过连接其他两个词语的方式来表意的词类。（R. H. 罗宾斯，1996/1997：90~93）

文艺复兴时期安托万·阿尔诺和克洛德·朗斯诺的《普遍唯理语法》（初版于 1660 年）可以说是西方第一部语法理论著作，并且从 17 世纪后半叶起到 19 世纪初期一直是语法学界权威性的经典著作，对当时和后世的语法理论都产生了深远的影响。（胡明扬，1988/2007：15）他们采用九种古典词类：名词、冠词、代词、分词、介词、副词、动词、连词和叹词。（R. H. 罗宾斯，1996/1997：141）

可见，在人类语言研究的历史上，连词很早就从语言词类体系中独立划分出来了，并在漫长的历史进程中保持着它的独立地位。

连词概念引入中国是在 19 世纪末，以后随着对汉语语法研究的深入，不同时期的语法学家在汉语连词问题上都阐述了自己的观点，我们将循着系统科学的汉语语法研究前进的足迹，考察在中国语法学界产生过重大影响的前辈学者对连词的界定，并综合参照当代在连词研究中有代表性的观点，最终形成我们对于魏晋南北朝汉语连词的定义。

中国最早将连词确立为一个独立词类的是清末语法学家马建忠。他在《马氏文通》中给连词下的定义是："凡虚字用以提、承、推、转字句者，曰连字。"（马建忠，1898/1983：277）马建忠在深入研究古汉语语法的基础上，模仿拉丁文语法中的词类体系，建立起了古汉语的词类系统，首次将"连字"（连词）从虚字（虚词）中划分出来，使中国学者开始认识到汉语中存在的这类标记语法单位逻辑语义关系的虚词。其后，中国语法学界在《马氏文通》的基础上，开始更加深入地描写分析现代汉语中的连词。黎锦熙（1924/1956：12）的词类系统中有"关系词"，包括两个类别，即介词和连词。连词是用来连接词与词、语与语、句与句、节与节，以表示它们互相联络的关系的。黎氏给连词下的这个定义在今天看来也还是比较准确的。吕叔湘（1942/1990：18）按意义和作用给汉语中的词分类，分出的词类有名词、动词、形容词、限制词（副词）、指称词（称代词）、关系词、语气词等，其中后四类又统称为"辅助词"，辅助词中的每一类是通过举例的方式来解释的，如（6）关系词：之、的、所、者；与、于、以、为、把、被、给、和；而、则、因、故、虽等。我们可以看到，他给关系词举的例子是用分号隔开分成三个小类的，包括了我们今天语法教材中讲的结构助词、介词和连词。王力（1943/1985：181）的词类系统中列出了"联结词"这个词类，他提出"词和词可以联结，句和句也可以联结；有些虚词居于词和词的中间，或句和句的中间，担任联结的职务。这种虚词，我们叫做联结词"。但是，这个"联结词"并不等同于我们今天语法中所讲的连词，从其所分的小类看，实则也包括我们今天所讲的结构助词、介词和连词。

北京大学中文系汉语教研室主编的《现代汉语》（1962/2004：292）给连词下的定义是：连词是连接词、短语或分句的虚词。例如"和、跟、与、同、及、以及、或、或者、而、而且、并、并且、但是、虽然、既然、如果、所以、因此、要是、即使、与其"等。刘月华等主编的《实用现代汉语语法》（1983：183～200）中的连词定义是：连词是虚词的一类，是连接词、短语或者分句的。它的功能主要是表示两个或两个以上的词、短语或分句之间的某种关系。胡裕树主编的《现代汉语》（1962/1995：294）中说："连词的作用是连接。从连接的成分来看，有的是词或短语，有的是分句。从连接的方式来看，有的表示联合关系，有的表示偏正关系。每个连词必定连接一定的成分并表示一定的关系。"黄伯荣、廖序东主编的《现代汉语》（1991/2007：29）对连词的界定是："连词起连接作用，连接词、短语、分句和句子等，表示并列、选择、递进、转折、条件、因果等关系。"邢福义主编的《现代汉语》（1991：277）将连词定义为："连词用来连接词语或分句，帮助表达某种关系。"张斌主编的《新编现代汉语》（2002：323）认为："连词是连接词、短语、分句、句子的虚词。"

　　郭锡良等主编的《古代汉语》（1999：340）对连词的定义是："连词是连接词、短语或句子的虚词。"李佐丰（2004：75）对连词的定义是："连词是连接词语、句子的一种虚词。"杨伯峻、何乐士主编的《古代汉语语法及其发展》（1993/2001：453）将连词定义为："连词是在词、短语、分句、句、句群之间起连接作用，表示它们之间各种关系的词。"张世禄、杨剑桥主编的《古代汉语》（1991/2005：148）认为："用于连接词、结构、分句和句子，表示一定的语法关系的虚词叫'连词'。"太田辰夫（1958/1987：287）认为："连词的定义是：连接词或短语的准独立词。"吴福祥（1996：260）给连词的定义是："连词是连接词、短语及句子，表达特定句法关系与逻辑关系的词类。"邵敬敏主编的《现代汉语通论》（2007：180）认为："连词的语法作用是把两个词、短语、分句或句子连接起来，以显示两者之间的逻辑关系。"徐朝红（2008：15）认为："连词是只起连接或关联作用并且通常位于句首的虚词。"

　　由以上各家对连词的论述来看，直到目前为止汉语语法学界还未形成完全一致的连词定义。这主要是由于连词的语法意义非常抽象虚灵而在语言中的分布环境又丰富多样，因此，想以简练准确的语言概括出连词的语法特点、揭示出连词的语法意义实属不易。再加之汉语中的部分连词来源于跟它同形的副词或介词，在某个共时平面，这些连词跟其同形的介词或副词都在语言中使用，有时在具体的语境中要区分这些兼类词究竟是连词还是介词，或者究竟是连词还是副词，也的确不是一件容易的事。这就使得汉语语法学者在给连词下定义时不得不慎重考虑，力求既能揭示出连词的本质语法特点，又能与其他虚词词类区别开来。首先，毫无疑问，连词是人类语言中普遍存在的一类语法功能词，因此连接语言成分的特性可以看成它的本质语法属性，这一点在以上诸家的连词定义中都得到了明确的表述，但是，对于连词连接的具体语言成分是什么，各家的看法仍有些许差异。其次，汉语中能起连接作用的虚词并不仅仅局限于连词，因此，各家在给连词下定义时为了跟其他具有连接作用的虚词相区别，还必须揭示连词的语法意义，即连词在连接语言成分时必然表示出所连接成分间的某种关系。至于连词表示所连接成分间的什么关系，以上诸家大部分的表述是模糊的，唯有吴福祥（1996）明确表述为"表示特定的句法关系和逻辑关系"，邵敬敏（2007）表述为"显示两个词、短语、分句或句子之间的逻辑关系"。我们认为，为了给汉语中的连词以一个比较准确的定义，并根据定义就能把绝大部分连词跟其他类虚词相区别，必须兼顾到连词的连接作用和连词必然表示出所连接成分间的关系意义这两个方面。那么，汉语中连词连接的语言成分具体指什么？连词又必然表示出连接成分间的什么关系呢？实际上，连词连接的语言成分主要是词、短语、小句和句子，而这些语言成分都是语法分析中不同层级的语法单位。① 连词表示出的连接成分间的关系主要是逻辑语义关系，比如并列、因果、条件等关系。这样，根据我们提出的定义连词的原则及参考上述各家对连词的定义，我们在对魏晋南北朝汉语连词进行研究时提出的连词定义是：连词是在词、短语、小句、句子等语法单位间起连接作用，并表示所连接的语法单位间逻辑关系意义的虚词。

第二节　魏晋南北朝汉语连词的分类

汉语中的连词是汉语词类系统中的一个子系统，它本身还可以根据一定的标准进行下位层级的分类。自《马氏文通》设立"连字"概念对汉语连词进行研究以来，不同时期的语法学者都根据各自的研究目的，采取相应的标准对连词进行了次类划分。20 世纪 90 年代后，学者们在连词次

---

① 吕叔湘（1979/1984：499~500）对"小句"有过很精彩的论述，他认为把复句的组成部分称为"小句"比称为"分句"要好。"叫做分句是假定句子是基本单位，先有句子，分句是从句子里划分出来的。叫做小句就无须作这样的假定，就可以说：小句是基本单位，几个小句组成一个大句即句子。这样就可以沟通单句和复句，说单句是由一个小句组成的句子。如果改用分句，说单句是由一个分句组成的句子，就显得别扭。用小句而不用句子做基本单位，较能适应汉语的情况，因为汉语口语里特多流水句，一个小句接一个小句，很多地方可断可连。"因此，说到汉语的语法单位，短语以上并不就是句子，中间还有"小句"这一级语法单位。同时，吕叔湘认为语法单位中"语素、词、短语是静态单位，小句和句子是动态单位"。我们认为将"小句"作为汉语的一级语法单位是符合汉语实际的，在语法分析中也极其方便，因此本书中对于复句的组成部分我们拟采用"小句"这一名称。

类划分的问题上越来越趋向于一致。因此，本书在连词分类问题上将以大多数人赞同的小类为准，不再另立新的类别。下面我们以表格形式展现国内九种影响较大的教材、语法专著中关于连词的分类情况（见表2－1）。

表2－1　九种教材、语法著作中关于连词分类情况

连词类别 学者著作	提起连字	并列连词	承接连词	递进连词	选择连词	因果连词	转折连词	条件连词	假设连词	让步连词	目的连词	取舍连词	推拓连字	时间连词	范围连词	比较连词
马建忠《马氏文通》	+	-	+	-	-	-	+	-	-	-	-	-	+	-	-	-
黎锦熙《新著国语文法》	-	+	+	-	+	+	+	-	+	+	-	-	-	+	+	+
北京大学中文系汉语教研室主编《现代汉语》	-	+	+	+	+	+	+	+	+	-	+	-	-	-	-	-
刘月华等主编《实用现代汉语语法》	-	+	+	+	+	+	+	+	+	-	+	-	-	-	-	-
胡裕树主编《现代汉语》	-	+	+	+	+	+	+	+	+	-	+	-	-	-	-	-
黄伯荣、廖序东主编《现代汉语》	-	+	+	+	+	+	+	+	+	-	+	-	-	-	-	-
柳士镇《魏晋南北朝历史语法》	-	+	-	+	+	+	+	-	+	-	+	-	-	-	-	-
向熹《简明汉语史》	-	+	+	+	+	+	+	-	+	-	+	-	-	-	-	-
杨伯峻、何乐士主编《古代汉语语法及其发展》	-	+	+	+	+	+	+	-	+	-	+	-	-	-	-	-

说明：1. "＋"号表示分类体系中有此次类，"－"表示分类体系中无此次类。

2. 马建忠《马氏文通》分"提起连字、承接连字、转掞连字、推拓连字"四类，其"承接连字"和"转掞连字"分别相当于后来语法学家的"承接连词"和"转折连词"，因此，这两类没有再单独列出来。

3. 刘月华等主编的《实用现代汉语语法》、胡裕树主编的《现代汉语》、黄伯荣、廖序东主编的《现代汉语》等教材是在讲复句类型的时候讲连词的类别的，为了比较的方便，我们把这些教材中用于某类复句的连词直接称为某类连词，比如用于并列复句的连词在表中就称并列连词，而这三种教材中没有使用连词的复句类型名称因为和连词分类关系不大就没有在表格中列出来。

从表2－1可以看出，转折连词是大家都承认的次类，八家赞成分出并列、承接、选择、因果连词，七家赞成分出假设、递进连词，六家赞成

分出让步连词，五家赞成分出条件连词，其余的次类分别只有两家或一家提出。我们认为以上大多数学者认同的连词次类基本上可以概括汉语中使用的连词，也可以作为魏晋南北朝汉语连词的次类。因此，本书中对魏晋南北朝汉语连词分出的次类是：并列连词、承接连词、递进连词、选择连词、因果连词、转折连词、条件连词、假设连词、让步连词。我们认为这样的分类能够体现连词的本质特点，即连词在连接语法单位的同时必然表示所连接的两项或多项语法单位间的逻辑语义关系。而如果按照连词所连接的语法单位不同，将连词分为连接词、短语的连词，连接小句的连词，连接句子的连词，就从分类上看不出连词区别于其他类虚词的本质特点，分类的意义就不是很大。因此，我们在充分吸收前人及当代学者已有研究成果的基础上分出的这九个连词次类，是符合目前在汉语连词分类问题上渐趋一致的共识的。从我们考察魏晋南北朝汉语使用的连词来看，这些连词次类已经完全能对该时期使用的所有连词进行穷尽性的分类，所以这样的分类是符合此时期连词使用实际情况的，是比较稳妥而又切实可行的连词次类划分。此外，需要注意的是，因为大部分连词是汉语复句中使用的关系标记词，所以汉语语法研究中对复句进行次类划分时，某些复句的次类名称可能和这些连词所属的次类名称重合，但是复句和连词本质上并不是一回事，自然在次类名称上也不可能完全一样。比如有的语法著作有"解说复句""连锁复句"这样的次类，而连词中不可能有"解说连词""连锁连词"。我们在给魏晋南北朝汉语连词进行次类划分时，实际上是考察了连词在此时期语言中所有的分布环境，包括连词在词和词之间、词和短语之间、短语和短语之间、小句和小句之间、句子和句子之间的连接情况，而不仅仅只是考察连词在复句中的运用。因此，我们不宜把复句类型名称和连词次类名称完全等同。

第三节　魏晋南北朝汉语连词与原型范畴理论

前文说过，魏晋南北朝汉语是中古汉语的主体部分，它的语法体系可以代表中古汉语语法系统。它既是一个相对稳定的共时语法系统，又是汉语历史语法链条上正处于衍化中的动态语法系统。因此，此时期的连词无论是与上古汉语相比，还是与现代汉语相比，都有较大的差异。一方面，此时期连词的运用比上古汉语丰富，但又不及现代汉语稳定；另一方面，此时期使用的连词大多数是兼类词，即同一个词形可以是不同的词类，在语法功能上不及现代汉语连词专一。比如在我们统计出的此时期使用的38个单音节连词中，只作连词不作其他词类的只有"而""虽"两个词，其余的36个单音节连词都是兼类词，除了作连词外，还可以有动词、副词、介词等词类中的一种或几种用法。而现代汉语中的连词绝大部分是双音节的，且功能专一，兼类词相对较少。因此，如果将现代汉语各个词类看成原型范畴的话（袁毓林，1995），那么，魏晋南北朝汉语的连词更应该看成一个原型范畴①。因为此时期的连词范畴内的各成员具有不同的典型性（prototypicality），比如假设连词"如""若""使"的典型性就有明显差异，"如"和"若"作为连词的典型性较强，而"使"作为连词的典型性就较弱。如：

（1）如故有违，绳之以法。（《南齐书·武帝纪》）②

（2）汝若为选官，当好料理此人。（《世说新语·德行》47）③

（3）使我治天下十年，当使黄金与土同价。（《南齐书·高帝纪下》）

例（1）中的"如"、例（2）中的"若"都是典型的假设连词，例

---

① 原型范畴是认知语言学提出的原型范畴理论的核心概念，其基本内容是：1. 范畴内部的各个成员由家族相似性（family resemblances）联系在一起，并非满足一组充分必要的条件。范畴成员间的家族相似性使范畴内部构成一个连续体（continuum）。2. 范畴的边界具有模糊性（fuzziness），相邻范畴互相重迭、渗透。3. 范畴成员之间并不平等，具有不同的典型性（prototypicality），原型是范畴内最典型的成员，其他成员有的典型性显著，有的则处于范畴的边缘位置。4. 范畴原型与该范畴成员共有的特性最多，与相邻范畴的成员共有特征最少，范畴边缘成员与该范畴成员相似的特征较少，而与其他范畴的成员共性更多。5. 范畴呈放射状结构，原型位于范畴结构的中心位置；多数范畴呈现的不是单一中心结构，而是多中心结构，即某些范畴通常具有多个原型，原型之间通过家族相似性获得联系。（李福印，2008：99～100）

② 为了醒目，文中所举例句中要分析的词项我们均加着重点。

③ 书名号外的阿拉伯数字为余嘉锡《世说新语笺疏》中某一篇的第几条，本书引用《世说新语》例子都采用此体例。

(3) 第一小句中的"使"却还正处于由使令动词向假设连词的虚化过程中，用为假设连词还不如"如""若"典型。据我们对此时期"使"的用例的调查，"使"作使令动词最为常见。因此，"如""若"可以看成此时期连词的典型成员，即原型（prototype），而"使"则可以看成此时期连词的边缘成员。

此外，此时期连词范畴的边界也不是很清晰的，它与相邻的词类比如副词、介词范畴往往互相重叠、渗透。比如中古汉语"合"这个词，董志翘、蔡镜浩（1994：218）认为可以是连词，连接名词及名词短语，表示并列、联合的关系。举的魏晋南北朝时唯——一个例子是：

(4) 波婆伽梨而语王言："我曹不遇，船重沉没，迦良那伽梨，并诸贾人，合诸珍宝，尽没大海。"（北魏慧觉等译《贤愚经·善事太子入海品》）

徐朝红（2008：28）也说"合"是中古汉语新生的并列连词，但只在中古汉译本缘部佛经中找到了两个用例：

(5) 时佛与大众，来至会所，见诸六师先坐上座，佛与众僧，次第而坐。佛以神足，令此六师合其徒类，忽在下行。六师情耻，各起移坐，坐定自见，还在其下。（北魏慧觉等译《贤愚经·降六师品》）

(6) 时波婆伽梨，到父王国，王怪独来，即问消息。波婆伽梨而语王言："我曹不遇，船重沉没。迦良那伽梨，并诸贾人，合诸珍宝，尽没大海。我力励浮，趣得全济。"（北魏慧觉等译《贤愚经·善事太子入海品》）

以上两家都说"合"在中古汉语时期可作并列连词，但也有学者认为此时期的"合"并没有并列连词的用法。比如中国社会科学院语言研究所古代汉语研究室编《古代汉语虚词词典》（1999：193～194）（下文简称为"社科院编《古代汉语虚词词典》"）分析"合"如下：

"合"可作副词、助动词、介词。副词用例在先秦已经出现,后一直沿用至今。助动词用例比副词用例出现得晚些,但不应晚于汉代;后世沿用于文言中。大约从六朝时期起,"合"又出现了介词的用法。这一用法,后来被"和"字所代替。介词"合"与它的宾语一起表示动作行为在发出时所涉及的对象。可译为"和"、"跟"、"与"等。

可见,编辑此词典的学者并不认为"合"在六朝时期有并列连词的用法。我们赞同此观点,原因有二:其一,说"合"在中古时期可以作并列连词,例子实在太少,只有《贤愚经》中这两例有点近似,同期中土文献都未见这样的用例,且六朝后的文献中也不见类似例子。因此,以这两个例子来论证说"合"在中古时期有并列连词的用法,就显得证据不够充分。其二,如果将两例中的"合"理解为表示伴随义的介词,句子意义也非常通畅,并且更符合作者要表示的原意。如例(5)是叙述佛与六师斗法,"佛以神足,令此六师合其徒类,忽在下行"一句作者要突出的使令动词宾语是"六师","合其徒类"可以看成一个介宾短语和副词"忽"一起作动词"在"的状语。这也可以从接下来的句子主语是"六师"而不是"六师合其徒类"体会出作者的强调重点。因此,"合"可以看成表示伴随义的介词,可译为"连同"。例(6)中的"合"同样可以理解为表示伴随义的介词,译为"连同"。从波婆伽梨回答他父王的话中可以看出,他想强调的是他哥哥太子迦良那伽梨已经淹死在海里,他自己努力游泳才幸存下来,至于"诸贾人""诸珍宝"只是表伴随的对象。因此,句中"并诸贾人""合诸珍宝"都是介宾短语,作动词"没"的状语。也就是说含"合"的这个句子的主语是"迦良那伽梨",不是"迦良那伽梨,并诸贾人,合诸珍宝"。句中的"并""合"和下面这个例子中的"并"的语法功能及语法意义都是一样的:

(7)及皓败,并兄弟子侄遇害者十六人。(《南史·祖冲之传》)

例(7)是社科院编《古代汉语虚词词典》(1999:30)解释介词

"并"时举的一个例子，该书解释介词"并"如下："介绍动作行为所涉及的对象。'并'与其宾语组成介宾结构，作状语或补语。可译为'连同'。"

再如古汉语"兼"这个词，社科院编《古代汉语虚词词典》（1999：289）认为有连词用法，可以表示并列、递进关系。我们认为"兼"在中古汉语时期没有连词用法，有些看似连词的"兼"实则是副词。比如：

(8)（陶公）于是大叹庾非唯风流，兼有治实。（《世说新语·俭啬》8)

(9) 早放者，非直乏力致困，又有寒冷，兼乌鸱灾也。（《齐民要术·养鹅、鸭》）

例（8）和例（9）中的"兼"因为和"非唯""非直"这样的连词搭配使用，很容易理解为表示递进关系的连词。其实这两例中的"兼"不仅具有连接作用，而且有很强的修饰谓语动词的功能，都可以理解成同义的副词"又""并""同时"，而例（9）中前一小句用副词"又"，后一小句为了避免重复，使用了副词"兼"，更可以看出"兼"的副词属性。我们知道像"又""亦""也"等副词在修饰谓语动词的同时，也的确是有连接小句的作用的，因此很多学者都称这样的副词为关联副词。但它们的修饰功能是主要的，而连词是没有修饰功能的。

正因为魏晋南北朝汉语的连词是一个原型范畴，所以在碰到一些处于副词和连词以及介词和连词之间的边缘成员时，不同的人才会对其词性有不同的理解。尽管原型范畴理论符合客观事物的实际，也符合人类的认知规律，但是在科学研究中经典范畴理论①仍然有其独特的价值。假设范畴

---

① 李福印（2008：92~94）介绍了经典范畴理论的具体内容，经典范畴可追溯到古希腊哲学家亚里士多德在《形而上学》一书中关于［人］（［ ］表示范畴）的论述，经典范畴理论认为（Taylor 2003：21）：（1）"范畴划分由一组充分必要条件决定"，一个事物要么符合充要条件属于这个范畴，要么不符合充要条件被排除在范畴之外。（2）"特征是二元的"，对于某一特征，个体只有两种可能，具备或者不具备；因此范畴可采用二元划分法，即，某一个体要么属于该范畴，要么不属于该范畴。（3）"范畴具有清晰的边界"，符合范畴定义特征的实体就是范畴成员，不符合的实体肯定就不是范畴成员，即"范畴并无内部结构"。（4）"范畴成员之间地位平等"，成员之间没有典型性差异，不存在某一成员比另一成员更为典型。

具有清晰的边界并设置一组充分必要条件来给范畴成员归类，仍然是科学研究的基本方法。德国认知语言学家温格瑞尔（F. Ungerer）、施密特（H. J. Shmid）（1996，彭利贞等译 2006：45）曾说："然而，（原型范畴）只适用于'日常'范畴化。在数学和科学的语境中，正统观（即经典范畴理论）获得了应有的承认。在这种语境中，可以通过定义把 ODD NUMBER（奇数）、SQUARE（正方形）、亲属关系范畴（MOTHER（母亲）、UNCLE（叔叔）等），以及甚至是 BIRD（鸟）范畴确立为边界清晰而均质的范畴。换言之，只要还存在需要精确而严格定义的需求，如在科学分类和法律领域，范畴化的正统范式还有广阔的应用空间。而且，这种科学中的离散范畴与日常原型范畴没有理由不应该共存于心理词库中并甚至于互相影响。"因此，在魏晋南北朝汉语连词研究领域，我们必须辩证地理解原型范畴理论和经典范畴理论，不能完全提倡一方面而彻底抛弃另一方面，在运用语言学新理论时要避免走上极端化的道路。简言之，在对魏晋南北朝汉语中的连词进行系统研究时，给连词以准确的定义，并将其和相邻的词类范畴如副词、介词等相区别仍然是必须做的基础工作。

第四节　魏晋南北朝汉语连词和副词的区别

虽然魏晋南北朝汉语的连词是一个原型范畴，它与相邻的副词范畴有着交叉、渗透的关系，但对其进行系统深入的研究又要求我们必须尽可能准确地区分这两个词类，从而相对客观地统计出此时期使用的连词数目，排除非连词成员对研究工作的干扰。汉语中的连词和副词各自的语法功能本不相同，从理论上说彼此界限是很分明的。然而有些副词在实际使用中不仅具有修饰谓词的功能，而且具有一定的关联作用，比如现代汉语中的副词"又""就""才"以及古代汉语中的副词"亦""遂""即""便"等。特别是前面小句有连词时，这些处于后一小句句首的副词关联性就非常明显。因此，如何区分汉语中的副词和连词，也是汉语语法研究中需要探讨的重要问题。在现代汉语语法研究方面，目前学界针对此问题已经有了一些很好的处理办法，可以供我们在区分魏晋南北朝汉语中的副词和连词时参考。吕叔湘（1979/1984：514）指出："连词也有范围问题，一方面要跟有关联作用的副词（又，越，就，才等）划界，另一方面又要跟有关联作用的短语（一方面，总而言之等）划界。第一个问题容易解决，可以出现在主语前边，也可以出现在主语后边的是连词，如虽然、如果等；不能出现在主语前边（指没有停顿的），只能出现在主语后边的是副词。如又、越、就、才等。"他的意见是只要着眼于副词和连词在句中出现的位置，就能很好地区分副词和连词。张谊生（2000：12）也提出了有关副词和连词的区分标准，他认为："a. 凡是无论单用还是合用都只能位于句中谓词性成分之前，既有限定功能又有连接功能的是连接性副词，如：就、才、也、却。b. 凡是既能单独位于句首又能位于句中，既有评注功能又兼具连接功能的，是兼有连接功能的副词，如：其实、也许、当然、的确。c. 凡是既可以位于句首，也可以位于句中，既可以单用，也可以合用，既有连接功能而又有限定功能的，是副连兼类词。如：只有、只是、就是、不过。"他的区分标准兼顾了句中位置和语法功能，对于区分现代汉语的副词和连词更为客观科学。此两家观点可为我们区分魏晋南北朝汉语的连词和副词提供观察的视角。此外，在近代汉语和中古汉语的副词研究中，学者们也提出了区分副词和连词的方法。杨荣祥（2005：16～18）在研究近代汉语副词时认为："副词与连词的本质区别在于，副词的基本功能是充当谓词性结构中的修饰成分，而连词仅仅只是起连接作用。"对于一些经常和别的连词搭配使用的起关联作用的词，他提出的区分办法是："凡在一个句子形式中永远不能出现在主语前面，只能出现在主语之后，谓语之前的，是副词；凡能出现在主语之前（并不排斥也能出现在主语之后、谓语之前），但单独一个句子（必定是分句）不能自足的，是连词。"对于都能用在主语之前的副词和连词，他指出："至于说连词能用在主语之前，有些副词也能用在主语之前，这好区分：连词用在主语之前，单独一个句子（分句）语义上不能自足，必须有另外一个分句（关联项）与之搭配；副词用在主语之前，单独一个句子语义上就能自足。"我们认为他的区分标准也是兼顾了句中位置和句法功能两个因素的，并且突出了句法功能在区分时的主要作用。高育花（2007：14～15）在研究中古汉语副词时，提出区分副词和连词的标准是："我们认为中古汉语中，凡在一个句子形式中既可以出现在主语之前，又可以出现在主语之后、谓语之前的是副词。……在中古汉语中还有一种现象，即有些词有时只起连接作用，有时不仅起连接作用，同时还起修饰作用（修饰谓词或谓词性结构），而且二者的语义差别较大。我们认为这些词应分属连词和副词。"此意见注意到了中古汉语一些兼属于连词和副词的兼类词在具体的句子中的区分问题，这是很有价值的，对我们的启发也很大。因为中古汉语连词跟现代汉语连词差异较大，正处于调整稳定过程中，所以仅仅凭借副词、连词在句中的位置还不足以将两者完全区分开来，我们赞同杨荣祥的观点，应该从副词和连词各自的语法功能出发，把握它们的本质区别，即副词的基本功能是充当谓词性结构中的修饰成分，而连词仅仅只是起连接作用。即使有些副词有一定的连接作用，但它们的主要功能仍然是修饰谓词，作小句中的一项状语，连接作用只是其辅助作用。此外，还要注意考察词语表示的语法意义，如果体现的是纯粹的逻辑关系意义，则应视为连词；如果体现的是"程度""性状""时间""语气"等修饰限定意义，则应视为副词。比如：

（1）譬画虎不成还为狗者也。（《三国志·魏志·陈思王传》裴松之注引《典略》）

（2）尽忠竭节，还被患祸。（《三国志·魏志·公孙渊传》裴松之注引《魏书》）

（3）令臣骨肉兄弟还为仇敌。（《后汉书·袁绍传》）

以上三例中的"还"，柳士镇（1992：252）认为是魏晋南北朝新生的转折连词，并解释说："'还'字本是'返回'义的动词，具有反转的意思，此期又萌生出转折连词的用法，意为'反而、却'。"高育花（2007：158）认为这些例子中的"还"是语气副词，表示的是转折语气，并指出副词"还"表示转折语气的用法一直沿用到现代汉语中，但在具体使用上稍有不同：现代汉语中的"还"字均用于反问句，通过反问来表示转折语气，例如："都十二点了，你还说早！"中古汉语中的"还"字一般用于陈述句，直接表示转折语气。我们认为高育花的观点更符合语言事实，理由是：其一，这三个句子中的"还"都修饰句中的谓词性短语，并不只有连接作用，这是副词的典型语法功能。其二，"还"表示的语法意义是强烈的对比转折语气，如果去掉三个句子中的"还"，句意就完全变了，因此"还"是句子成分之一，而连词是不作句子成分的。用副词"反而""却"对译三个句子中的"还"是很确切的，如果以连词"但是、然而"去对译，反而不达意，这也说明"还"在这些句子中应当就是属于"反而""却"一类的表示转折语气的副词。因此，区分魏晋南北朝汉语的连词和副词，词所处的位置只是观察的参照点之一，不能作为唯一的标准，我们应该从语法功能和语法意义这两个角度去进行辨析比较，把形似连词而实则为副词的词项排除在此时期连词范畴之外，以便于准确深入地对此时期连词进行研究。

第五节　魏晋南北朝汉语连词和介词的区别

正如此时期的某些连词和副词不易区分一样，此时期的部分连词和介词要准确区分开来困难也不少。主要原因也是因为此时期的连词是一个原型范畴，它的某些边缘成员就是由介词虚化而来，或正处于虚化过程之中，典型的连词用法尚未完全定型。某些从介词虚化而来的连词尽管其连词用法已经相当稳定，但是这些词原来的介词用法并未从语言中消失，以至在整个中古时期乃至更长时期内，介词、连词用法都寄托于相同的词形，形成介连兼类词，比如中古新生的并列连词"将""共"，因果连词"坐"等在同时期都兼有介词的用法。因此，对这些介连兼类词就要根据其在具体的语言环境中表现出的语法功能和语法意义进行辨析，判断出其在具体句子中究竟是用作介词还是用作连词。

汉语中的介词在使用时是独立性很差的词类，它的语法功能就是和别的体词或体词性结构组成介词短语，并以整个介词短语修饰句中的谓词，充当句子的状语或补语，介词通过其后结合的体词表示出"时间""地点""方式""原因"等抽象的语法意义。从语法功能和语法意义来看，介词和连词是有本质区别的，从理论上说是不会产生纠葛的。但是，有些介连兼类词在使用中其所处的语言环境既像连词的分布环境又像介词的分布环境，初看起来还的确不易判断其词性。像现代汉语中的"和、与、跟、同"就是如此,以至于学者们提出了各种各样的方法来辨析分化具体语境中这些词的词性。张谊生(1996)归纳了学者们确定这些介连兼类词在具体语境中究竟是介词还是连词的六种基本方法,有替代法、互换法、分解法、插入法、题化法、转换法。尽管这些方法在辨析现代汉语中这些易于混淆的介连兼类词时具有较强的可操作性,也和介词、连词各自的语法功能契合,但是并不完全适用于分化魏晋南北朝汉语具体句子中的介连兼类词。原因很简单,因为现代汉语是正在使用的活的口语,使用这些方法来分化辨析这些介连兼类词时,可以通过马上生成类似的句子来进行比对检验。而中古汉语对于我们来说,已经不再是活的口语,只是一种"化石"语言,我们不可能凭主观认识去生成类似的句子进行比较,而只能在同时期文献中去寻找类似的用例加以证明。因此,要想准确判断魏晋南北朝汉语具体语境中的介连兼类词的确切词性,只有从这个词在句子中体现的语法功能和语法意义并结合更广的上下文语境去分辨,特别要重视这个虚词和前后相邻词语的关系,再多找同时期类似的用例加以对比,根据客观语言事实得出结论。比如魏晋南北朝汉语中的"坐"就兼有介词和连词的用法:

(1)微妙告曰:"夫淫欲者,譬如盛火烧于山泽,蔓延滋甚,所伤弥广。人坐淫欲更相贼害,日月滋长,致堕三涂,无有出期。"(北魏慧觉等译《贤愚经·微妙比丘尼品》)

(2)贫长者子,后到家中,语其妇言:"我数坐汝为人所罚。"(北魏吉迦夜共昙曜译《杂宝藏经·波斯匿王丑女赖提缘》)

(3)人白王言:"我坐前时劝人十善,今受此苦,痛毒难忍。"(北魏慧觉等译《贤愚经·降六师品》)

(4)我本命虽不长,犹应未尽,坐平生时罚挞失道,又杀卒及奴,以此减算,去受使到长沙,还当复过。(《古小说钩沉·甄异传》)

以上例子中,例(1)、例(2)句里的"坐"是介词,"坐"和它后面的词或短语构成介词短语,修饰句中的谓词或谓词短语,表示动作行为的原因。如果抽掉这些小句中含"坐"的介词短语，变成"人更相贼害""我数为人所罚"，这样的小句从语法的合法性来看还是可以成立的，只是由于少了修饰谓语的状语，句意不太完整明晰。但是如果只抽掉这两个小句里的"坐"，变成"人淫欲更相贼害""我数汝为人所罚"，显然就不合语法规则了，因此这二例中的"坐"应理解为表示原因的介词。例（3）、例（4）句里的"坐"应为连词，因为"坐"并没有和它后面的词发生直接的组合关系，而是作为整个小句表示原因的语法标记词使用的，如果抽掉这两个小句中的"坐"，变成"我前时劝人十善""平生时罚挞失道"，这样的小句从语法的合法性来说是成立的，只是前后小句间因果的逻辑关系因为缺少语法标记词"坐"而淡化了。而使用连词正是为了凸显语法单位间的逻辑关系，所以这两例中的"坐"正是在小句间起连接作用，只表示小句间的逻辑语义关系的连词。

第六节　魏晋南北朝汉语连词的确定原则

全面系统地研究魏晋南北朝汉语中的连词有一个首要前提，就是要根据此时期语言事实确定此时期正在使用的连词词项。连词作为纯粹连接语法单位并表示语法单位间逻辑关系意义的词类，在语言诸要素相对稳定的中古汉语阶段，应该是一个相对封闭的词类范畴，它的数量不会过于庞大。因此，在确定此时期使用的连词词项时，我们应该根据连词定义，从语法功能和语法意义两个角度适度从严分析判别，力求确定的连词成员能基本反映此时期连词的实际使用面貌。这是我们确定魏晋南北朝汉语连词的基本原则。在深入考察此时期语料的过程中，我们发现有些情况对正确确定连词词项有一定的干扰作用，因此不得不针对具体情况，在遵循基本原则的前提下确立一些具体原则。干扰确定此时期连词的情况主要有以下几种：1. 某些处于句首位置有一定连接作用的虚词在具体使用中的词性判别问题，比如有关联作用的时间副词"乃、遂、便、即、遂乃、乃遂、便即、便遂、便乃、即乃、遂即"等，与承接连词的语法特点相似，但是根据我们前文确定的副词和连词的区分原则，我们认为这些词归属到此时期的副词范畴更为合适。2. 上古汉语常见使用，中古时期实已消亡，但又在某些典雅仿古的文献中有少量用例的连词，是否应该归入魏晋南北朝汉语连词范畴。3. 魏晋南北朝汉语词汇复音化进程加快，不仅产生了大量的复音实词，而且也出现了许多复音虚词，因此，对复音连词的认定也直接影响到此期连词的总量。4. 中土文献和汉译佛经文献使用的连词存在一定的差异，如何客观科学地评价这些差异，也会影响到确定此时期使用的连词。关于第一种情况，我们在前面的相关部分已经进行了详尽论述，此处不再重复，下面针对后面三种情况举例说明，并确立相应的具体原则。

魏晋南北朝汉语连词研究属于汉语历史语法领域断代的专题语法研究，因此在研究对象的确定上应该尊重魏晋南北朝汉语这个共时平面的语言事实。如果某个连词不见于此时期的绝大部分文献，只见于少量非常典雅的文献，那么将此连词认定为还在当时语言中使用的连词，就不符合语言发展演变的事实了。我们从历史语法的角度来看这样的连词，只能认为它在魏晋南北朝时期已经消亡，而某些身份地位特殊的人在特定体裁的文章中使用，其实是仿古用法，是为了追求文章的典雅。比如"爰"这个虚词，在上古汉语中可作承接连词，可译为"于是"。

（1）作其即位，爰知小人之依，能保惠于庶民，不敢侮鳏寡。（《尚书·无逸》）

（2）弓矢斯张，干戈戚扬，爰方启行。（《诗经·大雅·公刘》）

（3）商王大乱，沈于酒德，辟远箕子，爰近姑与息。（《吕氏春秋·先识》）

在魏晋南北朝时期的文献中，口语性强的文献包括《世说新语》《洛阳伽蓝记》《搜神记》《颜氏家训》《齐民要术》《水经注》及汉译佛经都未见有"爰"作承接连词的用例，而在此时期文言性较强的文献中我们查找到了少数几个例子，如：

（4）继绝兴微，志存靖乱；爰整六师，无岁不征。（《三国志·蜀志·诸葛亮传》）

　　（5）幸赖宗庙威灵，宰辅忠武，爰发四方，拓定庸、蜀，役不逾时，一征而克。（《三国志·魏志·三少帝纪》）

　　（6）爰告祠于太乙，乃感梦而通灵。（《曹子建集·宝刀赋》）

　　（7）爰发德音，删正刑律，敕臣集定张杜二注。（《南齐书·孔稚珪传》）

　　以上四例中，例（4）、例（5）出于皇帝的诏令，例（6）出于曹植的赋，例（7）出于臣子的奏章，因此，承接连词"爰"在这些典雅的文章中使用，只是仿古的用法，不能看成魏晋南北朝汉语中仍在使用的连词。社科院《古代汉语虚词词典》（1999：790）解释虚词"爰"时说："《说文》：'爰，引也。'虚词'爰'是假借字，可用作连词、代词、介词。先秦已有用例，后沿用于文言中。"可见，"爰"作承接连词在魏晋南北朝汉语中的确是文言中的仿古用法。因此，对于这种性质的连词，我们在研究时必须将其排除在魏晋南北朝汉语连词范畴之外。

　　对于此时期的复音连词，我们提出的处理原则是：只有两个或两个以上的单音节语素经常结合在一起，作为一个整体的连词使用，而切分理解就不符合句子原意或根本不符合语法规则，并在此时期不同性质的文献中能见用例的复音词，才能确定为此时期的复音连词。我们试以"以及"为例，具体分析这一原则的应用。"以及"是现代汉语中常用的并列连词，但它并不是现代汉语时期才产生的。对于它的来源已有学者作过考察，徐萧斧（1981）指出："先秦文献中所见'以及'，是一短语，'以'犹'而'也，'及'犹'至'也。用作连词，未考始于何代。……由此揣度，'以及'用作连词，南朝齐以前一定尚未流行。"田范芬（2004）认为："综观'以及'在先秦文献中的用法，虽然主要还是介词和动词的连用，占了全部用例的70%，但也有30%的用例处在虚化的过程中或已经虚化。对于一种新出现的语言现象，在其萌芽阶段，这个比例已经不小。……这样，我们可以说，大致在先秦时期，'以及'就已作并列连词用了，而并非像徐萧斧所说先秦的'以及'都是短语，《汉语大词典》有关并列连词'以及'的收例也就应该从清代提前至先秦。"如果真如田范芬所说，"以及"在先秦已作并列连词用了，那么并列连词"以及"就是从先秦一直沿用至现代汉语了。而从我们查阅的 20 世纪 80 年代至 90 年代出版的四部古汉语虚词词典来看，都未见收录有并列连词"以及"。①也就是说，这些编辑古汉语虚词词典的学者并不认为先秦汉语里已经有并列连词"以及"。因此，我们必须得重新考察田文所说的先秦"以及"作并列连词的用例。田文说穷尽地考察了先秦二十多部文献，共收集到 54例"以及"连用的用例。文章将其分为四类，其中肯定作并列连词的是第四类，共 3 例，原文例子是：（18）公妾以及士妾为其父母。（仪礼·丧服第十一）（19）尝试往之，中国诸夏，蛮夷之国以及禽兽昆虫，皆待此而为治乱。（管子·卷十一）（20）管仲又请赏于国以及诸侯，君曰："诺，行之。"管仲赏于国中，君赏于诸侯。（管子·卷七）其实，田文对此三例中的"以及"的解释皆误。例（18）"公妾以及士妾为其父母"（《仪礼·丧服第十一》）唐贾公彦注："公谓五等，诸侯皆有八妾，士谓一妻一妾，中间犹有孤、卿、大夫妾。不言之者，举其极尊卑者，其中凡有妾为父母可知。"贾公彦的注释说得很清楚，"公妾以及士妾"不是"公妾和士妾"的意思，而是指"公妾"（天子妾）、"孤妾"（诸侯妾）、"卿妾"、"大夫妾"、"士妾"这五种人，至于不完全列举出来的原因，就是为了使行文简练，指出由极尊到极卑的范围，凡在此范围内的五种人都为各自的父母服相同期限的丧。可见"以及"并不是一个复音词，而是两个不同词性的词，"以"是承接连词，"及"是介词，表示范围。整个句子意思是说从公的妾至士的妾都是为他们各自的父母服齐衰，即守丧一年。由此可见，虽然徐萧斧把先秦的"以及"当成一个短语不妥，因为这两个词并没有直接的组合关系，但是他把"以"理解为承接连词"而"，把"及"理解为介词"至"还是非常准确的。同样，例（19）和例（20）的"以"和"及"也是两个不同的词，"以"是承接连词，"及"是介词，这样的解释也完全符合文意。更为重要的是，"以及"在魏晋南北朝时期还没有并列连词的用法，而田文只考察了先

---

① 这四部古汉语虚词词典是：1. 韩峥嵘编著《古汉语虚词手册》，吉林教育出版社，1985。2. 白玉林、迟铎主编《古汉语虚词词典》，陕西人民出版社，1988。3. 王海棻、赵长才等编著《古汉语虚词词典》，北京大学出版社，1996。4. 中国社会科学院语言研究所古代汉语研究室编《古代汉语虚词词典》，商务印书馆，1999。

秦汉语用例，对中古时期用例并未考察。魏晋南北朝汉语中"以"和"及"相邻同现的例子如：

（8）帝若躬亲射禽，变御戎服，内外从官以及虎贲悉变服，如校猎仪。（《宋书·礼志一》）

（9）孤每读此二人书，未曾不怆然流涕也。孤祖父以至孤身，皆当亲重之任，可谓见信者矣，以及子桓兄弟，过于三世矣。（《三国志·魏志·武帝纪》裴松之注引《魏武故事》）

（10）黻夫差于姑苏，故亦约其身以及家，俭其家以施国，用能囊括五湖，席卷三江，取威中国，定霸华夏。（《三国志·魏志·王朗传》）

（11）史臣曰：役己以利天下，尧、舜之心也；利己以及万物，中主之志也；尽民命以自养，桀、纣之行也。（《宋书·武帝纪论》）

（12）修其身以及其家，正家以及于乡，学于乡以登于朝。（《宋书·礼志一》）

（13）以此取士，求之济治，譬犹却行以及前，之燕而向楚。（《魏书·羊深传》）

（14）（尔朱）兆乃发怒，捉祖仁，悬首高树，大石坠足，鞭捶之，以及于死。时人以为交报。（《洛阳伽蓝记·城西·宣忠寺》）

例（8）~例（14）中的"以"和"及"都是两个没有直接组合关系的词，在句中各有自己的功能和意义，其中，"以"都是连词，而"及"在例（8）和例（9）中是介词，在例（10）~例（14）中是动词。作介词的"及"仍然表示涉及的范围。作动词的"及"有多个意义，例（10）、例（11）、例（12）中的动词"及"是"推及"的意思，例（13）的动词"及"是"追赶"的意思，例（14）的动词"及"是"接近"的意思。可见，在魏晋南北朝时期，当"以"和"及"相邻共现时，并不是一个表示并列关系的复合连词，也不是一个具有直接组合关系的短语，"及"在大多数情况下仍然是动词，在少数情况下是介词，在《世说新语》《齐民要术》《搜神记》《颜氏家训》《古小说钩沉》等口语性强的文献中都没有"以""及"相邻共现的用例，此时期的汉译佛经文献《贤愚经》《百喻经》《六度集经》《生经》《杂宝藏经》等也没有这样的用例。通过这些文献中反映出来的语言事实，我们可以说魏晋南北朝汉语中还没有并列连词"以及"。"以及"作并列连词实则产生于近代汉语时期，比如在唐代文献中就能见到并列连词"以及"的用例：

（15）节愍太子深恶之，及举兵，至肃章门，扣阁索婉儿。婉儿大言曰："观其此意，即当次索皇后以及大家。"帝与后遂激怒，并将婉儿登玄武门楼以避兵锋，俄而事定。（《旧唐书·上官昭容传》）

（16）自今以后，功臣密戚及德业佐时者如有薨亡，宜赐茔地一所以及秘器，使窀穸之时，丧事无阙。（《旧唐书·太宗纪下》）

（17）诸州县官人在任之日，不得共部下百姓交婚。违者，虽会赦仍离之。其州上佐以及县令于所统属官亦同。其订婚在前，居官在后，及三辅内官，门阀相当，情愿者不在禁限。（《唐会要·嫁娶》）

（18）监军至，又如命，（王承元）乃谢曰："诸君不忘王氏以及孺子，苟有令，其从我乎？"众曰："惟所命。"（《新唐书·田弘正传》）

例（15）中的"以及"是一个复音词，不能再切分作两个词理解，"皇后以及大家"与后面的"帝与后"是相同的结构，意义也完全一样，只是前者作宾语，后者作主语。例（16）"茔地一所以及秘器"都是赏赐的东西，因此"以及"也是并列连词，是一个复音词。例（17）、例（18）中的"以及"也是表示并列关系的复合连词，不能再作切分解释。这四例中的"以及"用现代汉语常用的并列连词"和"去对译完全符合句子原意，可见并列连词"以及"在唐代才开始出现。因此，判断句中相邻的双音节或多音节成分是否已成为复音词，一定要广泛结合同时期语料中的用例进行排比分析，且每一个疑似的用例都要结合更广的上下文语境及前人的古注反复斟酌，根据事实作出准确的解释，这样才不至于将本不是复音词的双音节或多音节成分误解为复音词。

而对于魏晋南北朝时期中土文献和汉译佛经文献使用的连词存在差异

的问题，我们也要慎重对待。主要的差异是汉译佛经文献出现了大量的同义复合的复音连词，是不是佛经文献中所有的复音连词都是此时期的新生连词呢？我们认为应该辩证地看待佛经文献中的复音化现象。我们知道，汉译佛经虽然有较强的口语性，但是随着译经语言追求四字格句子的程式化趋势加强，它也有脱离口语性的一面。俞理明（1993：29）对佛经四言格文体的形成有过很好的论述，他指出："大量采用四言句的最初尝试应推汉灵帝时支曜译出的《成具光明定意经》，这篇经文中，成段的四言句与杂言句交替使用。在十多年后的康孟祥译经中，就通篇以四言句为主体，形成了汉译佛经的四言格文体。康孟祥以后，四言格迅速地被译师们接受，大家群起仿效，四言成为译经的常体。"从我们考察的魏晋南北朝时期几部本缘部译经来看，基本上都是四言格文体。而这样的语料并不能完全反映当时的口语，正如俞理明（1993：46）所说："佛经材料由于它的特殊性，在汉语研究中也有不少局限。四言格本身与口语句法不完全一致，为了凑成四言格和韵文的句子字数，在句中衬入某些成分或破坏句子的正常结构，都不是正常的语言现象。由四言格影响而出现的大量双音词语，对汉语双音化起了很大的推进作用，但是，如果只用四言格佛经中的双音形式的使用率来判断当时汉语双音化的程度，无疑会有很大的偏差。"因此，对于汉译佛经中出现的复音连词，如果只是译师为了凑齐四字格句子，而在单音节的连词后添加一个同义的连词构成复音词，而这样的复音词在中土文献中都见不到用例，那么我们认为不宜看成此时期语言中实际使用的复音连词。这就是我们处理汉译佛经中这类复音连词的具体原则。比如，魏晋南北朝汉译佛经中有"并与"一词，徐朝红（2008：25）认为是中古新生的并列连词，在中古本缘部译经中只找到了两个用例：

（19）王语夫人："尔有善心，求欲出家。若得生天，必来见我，我乃听尔得使出家。"作是誓已，夫人许可，便得出家。……作是念已，具知本缘并与王誓。以先誓故，来诣王所。（北魏吉迦夜共昙曜译《杂宝藏经·优陀羡王缘》）

（20）如是太子及提婆达多并与难陀，四远人民，皆悉来集。（南朝宋求那跋陀罗《过去现在因果经》）

显然，从这两个例子来看，"并与"可以看成一个复合并列连词，但仅凭这两个例子就能说中古时期新产生了复合并列连词"并与"了吗？我们搜检了魏晋南北朝同时期的中土文献，像《搜神记》《世说新语》《抱朴子》《洛阳伽蓝记》《齐民要术》《颜氏家训》等都没有"并"和"与"相连共现的用例，只在《三国志》（包括裴松之注）、《宋书》《南齐书》《魏书》四部产生于此时期的史书中找到了"并""与"相邻共现的30个用例，比如：

（21）是后，太祖拒袁绍于官渡，绍遣人招绣，并与诩书结援。（《三国志·魏志·贾诩传》）

（22）休之表废文思，并与公书陈谢。（《魏书·武帝纪中》）

（23）太祖既废立，遣攸之子司徒左长史元琰赍苍梧王诸虐害器物示之，攸之未得即起兵，乃上表称庆，并与太祖书推功。（《南齐书·高帝纪上》）

（24）冬月无复衣，戴颙闻而迎之，为作衣服，并与钱一万。（《宋书·沈道虔传》）

（25）辄当暂归朝庭，展哀陵寝，并与贤彦申写所怀。（《宋书·文帝纪》）

（26）又游湖县之满山，并与母同行，宣淫肆意。（《魏书·岛夷刘裕传》）

（27）在郡一周，称疾去职，从弟晦、曜、弘微等并与书止之，不从。（《宋书·谢灵运传》）

（28）二十七年，毗上书献方物，私假台使冯野夫西河太守，表求《易林》、《式占》、腰弩，太祖并与之。（《宋书·夷蛮传》）

（29）尚书仆射殷景仁、领军将军刘湛并与述为异常之交。（《宋书·谢景仁传附弟述》）

（30）时咨议参军谢庄、府主簿沈怀文并与智渊友善。（《宋书·江智渊传》）

这些例子中的"并"和"与"都是单独使用的词，"并与"不是复合词。其中，例（21）～例（24）中的"并"是副词，表示"同时"的意思，"与"是动词，"给"的意思。例（25）、例（26）中的"并"也是副词，"与"是表伴随的介词。例（27）、例（28）中的"并"是范围副词，可理解为"都"，"与"是动词，"给"的意思。例（29）、例（30）中的"并"也是范围副词，可理解为"都"，"与"是介词，引进动作行为涉及的对象。我们对这 30 个用例中"并"和"与"的语法功能进行了分析，分析结果如表 2 - 2 所示。

表 2 - 2　四部史书中"并""与"语法功能分析

语料来源文献 ＼ 词类及使用次数	副词:并	介词:与	动词:与
《三国志》(包括裴松之注)	6	4	2
《宋　书》	16	12	4
《南齐书》	2	1	1
《魏　书》	6	4	2
总　　计	30	21	9

在所统计的这些"并""与"相邻同现的用例中，"并"和"与"都是有独立功能和意义的词，并且处在不同的组合层次上，有两种情况：1."并"（副词）+"与"（介词），这种同现情况共有 21 次。"并"修饰"并"后的整个谓语形式，即"（与 + 宾）+ 谓语动词"，"并"有时表示主语同时发出的多个动作行为，有时表示动作行为涉及的施事或受事是多个成员，都表示抽象的范围意义，而介词"与"首先是跟它的宾语组成介宾短语，这个介宾短语再修饰动词谓语，组成两层结构的复杂谓语，再受副词"并"的修饰。因此，按照结构主义语法的层次分析法来看，副词"并"和介词"与"处于不同的结构层次中，它们各自有不同的直接组合对象。2."并"（副词）+"与"（动词），这种同现情况是 9 次。从组合关系来看，副词"并"修饰的应该是动词"与"及它所带的宾语构成的动宾短语，动词"与"是先和后面的宾语组合构成复杂的谓语形式，再受副词"并"的修饰。因此，副词"并"尽管和动词"与"紧挨着，但是在句法结构中仍然属于不同的层级，并

不是一个复合词。

从上述统计表中我们可以看出，在"并""与"相邻同现的句子中，"并"都是用作副词，"与"主要是作介词，占30例中的70%，还有作动词的"与"，占30例中的30%，可见，"并""与"在这些例子里都没有并列连词的用法。

所以，根据同时期的文献来看，魏晋南北朝汉语中并没有复合的并列连词"并与"，本缘部译经中出现的两例完全是译师为了凑四字格句式临时构成的复音词，它并非当时语言中使用的连词。类似的还有"并及、及以、及与"等，都只见于少数译经中，产生原因和"并与"一样，因此我们也不将它们归入魏晋南北朝汉语的连词范畴。

第七节　魏晋南北朝汉语连词的特点

柳士镇（2001）曾总结过中古汉语连词的特点："中古汉语连词的运用有四个比较显著的特点：一是淘汰了一批意义重复的连词，整个体系呈简化的趋势。二是出现了一批新兴的连词，以及新兴的连词词缀'复'。三是前期已经较常出现的连词同义复用，中古得到进一步发展，又可以分为旧有连词的同义复用与新旧连词的同义复用两种。四是某些固定使用的短语逐渐凝定为双音节连词。"根据上文我们确定的界定连词的原则，通过较全面地考察魏晋南北朝时期的文献，我们得到此时期使用的连词总数是104个，如表2-3所示。

表2-3　魏晋南北朝汉语连词总表

类别	单音连词	复合连词
并列连词	及、与、并、将、共、连、而$_1$、且$_1$、既$_1$	而且$_1$
承接连词	（而$_2$）、因、以$_1$、则、至	于是、于此、然后、然则、是则、至于、至如
递进连词	（而$_3$）、（且$_2$）、况、加	（而且$_2$）、而况、何况、岂况、况复、加以、加复、非但、非徒、非直、非唯、不但
选择连词	或、为$_1$	与其
因果连词	（因$_2$）、（为$_2$）、（以$_2$）、（既$_2$）、由、故、缘、坐	由于、由是、是故、是以、所以、因而、因尔、因此

类别	单音连词	复合连词
转折连词	（而$_4$）、但$_1$、然、要	然而
假设连词	苟、若、如、设、傥、使、脱、忽、假$_1$	假如、假设、假使$_1$、假令$_1$、设使$_1$、设令$_1$、借使、如使、如令、如或、如脱、如其、若苟、若或、若使、若令、傥或、傥若、脱或、脱若、向使、向令
让步连词	虽、便、就、正、纵、（假$_2$）	虽使、虽则、虽复、虽然、正使、正令、正复、纵使、纵令、纵复、就使、就令、设复、（假使$_2$）、（假令$_2$）、（设使$_2$）、（设令$_2$）
条件连词	（但$_2$）	但使、但令

说明：表中加括号的项目表示的是这个连词具有其他的用法，在计算连词的个数时，我们是把具有多种用法的同样的词形看作一个连词，即看作一个多义的连词。

从表 2 - 3 来看，此时期使用的连词数量也并不少，特别是双音节的复合连词相对于上古汉语而言有较大幅度的增加，可以说此时期连词整个体系并未呈简化的趋势。李英哲、卢卓群（1997）曾经提出："连词的发展，在历史上从上古到中古、近代到现代其数量经历了'少——多——少'这一竞争变化的发展过程，使连词趋于精密、通俗、单一，以适合社会交际的需要。"我们认为，这样的说法更符合此时期连词的使用事实。因为中古时期随着句法的发展，汉语更倾向于运用能鲜明地体现逻辑关系意义的连词来连接相关的语法单位，所以不仅是连词的使用频率加大了，而且连词的数量也扩充了不少。对于柳士镇概括的中古汉语连词的特点，我们认为尚有必要加以补充完善，从运用和发展趋势上来看，我们认为，魏晋南北朝汉语连词总体上表现出如下四个鲜明特点：

（1）连词的复音化趋势非常明显。此时期使用的 104 个连词中，单音连词是 38 个，占总数的 36.5%，复合连词是 66 个，占总数的 63.5%，复合连词在数量上已经居于绝对优势地位。如果从中古时期新生连词中单音节连词和复合连词的数量对比来看，这种连词复音化的趋势就显得更为突出了。据我们对这些连词始见用例的考察，可以确定产生于中古汉语的单义连词是 56 个，多义连词 2 个，其中单音节的新生连词是 16 个，占新生连词总量的 27.6%，而复合连词是 42 个，占新生连词总量的 72.4%。方一新（1996）曾说："复音词大量增多，词汇加速双音化，是东汉词汇有别于前代词汇的一个显著特点，也是汉语词汇系统日趋严密，表意手段日见丰富，构词方式日臻完备的重要标志。"从魏晋南北朝汉语中单音节连词和双音节复合连词的构成来看，也可见出他所提出的中古汉语词汇的这一显著特点。此时期使用的连词，无论是单音词和复音词总量的对比，还是新生的单音节连词和双音节的复合连词的对比，都体现出了复音词在数量上的绝对优势。可见，中古时期汉语词汇复音化的推动力量是很强大的，即使是相对于实词而言较为稳定的连词，也跟汉语词汇中的其他词类一起，协同一致地发生着剧烈的演变。所以我们从断代的共时平面视角来看魏晋南北朝汉语中的连词，就会感觉到它体现出的较为明显的复音化特点。

（2）此时期连词正在逐渐向意义专一化方向发展。从表2-3可以看出，有多个义项即多种语法意义的连词是13个，占总数的12.5%，其中超过两个以上义项的连词只有1个，占此时期所有连词的0.96%，其他12个多义连词都只有两个义项，占此时期所有连词的11.5%，只有一个义项的连词有91个，占此时期所有连词总数的87.5%，由此可以看出，此时期连词的兼义现象正在逐渐减少，整个连词范畴正在逐渐向功能专一化方向转变。这说明了中古汉语中的连词相对于上古汉语来说已经有了很大的发展，汉语的句法变得更为精密，各种显性的语法手段得到了充分的运用，语法系统在发展调整中也得到了进一步的完善。

（3）连词各个次类的数量发展是不平衡的。此时期数量急剧增加的连词次类首先是假设连词和让步连词，其次为因果连词和递进连词，而选择连词、转折连词、条件连词的数量则相对较少。

（4）此时期新生连词的来源途径多样，除了柳士镇（2001）概括出的三种外，至少还有三条途径：①由其他词类的词通过语法化演变成连词。②由两个并不具有直接组合关系的相邻同现的词融合成为复合连词。③由已有连词类推产生出新的连词。

第三章　魏晋南北朝汉语连词
分类研究（上）

第一节　并列连词

并列连词是指用来连接两个词、短语、小句及句子等语法单位，并表示连接的两项之间是并列关系的连词，并列连词主要连接的是词、短语。连接的成分通过并列连词构成联合短语作小句的句子成分，有的并列连词也可和副词配合成对使用，用于连接小句。并列关系的连词起源很早，现代汉语中常用的并列连词"与""及"等在先秦时期已广泛使用了。魏晋南北朝时，并列连词的数量有所增加，在继承上古汉语常用并列连词的基础上又产生了一些新生的并列连词，主要有只表示并列关系的单义项连词（作连词时只有一种语法意义）"及、与、并、将、逮"等，同时也有兼表其他关系的多义项连词（作连词时有多种语法意义）"而、而且、且、既"等。① 这些并列连词在使用中表现出极强的个性特点，使用频率上也有显著差异。

【而₁】

"而"用作并列连词，只是"而"作连词用法中的一种，沿用自上古汉语，在此时期仍然使用。如：

（1）王武子、孙子荆各言其土地人物之美。王云："其地坦而

---

① 下文我们将使用"单义连词"和"多义连词"这样的概念，即将只表示一种逻辑语义关系的连词称为单义连词，将表示多种逻辑语义关系的同一个连词称为多义连词。

平，其水淡而清，其人廉且贞。"（《世说新语·言语》24）

（2）王夷甫妇，郭泰宁女，才拙而性刚，聚敛无厌，干预人事。（《世说新语·规箴》8）

（3）赤小麦，赤而肥，出郑县。（《齐民要术·大小麦》）

（4）有九面芋，大而不美。有象空芋，大而弱，使人易饥。（《齐民要术·种芋》）

（5）孙兴公云："潘文浅而净，陆文深而芜。"（《世说新语·文学》89）

由上面例子可以看出，"而"作并列连词连接的主要是谓词性词语或短语，连接的两项在地位上是平等的，如果互换位置理解，句意并无明显改变。但从此时期"而"的实际运用情况来看，表示并列关系的连词"而"并不多见，"而"作连词主要还是表示递进和承接关系。

【而且₁】

连词"而且"产生于中古时期，可以表示连接成分之间并列、递进等逻辑语义关系。表示并列关系的"而且"，连接的两项主要是单音节的形容词。例如：

（6）又收瓜子法：食瓜时，美者收取，即以细糠拌之，日曝向燥，接而簸之，净而且速也。（《齐民要术·种瓜》）

（7）若挽令舒申，微火遥炙，则薄而且肕。（《齐民要术·炙法》）

（8）告退避贤，洁而且安，美名厚实，福莫大焉。（《抱朴子·外篇·知止》）

（9）先生欲急贡举之法，但禁锢之罪，苛而且重，惧者甚众。（《抱朴子·外篇·审举》）

（10）昔者周公体大圣之德，而勤于吐握，由是天下之士争归之；向使周公骄而且吝，士亦当高翔远去，所至寡矣。（《古小说钩沉·裴子语林》）

（11）（谯）周曰："魏者，大也；曹者，众也。众而且大，天下

之所归乎?"(《宋书·符瑞志上》)

（12）言约理诣和而且切，听者悲喜各不自胜。（《高僧传·释僧周》）

（13）夫王者之兵，有征无战，尊而且义，莫敢抗也，故鸣条之役，军不血刃，牧野之师，商人倒戈。（《三国志·蜀志·后主传》裴松之注引《诸葛亮集》）

从例（6）到例（13）可以看出，连词"而且"表示并列关系的用法在魏晋南北朝时已经遍及各类文献，尤以口语性强的《齐民要术》使用最多。多数情况下，它连接的两项成分如果互换位置，也不会影响句子原意。但是，像例（11）和例（13）中的"而且"连接的两个形容词虽然是并列关系，但不宜互换位置。因为这样的表达更符合常规事理，也更符合听话者或阅读者的心理预期，如果"而且"前后两项换了位置，则会破坏这种最佳的语用效果。因此，"而且$_1$"连接的两项谓词性成分由于语用价值不同并非都能互换位置。但是，这并不能作为否定此二例中"而且"用作表示并列关系的连词的依据。因而，通过考察这些用例，我们可以肯定地说，现代汉语中复合连词"而且"表示并列关系的用法，在魏晋南北朝时已经产生了。

【且$_1$】

魏晋南北朝汉语中的连词"且"可以表示两种语法意义，一是表示连接成分间的并列关系，二是表示连接成分间的递进关系，这两种语法意义间并没有严格的分界线。从实际用例看，表示并列关系的用法不及表示递进关系的用法普遍。我们在具体分析时，把连词"且"表示并列关系的用法记作"且$_1$"。此时期的"且$_1$"有单用的，也有前后同时配对使用的，还有和表示并列关系的连词"既"配对使用的。例如：

（14）其地坦而平，其水淡而清，其人廉且贞。（《世说新语·言语》24）

（15）肠欲得厚且长，肠厚则腹下广方而平。（《齐民要术·养牛、马、驴、骡》）

（16）汉直乃前为父拜说其本末，且悲且喜。（《搜神记》卷十七）

（17）王且笑且言："那得独饮？"（《世说新语·方正》63）

（18）右司执缚向市，且行且诵，临欲加刑，诵满千遍。（《古小说钩沉·旌异记》）

（19）贤者阿难及诸会者，闻佛所说，且悲且喜，顶戴奉行。（北魏慧觉等译《贤愚经·设头罗健宁品》）

（20）干而蒸食，既甜且美，自可借口，何必饥馑？若值凶年，一顷乃活百人耳。（《齐民要术·蔓菁》）

（21）王既圣且仁，普天乐属，寿有亿数。（吴康僧会译《六度集经·顶生圣王经》）

"且₁"单独连接两项语法单位时，所连接的两项一般为单音节形容词，如例（14）、例（15）；当同时配对使用，构成"且……且……"这样的格式时，两个"且"后出现的都是单音节动词或形容词，如例（16）～例（19），形成的联合短语大多数情况下就是复句的一个小句，如例（16）、例（18）、例（19），有时又作句子的谓语，如例（17）；当并列连词"且"和"既"搭配使用，构成"既……且……"这样的格式时，这两个连词后连接的是单音节形容词，如例（20）、例（21）。在"且……且……"和"既……且……"这两种格式中，连词后面之所以只出现单音节的动词或形容词，主要是为了形成两个音步①，凑成四字格的句式，产生音韵整齐和谐的语用效果。"且₁"沿用自上古汉语，它的三种使用形式上古汉语都能见到，如：

（22）邦有道，贫且贱焉，耻也。邦无道，富且贵焉，耻也。（《论语·泰伯》）

（23）居一二日，何来谒上，上且怒且喜，骂何曰："若亡，何

---

① 音步是从韵律构词法的理论来探讨语言中的词汇结构时使用的术语，冯胜利（1997：2～3）解释了"音步"的概念，即"在韵律构词学中，最小的、能够自由独立运用的韵律单位"。并指出，一般认为，汉语最基本的音步是两个音节。

也?"（《史记·淮阴侯列传》）

（24）既辱且危，死期将至，妻其可得见邪？　（《周易·系辞下》）

【及】

并列连词"及"上古汉语已常用，魏晋南北朝时期使用更为频繁。近代汉语时期，口语中并列连词"及"逐渐被新生的并列连词"和"所取代，现代汉语口语已基本不用并列连词"及"，但书面语中"及"用作并列连词仍很常见。魏晋南北朝时期"及"作并列连词的用例如：

（25）孔文举年十岁，随父到洛。时李元礼有盛名，为司隶校尉，诣门者皆俊才清称及中表亲戚乃通。（《世说新语·言语》3）

（26）邢鸾家常掘丹砂及钱数十万，铭云："董太师之物。"（《洛阳迦蓝记·城内·修梵寺》）

（27）我有一儿，年已十七，颇晓书疏，教其鲜卑语及弹琵琶，稍欲通解，以此伏事公卿，无不宠爱，亦要事也。（《颜氏家训·教子》）

（28）儒士雷次宗立学于鸡笼山，太祖年十三，受业，治《礼》及《左氏春秋》。（《南齐书·高帝纪上》）

（29）今宋氏及悝，自诉于天，上帝震怒，罪在难救。（《搜神记》卷十）

（30）又采芝及服芝，欲得王相专和之日，支干上下相生为佳。（《抱朴子·内篇·仙药》）

（31）太子曰："愿获大富，常好布施，无贪踰今，令吾父王及国臣民思得相见。"（吴康僧会译《六度集经·须大挐经》）

"及"作并列连词，既可连接体词性词语或短语，也可连接谓词性词语或短语。如例（27）"教其鲜卑语及弹琵琶"、例（30）"采芝及服芝"中的连词"及"连接的都是谓词性短语。此外，并列连词"及"连接的两项有时也不能互换位置理解，如例（30）"又采芝及服芝"、例（31）

"令吾父王及国臣民思得相见"中的"及"连接的两项，它们的前后安排反映了正常的事理逻辑顺序，是不宜互换的。

【与】

并列连词"与"上古汉语已常见使用，并一直沿用至现代汉语。魏晋南北朝时期，"与"是一个语法功能非常丰富的兼类词，它可以作动词、介词以及连词。此期"与"作并列连词的用例如：

（32）史迁与仲弓，皆非妄说者也。（《抱朴子·内篇·对俗》）

（33）装饰毕功，明帝与太后共登之。（《洛阳伽蓝记·城内·永宁寺》）

（34）刘尹与桓宣武共听讲《礼记》。（《世说新语·言语》64）

（35）王右军与谢太傅共登冶城，谢悠然远想，有高世之志。（《世说新语·言语》70）

（36）缧讫，女与客俱仙去，莫知所如。（《搜神记》卷一）

（37）二亲既没，所居斋寝，子与妇弗忍入焉。（《颜氏家训·风操》）

（38）以是之故，世人当知时与非时。（《百喻经·蹋长者口喻》）

（39）癸未，诏曰："顷水雨频降，潮流荐满，二岸居民，多所淹渍。遣中书舍人与两县官长优量赈恤。"（《南齐书·武帝纪》）

"与"作并列连词，连接的两项一般为名词或名词短语，由"与"所连接的两项成分在句中是一个联合短语，经常作句子的主语，如例（32）～例（37）各例，也可以作宾语，如例（38）、例（39）。就"与"在此时期的虚词用法而言，"与"作介词比作连词更为常见。此时期最常用的连接词、短语的并列连词就是"与"和"及"，但两者在使用频率上并不一样，"及"比"与"使用得更为普遍。

【并】

魏晋南北朝汉语的"并"是个兼类词，作连词时表示连接成分间的并列关系。关于并列连词"并"的起源及发展，不少学者已经发表了看法，根据对上古及中古汉语的文献考察，我们同意徐朝红（2007）的观点，将"并"的起源定于东汉时期，中古时期的用例如：

（40）还，作甘泉通天台，长安飞廉馆。应劭曰："飞廉，神禽能致风气者也。明帝永平五年，至长安迎取飞廉并铜马，置上西门外，名平乐馆。"（《汉书·武帝纪》颜师古注引应劭）

（41）人心并意识，此三为起法。（东汉支曜译《成具光明定意经》）

（42）尔时贤者舍利弗心念言："愿欲见其佛刹纪阿闪佛并诸弟子等。"（东汉支娄迦谶译《阿閦佛国经·诸菩萨学成品》）

（43）欲之傍县卖缯，从同县男子王伯赁牛车一乘，直钱万二千，载妾并缯，令致富执缯，乃以前年四月十日到此亭外。（《搜神记》卷十六）

（44）法云寺，西域乌场国胡沙门僧（昙）摩罗所立也。在宝光寺西，隔墙并门。（《洛阳伽蓝记·城西·法云寺》）

（45）见大殿珍宝耀日，堂前有二师子并伏象，一金玉床，云名师子之座。（《古小说钩沉·幽明录》）

（46）吾有绢千匹并杂宝物，可为立法营塔使生善处也。（《高僧传·安清》）

（47）说是偈已，便欲投火。尔时帝释并梵天王，各捉一手，而复难之。（北魏慧觉等译《贤愚经·梵天请法六事品》）

（48）杀群贼者，喻得须陀洹，强断五欲并诸烦恼。（南朝齐求那毗地译《百喻经·五百欢喜九喻》）

从例（40）～例（48）可以看出，由"并"连接的成分都是名词或名词性短语，"并"所连接的前后两项构成一个联合短语，在例（41）、例（47）中作主语，在其他例子中都作宾语。但"并"不作句子成分，它只是成分间这种并列关系的语法标记词。"并"作为新生的连词用法，中古时期使用频率仍然很低，《世说新语》《颜氏家训》等口语性强的文献中都没有"并"使用，只有在《搜神记》《洛阳伽蓝记》《古小说钩

沉》《高僧传》及汉译佛经中见到为数不多的用例。表示并列关系的
"并"一直沿用到现代汉语，如：

（49）两岸的乌桕，新禾，野花，鸡，狗，丛树并枯树……都倒
影在澄碧的小河中。（鲁迅）

（50）何炳昆早上起床后，喝了一碗稀粥，吃了一个鸡蛋并两片
馒头。（谌荣）

（51）菜冷，是无妨的，然而竟不够；有时连饭也不够……这是
先去喂了阿随了，有时还并那近来连自己也轻易不吃的羊肉。
（鲁迅）[1]

【将】

"将"用作并列连词，不见于上古汉语，魏晋南北朝文献中能见到少
量用例，应为此时期新生的连词。但据我们查阅此时期的文献，并列连词
"将"的使用具有很大的局限性，它只见于此时期文人创作的诗歌中。
比如：

（52）陇头万里外，天崖四面绝。人将蓬共转，水与啼俱咽。
（《先秦汉魏南北朝诗·陈诗·江总〈陇头水〉》）[2]

（53）雁与云俱阵，沙将蓬共惊。枯桑落古社，寒鸟归孤城。
（《先秦汉魏南北朝诗·北周诗·庾信〈经陈思王墓诗〉》）

（54）风将夜共静，空与月俱明。烛滴龙犹伏，垆开凤欲惊。
（《先秦汉魏南北朝诗·梁诗·朱超道〈岁晚沉痾〉》）

（55）风移兰气入，月逐桂香来。独有刘将阮，忘情寄羽杯。
（《先秦汉魏南北朝诗·陈诗·张正见〈对酒〉》）[3]

（56）藤长还依格，荷生不避桥。阳台可忆处，唯有暮将朝。
（《先秦汉魏南北朝诗·陈诗·阴铿〈和登百花亭怀荆楚诗〉》）

---

① 例（49）、例（50）、例（51）引自侯学超（1998：45）。
② 董志翘、蔡镜浩（1994：287）曾引例（52）。
③ 董志翘、蔡镜浩（1994：287）曾引例（55）。

以上五例中，例（52）、例（53）、例（54）中的"将"都连接两个名词，谓词前都有表示偕同意义的副词"共"修饰，也就是说谓词所表示的动作或状态是这两个名词共同具有的，且"将"和并列连词"与"构成对文，因此从"将"在句中的语法功能和语法意义来看，理解为并列连词是完全符合句意的。而例（55）、例（56）中的"将"同样连接两个名词，所连接的两项同时作动词"有"的宾语，表示作者心目中符合条件的人或物是平等并列的两项，这两项没有主从关系，因此"将"更是典型的并列连词用法。

【共】

"共"作并列连词也是魏晋南北朝汉语新产生的用法，用例尚不多见，徐朝红（2008：27）统计隋以前本缘部汉译佛经中的并列连词"共"只有7例，而魏晋南北朝中土文献中并列连词"共"的用法更少。我们查阅了此时期绝大部分文献，找到的比较典型的用例如：

（57）落花与芝盖同飞，杨柳共春旗一色。（庾信《华林园马射赋》）①

（58）后者恚曰："我共前人同买于汝，云何独尔？"（南朝齐求那毗地译《百喻经·五人买婢共使作喻》）

（59）我昔曾闻："有一师共一弟子，于其冬日，在暖室中，见有火聚，无有烟焰。"（姚秦鸠摩罗什译《大庄严论经》）

（60）今吴、蜀共帝，鼎足而居，天下摇荡，无所统一，臣等每为陛下惧此危心。（《三国志·公孙度传附子康、康子渊》裴松之注引《魏书》）

（61）且妖惑之徒，多潜都邑，人情危惧，恒虑大兵窃发，于是众军戒严，刘牢之共卫将军谢琰讨之。（《魏书·僭晋司马叡传》）

（62）尔时诸天，闻帝释共犍闼婆王子等欲往佛所。（北魏吉迦夜共昙曜译《杂宝藏经·帝释问事缘》）

---

① 柳士镇（1992：250）曾引例（57）。

新生的并列连词"共"比"将"使用的范围要广泛一些，在佛经、史书、韵文中都能见到用例，但在《世说新语》《齐民要术》《搜神记》《颜氏家训》《洛阳伽蓝记》等口语性较强的中土文献中仍不见使用，可见它依然不能对常用的并列连词"与""及"构成冲击。这是因为连词是单纯的语法功能词，是一个相对封闭的范畴，语言的经济性原则对它的数量起着潜在的限制作用。虽然"共"在句法环境的影响下经过长期的历时演变，可以很自然地由别的词类（我们认为是介词）衍化为并列连词，但是作为新生的个体，它在语言系统中面临着双重的挤压：一是受到此时期常用的并列连词"与"和"及"的排挤，因为"与""及"能够很好地满足语言使用者对表示成分间并列关系的连词的使用需求，所以他们一般情况下是不愿意增加记忆的负担去使用一个新的连词的；二是受到了"共"的其他强势用法的排挤，"共"在此时期是一个兼类词，它的虚词用法有副词、介词、连词三种，如果按照使用的广泛性程度排一个等级序列的话，应该是：副词＞介词＞连词（"＞"后面的词类使用的广泛性程度低于前面的词类）。"共"的副词用法是最强势的，其次是介词用法，当"共"作为虚词在句子中使用时，语言使用者最有可能优先考虑它的副词用法，当需要使用并列连词时，可能会考虑到使用"共"易产生歧义，因而优先选择语法功能相对简单、表义相对清晰的常用并列连词，这样，"共"的副词用法就会对新生的连词用法产生潜在的排挤。因此，从语言的系统性来考虑，"共"的并列连词用法在魏晋南北朝时期处于弱势地位是很正常的。

【逮】

"逮"在魏晋南北朝时期也是一个兼类词，主要作动词和介词，在汉译佛经中有作并列连词的用法，主要见于吴康僧会译《六度集经》，共有19例，略举7例如下：

（63）以吾布施虚耗国内，名象战宝以施怨家，王逮群臣恚逐我耳。（吴康僧会译《六度集经·须大挐经》）

（64）使者曰："王逮皇后捐食衔泣，身命日衰，思睹太子。"（吴康僧会译《六度集经·须大挐经》）

（65）王即怃然入与后议，后逮宫人靡不哀恸。嗟曰："奈何太子禄薄，生获斯殃。"（吴康僧会译《六度集经·太子墓魄经》）

（66）王逮臣民始知有佛。率土佥曰："佛之仁化乃至于兹乎。"（吴康僧会译《六度集经·杀龙济一国经》）

（67）王逮臣民，相率受戒。子孝臣忠，天神荣卫。国丰民康，四境服德，靡不称善。（吴康僧会译《六度集经·布施度无极章（八）》）

（68）帝释身下，谓其亲曰："斯至孝之子，吾能活之。"以天神药灌睒口中，忽然得苏。父母及睒，主逮臣从，悲乐交集，普复举哀。（吴康僧会译《六度集经·忍辱度无极章（四三）》）

（69）王逮官属造之而曰："上德贤者，可一开眼相面乎？"如斯三矣。（吴康僧会译《六度集经·普明王经》）

从例（63）～例（69）来看，将"逮"理解为并列连词完全符合句意，特别是例（68）中相邻出现了两个联合短语——"父母及睒""主逮臣从"，前一个短语用"及"连接，后一个短语用"逮"连接，从两词所处位置及表示的语法功能来看，实在看不出有什么区别。因此，我们认为"逮"在魏晋南北朝时的确有并列连词的用法。"逮"的这种连词用法，由于使用的时间不长，使用范围也不广泛，因此从文献中看不出由动词"逮"演变为并列连词"逮"的语法化过程。我们认为"逮"作并列连词的用法，是受"及"的类推影响而产生的一种创新用法。《说文·又部》："及，逮也。"段注："辵部：逮，及也。及前人也。"可见，"逮"和"及"作动词时是同义词。而在词的词义发展中，同义、反义及义类相关的词经常互相影响，其中一个词引申产生出新的意义，可能推动与它同义、反义或意义相关的词在其后也产生出此项新义。汉语中这种因词和词的相互影响推动而导致词的义项增加的现象早已为学者所关注，蒋绍愚（1989：93～109）称之为"在引申之外的又一种词义发展的途径"，命名为"相因生义"，并认为"相因生义"是由于类推作用而造成的，不但在同义词之间有，而且在反义词之间也有。"从某种意义上说，'相因生义'也可以说是一种错误的类推。因为它没有把一个词的两个或几个不同的义位加以区分，仅仅因为 A 词和 B 词的一个义位同义（或反义），就认为在其它场合下，A 词都可以作为 B 词的同义词（或反义词）使用。这是一种误解。但是尽管如此，只要这种类推能得到社会的承认，就能在全民语言中站住脚，从而形成一种新的词义。这就是荀子所说的‘名无固宜，约定俗成谓之宜。’（《荀子·正名》）这种类似的情况，在语音和语法方面都是存在的。"而"逮"在此时期产生出新的并列连词用法，正是在并列连词"及"的影响下，由"相因生义"的途径而产生的，但"逮"作并列连词的用法并没有得到当时语言社团的认可，因而很快就消亡了。

【既₁】

魏晋南北朝汉语中"既"作连词时，常用来连接小句，可以表示两种语法意义：一是表示连接的小句与后一小句是并列的关系，后一小句常用副词"又""亦""复"与之呼应，也有用表并列的连词"且"与之呼应的，但当与连词"且"搭配时，常常是构成一个紧缩的复句形式，而这个紧缩的复句形式在表义上是不自足的，它只能作更大的复句的构成部分；二是表示连接的小句是后一小句的原因，两个小句间常表现为一种推导的因果关系。这两种用法上古汉语都已见使用，也一直沿用到现代汉语。我们把连词"既"表示并列关系的用法标为"既₁"，此时期的例子如：

（70）其妇出来，即割其鼻，寻以他鼻着妇面上。既不相着，复失其鼻，唐使妇受大苦痛。（南朝齐求那毗地译《百喻经·为妇贸鼻喻》）

（71）既图龙蛇之形，复写鸟兽之状，缘势嵚崎，其貌非一。（《齐民要术·园篱》）

（72）（封）轨既以方直自业，高绰亦以风概立名。（《魏书·封懿传》）

（73）有佛世尊，既能调身，亦能调心。（北魏慧觉等译《贤愚经·大光明王始发道心缘品》）

（74）褚渊当泰始初运，清途已显，数年之间，不患无位，既以民望而见引，亦随民望而去之。（《南齐书·褚渊传论》）

　　（75）若待秋，子成而落，茎既坚硬，叶又枯燥也。（《齐民要术·种兰香》）

　　（76）孙秀既恨石崇不与绿珠，又憾潘岳昔遇之不以礼。（《世说新语·仇隙》1）

　　（77）刻石为鲸鱼，背负钓台，既如从地踊出，又似空中飞下。（《洛阳伽蓝记·城内·瑶光寺》）

　　（78）陆平原多为死人自叹之言，诗格既无此例，又乖制作本意。（《颜氏家训·文章》）

　　（79）初，坚至南阳。咨既不给军粮，又不肯见坚。（《三国志·吴志·孙坚传》裴松之注引《吴历》）

　　（80）朕以眇身，继承洪绪，既不能绍上圣之遗风，扬先帝之休德，又使王教之弛者不张，帝典之厥者未补，亹亹之德不著，亦恶可已乎。（《宋书·礼志一》）

　　（81）第五公诛除妖道，而既寿且贵。（《抱朴子·内篇·道意》）

　　（82）干而蒸食，既甜且美。（《齐民要术·蔓菁》）

　　从例（70）～例（82）这 13 个例子中可以看出，"既₁"在此时期使用是很广泛的，与它搭配使用的副词以"又"最为常见。"既₁"在小句中的位置以出现在主语后面为常，有时"既₁"看似位于小句句首，其实其前的主语是为避重复而承前省略，如例（70）的"既"前可以补出小句的主语"他鼻"，例（71）前可以补出小句的主语"园篱"，例（80）前可以补出小句的主语"朕"。为什么连词"既"不能用于主语前呢？这主要是因为连词"既"是由表示"已经"义的时间副词"既"语法化而来，副词"既"的位置都是在谓词或谓词短语前，由于语法化过程中的"滞留（persistence）"原则的制约①，连词"既"很自然地保持着它的源词——副词"既"的句法位置。这也是我们可以追溯连词"既"的来源

---

① 霍伯尔、特拉格特（2005，梁银峰译 2008：119）有这样的论述："当一个形式经历从词汇项到语法项的语法化时，它原来的一些词汇意义踪迹往往会黏附着它，它的词汇历史上的具体细节会反映在对它的语法分布的制约上。这种现象被称作'滞留'。"

的线索之一。另外，我们还应该注意到"既₁"连接的小句主语和后一小句的主语可以是一致的，也可以是不同的，比如例（72）前一小句的主语是"封轨"，后一小句的主语却是"高绰"；例（75）前一小句的主语是"茎"，后一小句的主语却是"叶"；例（70）连词"既"连接的小句和后一小句的主语也不同，不过两个小句的主语都承前省略了，根据语境可知，"既"前的主语是"他鼻"，"复"前的主语是"其妇"。和上古汉语相比，此时期"既₁"使用更为频繁，并且都和"又""亦""复"这些有关联作用的副词形成严整的配对，使小句间的并列关系得以鲜明地体现出来；用"既₁"连接的小句也更为复杂，比如像例（76）和例（80）这样用并列连词"既"和副词"又"关联的复杂句子，在上古汉语时期基本上是没有的。这从一个侧面反映了魏晋南北朝汉语句法正朝着严密化、系统化的方向飞速发展。可以说，现代汉语中表示并列关系的连词"既"的用法在此时期已经完全成熟了。

第二节　承接连词

　　承接连词是指连接词、短语、小句、句子等两个语法单位，表示所连接的成分在时间或事理上具有先后相承关系的连词。由于魏晋南北朝汉语语法系统正处于剧烈变动并逐渐调整的时期，因此，此时期的承接连词在数量上比上古汉语要多，与现代汉语相比，也是有过之而无不及，既有上古汉语常用的单音节承接连词和复合的承接连词，又有由上古汉语中经常相邻同现的两个词凝固而成的复合承接连词。这是此时期承接连词表现出的鲜明的特点。

　　此外，探讨分析此时期的承接连词还应注意两个问题。其一，由于此时期的连词是一个原型范畴，因此连词范畴内部也是一个连续的统一体（continuum），小类和小类之间的边界也并不是很清晰的，某个小类中不太典型的成员可能会表示出与相邻小类成员相似的语法意义。比如此时期的连词"因"就有两种用法，既可以表示连接成分间的承接关系，也可以表示连接成分间的因果关系。"因"的这两种用法其实是有联系的，如果说话者淡化成分间的因果关系，那么表现出的就是成分间比较单纯的承接关系。也就是说，连词"因"的这两种用法也是一个连续统一体，很难作精确的区分。我们只能根据它在具体的用例中表现出的比较典型的语法属性究竟与哪一小类更为接近，来作出大致的归类。其二，此时期使用的复合承接连词，都是由两个位置相邻的词在使用中逐渐凝固而成的，有的在先秦时期已经定型，有的直到此时期才完全定型。因此，到此时期才完全定型的复合承接连词，在由离散的两个词通过逐渐消除词义界限到融合成一个复合词的过程中，会存在一个中间状态，假如以"A"表示凝固前两个相邻出现的离散的词，以"B"表示经过语义融合后作为整体使用的复合词，那么它的演变路径不是"A→B"，而应是"A→A/B：B→B"。具体说，就是复合连词在其演变的来源途中，会出现既有少量成熟的复合连词的用例，也有大量可作两可理解的用例。这一演变模式适用于此时期使用的所有复合连词，而不仅仅是复合的承接连词。只要某个时期已经产生了不能再作两可理解的用例，即使同时期能作两可理解的用例是大量的，我们也应确定为成熟的复合连词已经产生。当然，这样的辨析是很困难的，不同的学者可能针对同一个用例会有不同的理解，但是只要坚持联系更广的上下文并利用能见到的古注来加以理解，同时进行多个角度的比较，包括归纳同时期类似的用例以及前后不同时期的用例的比较，应该能够作出比较接近语言事实的判断。

此时期表示承接关系的连词主要有单义连词"则、于是、于此、然后、然则、是则、至于、至如、至"和多义连词"因""以""而"等。

【因₁】

此时期的连词"因"表示承接关系时，主要用于连接小句，常位于后一小句句首，表示前后两事在时间或事理上前后相继。可译为"于是""因而"等，此用法上古汉语已经使用，比如：

（1）舜以天下让其友北人无择，北人无择曰："异哉，后之为人也！居于畎亩之中而游尧之门，不若是而已，又欲以其辱行漫我，吾羞见之。"因自投清泠之渊。（《庄子·让王》）

（2）兔走触株，折颈而死，因释其耒而守株，冀复得兔。（《韩非子·五蠹》）

（3）及至颏当城，生子，因名曰颏当。（《史记·韩信卢绾列传》）

从以上三例可以看出，上古汉语中连词"因"在主要表示承接关系的同时又兼表较弱的因果关系，这样的用法在魏晋南北朝汉语中得以沿用。比如：

（4）孝征善画，遇有纸笔，图写为人。顷之，因割鹿尾，戏截画人以示构，而无他意。（《颜氏家训·风操》）

（5）女即安卧不知人，因取大刀断犬腹，近后脚之前，以所断之处向疮口，令去二三寸。停之须臾，有若蛇者，从疮中出。（《搜神记》卷三）

（6）钟毓兄弟小时，值父昼寝，因共偷服药酒。其父时觉，且托寐以观之。（《世说新语·言语》12）

（7）高祖大笑，因举酒曰："三三横，两两纵，谁能辨之赐金钟。"（《洛阳伽蓝记·城南·报德寺》）

（8）于时国王与诸群臣、夫人、婇女，入山游观。王时疲懈，因卧休息。诸婇女辈，舍王游行，观诸花林。（北魏慧觉等译《贤愚经·羼提波梨品》）

（9）夏月，行人有病疮者烦热，见此墓中水清好，因自洗浴，疮偶便愈。（《抱朴子·内篇·道意》）

（10）时东北风急，因命纵火，烟焰张天，鼓噪之音震京邑。（《宋书·武帝纪上》）

（11）黑山贼于毒、白绕、眭固等十余万众略魏郡、东郡，王肱不能御，太祖引兵入东郡，击白绕于濮阳，破之。袁绍因表太祖为东郡太守，治东武阳。（《三国志·魏志·武帝纪》）

（12）太祖曰："制法而自犯之，何以帅下？然孤为军帅，不可自杀，请自刑。"因援剑割发以置地。（《三国志·魏志·武帝纪》裴松之注引《曹瞒传》）

【于此】

"于此"是魏晋南北朝时期新生的复合连词，它的主要语法作用是连接句子与句子，表示前后两件事情的承接关系，可译为"于是"，比如：

（13）庾仲初作《扬都赋》成，以呈庾亮。亮以亲族之怀，大为其名价云："可三《二京》、四《三都》。"于此人人竞写，都下纸为之贵。（《世说新语·文学》79）

（14）（卫）玠体素羸，恒为母所禁。尔昔忽极，于此病笃，遂不起。（《世说新语·文学》20）

（15）桓公后遣传教令作敬夫人碑，郡人云："故当有才！不尔，桓公那得令作碑？"于此重之。（《古小说钩沉·裴子语林》）

（16）明往，（裴）逸民果知之；又嘉其志局，用为西门侯。于此遂知名。（《古小说钩沉·裴子语林》）

（17）其大儿忽得时行病，病后遂大能食，一日食斛余米。其家供给五年，乃至罄贫，语曰："汝当自觅食。"后至一家，门前已得营饭，又从后门乞，其人答曰："实不知君有两门。"腹大饥不可忍，后门有三畦韭，一畦大蒜，因啖两畦，便大闷极卧地。须臾至大吐，吐一物，似龙，出地渐渐大。须臾，主人持饭出，腹不能食遂撮饭内着向所吐出物上，即消成水。此人于此病遂得差。（《古小说钩沉·齐谐记》）

（18）（妇）后复妒忌，婿因伏地作羊鸣；妇惊起，徒跣呼先人为誓，不复敢尔。于此不复妒忌。（《古小说钩沉·妒记》）

（19）从叔云："汝姑丧已二年。……汝今还去，可语其儿：勤修功德，庶得免之。"于此示（唐）遵归路。（《古小说钩沉·冥祥记》）

从例（13）到例（19）可以看出，"于此"作承接连词，主要用于复句之间，大多数情况下是位于承接前文的复句句首，也有位于后一复句的主语后、谓语前的，这和此时期常见的另一承接连词"于是"的作用是一致的，但使用频率远远不及"于是"。从此时期的文献来看，承接连词

"于此"只见于《魏书》《世说新语》及此时期志怪小说中，用例不是很多。

【以₁】

连词"以"上古汉语已常用，它常表示出两种语法意义，既可以表示连接成分间具有的承接关系，也可以表示连接成分间具有的因果关系。"以"的连词用法是由它的介词用法进一步语法化而形成的，连词用法产生后，和介词用法又长期并存，形成了介连兼类的虚词"以"。连词"以"表示承接关系的用法我们记作"以₁"，表示因果关系的用法我们记作"以₂"。中古时期"以₁"的用例如：

（20）此事徧（遍）于经史，吾亦不能郑重，聊举近世切要以启寤汝耳。（《颜氏家训·勉学》）

（21）时王心念："我今最尊，位居豪首，人民于我各各安乐。虽复有是，未尽我心，今当推求妙宝法财以利益之。"（北魏慧觉等译《贤愚经·梵天请法六事品》）

（22）我若不从，儿或能死，今宁违理以存儿命。即便唤儿，欲从儿意。（北魏吉迦夜共昙曜译《杂宝藏经·妇女厌欲出家缘》）

（23）赤松子者，神农时雨师也，服冰玉散以教神农，能入火不烧。（《搜神记》卷一）

（24）母食，以为美，然疑是异物，密藏以示彦。（《搜神记》卷十一）

（25）其父时觉，且托寐以观之。（《世说新语·言语》12）

（26）孙子荆除妇服，作诗以示王武子。（《世说新语·文学》72）

（27）四月初，畦种之。方三寸一子，筛土覆之，令厚寸许；复筛熟粪以盖土上。（《齐民要术·种椒》）

（28）白鹤生于异县，丹足出自他乡，皆远来以臻此，藉水木以翱翔。（《洛阳伽蓝记·城东·正始寺》）

（29）南亩事兴，时不可失，宜早督田畯以要岁功。（《宋书·王弘传》）

"以₁"表示承接关系，连接的往往是两个动词性短语，这两个动词性短语通过"以"的连接构成了一个连动式，因此这样的"以"前不宜加标点点断。这种"以"可能来源于表示工具、凭借的介词"以"，由于介词"以"的宾语在不至于引起歧义的语境中经常习惯性省略，这样的省略成了一种普遍现象后，"以"的介引性功能就会逐渐弱化而连接功能则会逐渐增强，并最终表现出连词的典型特点，这样，"以"表示承接关系的连词用法就产生了。这一演变过程在上古时期已经完成了，如上古汉语已有"以₁"的用例：

（30）汤乃兴师率诸侯，伊尹从汤，汤自把钺以伐昆吾，遂伐桀。（《史记·殷本纪》）

（31）其明日，除道，修社及商纣宫。及期，百夫荷罕旗以先驱。（《史记·周本纪》）

【然则】

承接连词"然则"上古汉语已使用，主要用在复句之间，表示句与句之间存在逻辑推导关系，也可以说是广义的承接关系。比如：

（32）汤武之王也，不循古而兴；殷夏之灭也，不易礼而亡。然则反古者未可必非，循礼者未足多是也，君无疑矣。（《商君书·更法》）

（33）今王知用诸越而忘用诸秦，臣以王为巨过矣。然则王若欲置相于秦，则莫若向寿者可。（《史记·樗里子甘茂列传》）

这两例中的"然"有较轻的指代前文的性质，但和"则"的边界已经融合，不宜再看作两个词，"然则"表示的语法意义的重点在于承接上文推导出结论。"然则"作为复合的承接连词在中古汉语时期继续使用，比如：

（34）昔崔杼不杀晏婴，晏婴谓杼为大不仁，而有小仁。然则奸

臣贼子，犹能有仁矣。（《抱朴子·外篇·仁明》）

（35）凡伐木，四月、七月则不虫而坚肕。榆荚下，桑椹落，亦其时也。然则凡木有子实者，候其子实将熟，皆其时也。（《齐民要术·伐木》）

（36）礼以哭有言者为号，然则哭亦有辞也。（《颜氏家训·风操》）

（37）是以有耻且格，敬让之枢纽；令行禁止，为国之关楗。然则天下治者，赏罚而已矣。（《南齐书·崔祖思传》）

（38）陵阳男相，吴立曰揭阳，晋武帝太康五年，以西康揭阳移治故陵阳县，改曰陵县，然则陵阳先已为县矣。（《宋书·州郡志二》）

（39）故三千之罪，莫大不孝，不孝之大，无过于绝祀。然则绝祀之罪，重莫甚焉。（《魏书·李孝伯传》）

【是则】

"是则"作为复合的承接连词，上古汉语已经出现，用于小句或句子的句首，表示所连接的小句或句子是承接前面的小句或句子产生的结果，可译为"那么"，但用例不多，比如：

（40）楚得枳而国亡，齐得宋而国亡，齐、楚不得以有枳、宋事秦者，何也？是则有功者，秦之深仇也。（《战国策·燕策二》）

（41）在礼，敌必三让，是则圣人知民之不可加也。（《国语·周语中》）

中古时期承接连词"是则"仍然使用，但用于连接句子的例子更多，表明"是则"作为复合词更为稳定成熟，主要见于史书中，比如：

（42）其有见善如不及，从谏如顺流，是则命待教全，运须化立。（《宋书·顾觊之传》）

（43）宋文帝使颜延之造《郊天夕牲》《迎送神》《飨神歌诗》

三篇，是则宋初又仍晋也。(《南齐书·乐志》)

(44) 臣又闻老子、仲尼曰："古之听狱者，求所以生之；今之听狱者，求所以杀之。""与其杀不辜，宁失有罪。"是则断狱之职，自古所难矣。(《南齐书·孔稚珪传》)

(45) 夫此职司，在人主之所任耳，用之则重，舍之则轻。然则官无常名，而任有定分。是则所贵者至矣，何取于鼎司之虚称也？夫桀、纣之南面，虽高而可薄；姬旦之为下，虽卑而可尊。(《魏书·太祖道武帝纪》)

(46) 臣愚以为自非大逆、赤手杀人之罪，其坐赃及盗与过误之愆应入死者，皆可原命，谪守边境。是则已断之体，更受全生之恩；徭役之家，渐蒙休息之惠。(《魏书·源贺传》)

【然后】

"然后"用作复合的承接连词，可以用于连接短语，也可以连接小句，上古汉语已见，表示动作行为或陈述的事实在时间上的相承关系，比如：

(47) 夷维子谓邹之孤曰："天子吊，主人必将倍殡柩，设北面于南方，然后天子南面吊也。"邹之群臣曰："必若此，吾将伏剑而死。"故不敢入于邹。(《战国策·赵策三》)

(48) 譬若欲众其国之善射御之士者，必将富之、贵之、敬之、誉之，然后国之善射御之士，将可得而众也。(《墨子·尚贤上》)

(49) 或曰伊尹处士，汤使人聘迎之，五反然后肯往从汤，言素王及九主之事。(《史记·殷本纪》)

中古时期，承接连词"然后"使用更为广泛，尤以各种口语性强的文献用例为多，比如：

(50) 水尽，下葵子，又以熟粪和土覆其上，令厚一寸余。葵生三叶，然后浇之。(《齐民要术·种葵》)

（51）元帝便欲施行，虑诸公不奉诏，于是先唤周侯、丞相入，然后欲出诏付习。（《世说新语·方正》23）

（52）其人有数术：能断舌复续，吐火。所在人士聚观，将断时，先以舌吐示宾客，然后刀截，血流覆地，乃取置器中，传以示人，视之舌头，半舌犹在，既而还取含续之。（《搜神记》卷二）

（53）夫道家宝秘仙术，弟子之中，尤尚简择，至精弥久，然后告之以要诀，况于世人，幸自不信不求，何为当强以语之邪？（《抱朴子·内篇·辩问》）

（54）王于四角起大高楼，多置金银及诸宝物，王与夫人及诸王子悉在上烧香散花，至心精神，然后辘轳绞索一举便到，故胡人皆云四天王助之。（《洛阳伽蓝记·城北·闻义里》）

（55）学为文章，先谋亲友，得其评裁，知可施行，然后出手；慎勿师心自任，取笑旁人也。（《颜氏家训·文章》）

（56）王曰："奉佛至孝之德，乃至于斯。"遂命群臣："自今之后率土人民，皆奉佛十德之善，修昳至孝之行，一国则焉。"然后国丰民康，遂致太平。（吴康僧会译《六度集经·忍辱度无极章（四三）》）

（57）外援既服，然后攻其孤城，拔之如反掌耳。（《魏书·源贺传》）

可见，承接连词"然后"在中古汉语时期遍布于各种类型的文献，比上古汉语时期使用频繁得多，是此时期最为活跃的连词之一。承接连词"然后"一直沿用至现代汉语，今天仍然是汉语中极常用的连词。

【于是】

"于是"在魏晋南北朝时已是成熟的承接连词，文献中使用极其频繁，是最常用的承接连词。如：

（58）（杨）遵彦后为孝昭所戮，刑政于是衰矣。（《颜氏家训·慕贤》）

（59）子云叹曰："此人后生无比，遂不为世所称，亦是奇事。"

于是闻者少复刮目。(《颜氏家训·慕贤》)

(60) 河水于是有棘津之名,亦谓之石济津,故南津也。(《水经注·河水》)

(61) 母于是感悟,爱之如己子。(《世说新语·德行》14)

(62) 赵昺尝临水求渡,船人不许。昺乃张帷盖,坐其中,长啸呼风,乱流而济。于是百姓敬服,从者如归。(《搜神记》卷二)

(63) 元谦服婢之能,于是京邑翕然传之。(《洛阳伽蓝记·城北·凝圆寺》)

(64) 叔业见时方乱,不乐居近蕃,朝廷疑其欲反,叔业亦遣使参察京师消息,于是异论转盛。(《南齐书·裴叔业传》)

(65) 凡拔城破垒,俘四千余人。议者谓应悉戮以为京观。道济曰:“伐罪吊民,正在今日。”皆释而遣之。于是戎夷感悦,相率归之者甚众。(《宋书·檀道济传》)

(66) 帝闻之,知其终不奉顺,乃先图之。于是伏勇士于宫中,晨起以佩刀杀后,驰使告速侯等,言后暴崩。(《魏书·神元皇后窦氏传》)

(67) 父子踰城,即改名族,隐于山草。于是贪王遂入其国。(吴康僧会译《六度集经·布施度无极章(一〇)》)

(68) 殷勤谏父,救其母命,而语父言:“莫绝杀我,稍割食之,可经数日。若断我命,肉便臭烂,不可经久。”于是父母欲割儿肉,啼哭懊恼而割食之。(北魏慧觉等译《贤愚经·须阇提品》)

(69) 妇无贞信,后于中间共他交往,邪淫心盛,欲逐傍夫,舍离己婿。于是密语一老母言:“我去之后,汝可赍一死妇女尸,安着屋中。语我夫言,云我已死。”(南朝齐求那毗地译《百喻经·妇诈称死喻》)

上古汉语“于是”已由介词短语凝固成了复合的承接连词,比如:

(70) 古者包牺氏之王天下也,仰则观象于天,俯则观法于地。观鸟兽之文与地之宜,近取诸身,远取诸物,于是始作八卦,以通神

明之德，以类万物之情。（《周易·系辞下》）

（71）夫物之感人无穷，而人之好恶无节，则是物至而人化物也。人化物也者，灭天理而穷人欲者也。于是有悖逆诈伪之心，有淫泆作乱之事。（《礼记·乐记》）

（72）景公说，大戒于国，出舍于郊，于是始兴发补不足。（《孟子·梁惠王下》）

（73）（秦武）王曰："寡人不听也，请与子盟。"于是与之盟于息壤。（《战国策·秦策二》）

【而₂】

连词"而"表示承接关系的用法是它的主要语法功能，常连接谓词或谓词性短语，表示动作行为在时间或事理上的相续，上古汉语已常用，如：

（74）孔子登东山而小鲁，登太山而小天下。（《孟子·尽心上》）

（75）入竟而问禁，入国而问俗，入门而问讳。（《礼记·曲礼上》）

（76）见兔而顾犬，未为晚也；忘羊而补牢，未为迟也。（《战国策·楚策四》）

中古时期连词"而"表示承接关系的用法依然常见，并沿用至现代汉语。此时期用例如：

（77）雍州刺史萧衍立南康王宝融为主，举兵向秣陵，事既克捷，遂杀宝融而自立。（《洛阳伽蓝记·城东·龙华寺》）

（78）苗生如马耳则镞锄。稀豁之处，锄而补之。（《齐民要术·种谷》）

（79）管宁、华歆共园中锄菜，见地有片金，管挥锄与瓦石不异，华捉而掷去之。（《世说新语·德行》11）

（80）孔甲不能修其心意，杀而埋之外野。（《搜神记》卷一）

（81）有梵志自远来乞，解身宝服妻子珠玑尽以惠之，令妻子升车执辔而去。（吴康僧会译《六度集经·须大挈经》）

（82）此女虽丑，形不似人，然是末利夫人所生。此虽丑恶，当密遣人而护养之。（北魏慧觉等译《贤愚经·波斯匿王女金刚品》）

（83）晋哀帝隆和初，童儿歌曰："升平不满斗，隆和那得久！桓公入石头，陛下徒跣走。"帝闻而恶之，复改年曰"兴宁"。（《宋书·五行志二》）

【则】

"则"用作表示承接关系的连词，上古汉语已经使用，表示所连接的小句是承接前一小句发生的情况或产生的结果。上古汉语用例如：

（84）臣竭其股肱之力，加之以忠贞。其济，君之灵也。不济，则以死继之。（《左传·僖公九年》）

（85）出入相友，守望相助，疾病相扶持，则百姓亲睦。（《孟子·滕文公上》）

（86）为大王计，莫如事秦。事秦则楚、韩必不敢动。无楚、韩之患，则大王高枕而卧，国必无忧矣。（《史记·张仪列传》）

中古汉语的连词"则"与上古汉语用法相同、使用非常频繁，此后一直沿用，但现代汉语口语中已很少使用，书面语使用较多。魏晋南北朝汉语中承接连词"则"的用例如：

（87）周子居常云："吾时月不见黄叔度，则鄙吝之心已复生矣。"（《世说新语·德行》2）

（88）叶落尽，则刈之。（《齐民要术·小豆》）

（89）至瞿罗罗鹿见佛影，入山窟十五步，四面向户，遥望则众相炳然，近看瞑然不见。（《洛阳伽蓝记·城北·闻义里》）

（90）夜闻荆山有数千人喊声，乡民往视之，则棺已成冢。遂改

为君山，因立祠祀之。（《搜神记》卷四）

（91）人有忧疾，则呼天地父母，自古而然。（《颜氏家训·风操》）

（92）亲近善友则善日隆，亲附恶友则恶增长。（北魏慧觉等译《贤愚经·沙弥守戒自杀品》）

（93）（沈）攸之一旦为变，焚夏口舟舰沿流而东，则坐守空城，不可制也。（《南齐书·柳世隆传》）

（94）古者贵贱皆执笏，其有事则搢之于腰带。（《宋书·礼志五》）

【至于】

表示承接关系的复合连词"至于"在产生于上古汉语时期，主要用在复句句首，表示所连接的复句是另外提起的与前一复句相关的事情，比如：

（95）今有璞玉于此，虽万镒，必使玉人雕琢之。至于治国家，则曰"姑舍女所学而从我"，则何以异于教玉人雕琢玉哉？（《孟子·梁惠王下》）

（96）夫众人畜我者，我亦众人事之。至于智氏则不然，出则乘我以车，入则足我以养，众人广朝而必加礼于吾，所谓国士畜我也。夫国士畜我者，我亦国士事之。（《吕氏春秋·不侵》）

（97）自殷以前诸侯不可得而谱，周以来乃颇可著。孔子因史文次《春秋》，纪元年，正时日月，盖其详哉。至于序《尚书》则略，无年月；或颇有，然多阙，不可录。故疑则传疑，盖其慎也。（《史记·三代世表》）

承接连词"至于"中古时期使用更为普遍，并一直沿用下来，在现代汉语中仍然是极为常用的连词。此时期的用例如：

（98）虽欲博涉，然宜详择其善者，而后留意，至于不要之道

书，不足寻绎也。(《抱朴子·内篇·释滞》)

(99) 若旱魃为害，谷水注之不竭；离毕滂润，阳谷泄之不盈。至于鳞甲异品，羽毛殊类，濯波浮浪，如似自然也。(《洛阳伽蓝记·城内·建春门》)

(100) 蒜瓣变小，芜菁根变大，二事相反，其理难推。又八月中方得熟，九月中始刈得花子。至于五谷蔬果，与余州早晚不殊，亦一异也。(《齐民要术·种蒜》)

(101) (王右军夫人) 答曰："发白齿落，属乎形骸；至于眼耳，关于神明，那可便与人隔！"(《世说新语·贤媛》31)

(102) 下官才能所经，悉不如诸贤；至于斟酌时宜，笼罩当世，亦多所不及。(《世说新语·品藻》36)

(103) 凡代人为文，皆作彼语，理宜然矣。至于哀伤凶祸之辞，不可辄代。(《颜氏家训·文章》)

(104) 虽可以知从德获自天之佑，违道陷神听之罪，然未详举征效，备考幽明，虽时列鼎雉庭谷之异，然而未究者众矣。至于鉴悟后王，多有所阙。(《宋书·五行志一》)

(105) 若迁民人，则土地空虚，虽有镇戍，适可御边而已。至于大举，军资必乏。(《魏书·崔浩传》)

【至如】

"至如"用作表示承接关系的复合连词，常用于复句之间，表示前一复句和后一复句的承接关系。上古汉语末期已见使用，但用例很少，比如：

(106) 淮南王谋反，惮黯，曰："好直谏，守节死义，难惑以非。至如说丞相弘，如发蒙振落耳。"(《史记·汲郑列传》)

(107) 夫猎，追杀兽兔者，狗也；而发踪指示兽处者，人也。今诸君徒能得走兽耳，功狗也。至如萧何，发踪指示，功人也。(《史记·萧相国世家》)

(108) 丞相弘燕见，上或时不冠。至如黯见，上不冠不见也。(《史记·汲郑列传》)

中古时期复合的承接连词"至如"继续沿用，但不及"至于"常见，比如：

（109）其后佛调耆域涉公杯度等，……灵迹怪诡莫测其然，但典章不同祛取亦异。至如刘安李脱，书史则以为谋僭妖荡，仙录则以为羽化云翔。（《高僧传·神异下论》）

（110）夫有形之所贵者，身也；情识之所珍者，命也。是故餐脂饮血，乘肥衣轻，欲其怡怿也。饵术含丹，防生养性，欲其寿考也。至如析一毛以利天下，则吝而弗为。（《高僧传·亡身论》）

（111）今圣朝欲尊道训民，备礼化物，宜则五室以为永制。至如庙学之嫌，台沼之杂，袁准之徒已论正矣，遗论具在，不复须载。（《魏书·封懿传》）

（112）仁者，不杀之禁也；义者，不盗之禁也；礼者，不邪之禁也；智者，不酒之禁也；信者，不妄之禁也。至如畋狩军旅，燕享刑罚，因民之性，不可卒除，就为之节，使不淫滥尔。（《颜氏家训·归心》）

【至】

"至"用作承接连词，表示的语法功能和语法意义与"至于""至如"相同，但由于"至"是一个兼类词，它最常见的用法是作动词和作介词，因此作承接连词的用法受到了只作连词的复合词"至于""至如"的排挤，开始逐渐地淡化并趋向于消亡，此时期用例很少，比如：

（113）吾在军中，持法是也。至小忿怒，大过失，不当效也。（《陆机集·吊魏武帝文》）

（114）预此宗流者，便称才子。至斯三品升降，差非定制，方申变裁，请寄知者尔。（《诗品·总论》）

承接连词"至"上古汉语已见使用，用例较少，比如：

（115）今有一人，入人园圃，窃其桃李，众闻则非之，上为政者得则罚之。此何也？以亏人自利也。至攘人犬豕鸡豚者，其不义又甚入人园圃窃桃李。（《墨子·非攻上》）

（116）项王见人恭敬慈爱，言语呕呕，人有疾病，涕泣分食饮，至使人有功当封爵者，印刓敝，忍不能予，此所谓妇人之仁也。（《史记·淮阴侯列传》）

第三节　递进连词

递进连词是指用于连接两项有进层关系的语法单位的连词。魏晋南北朝汉语中此类连词绝大部分是只表示递进关系的单义连词，比如：况、而况、何况、岂况、况复、加、加以、加复、非但、非徒、非直、非唯、不但；同时也有兼表其他关系的多义连词，比如：而、且、而且。

【而₃】

"而"是一个具有多项语法意义的连词，表示递进关系是它的第三种用法，可以标作"而₃"，可以用来连接谓词、谓词性短语，也可以用来连接小句。"而₃"沿用自上古汉语，此时期的用例如：

（1）父母威严而有慈，则子女畏慎而生孝矣。（《颜氏家训·教子》）

（2）谚曰："湿耕泽锄，不如归去。"言无益而有损。（《齐民要术·耕田》）

（3）所见法书亦多，而瓠（玩）习功夫颇至，遂不能佳者，良由无分故也。（《颜氏家训·杂艺》）

（4）初，钩弋夫人有罪，以谴死。既殡，尸不臭，而香闻十余里。（《搜神记》卷一）

（5）时夏月，暴雨卒至，舫至狭小，而又大漏，殆无复坐处。（《世说新语·德行》27）

"而₃"在上古汉语中已经使用，可以连接词、短语、小句，比如：

（6）君子博学而日参省乎己，则知明而行无过矣。（《荀子·劝学》）

（7）今媪尊长安君之位，而封之以膏腴之地，多予之重器，而不及今令有功于国。一旦山陵崩，长安君何以自托于赵？（《战国策·赵策四》）

（8）马陵道狭，而旁多阻隘，可伏兵，乃斫大树白而书之曰"庞涓死于此树之下"。（《史记·孙子吴起列传》）

【且₂】

连词"且"表示递进关系是它作连词时表示的第二项语法意义，主要用于连接小句，也可连接复句，此用法上古汉语已常见，是"且"作连词的基本用法，比如：

（9）必不得宋，且有不义，则曷为攻之？（《吕氏春秋·爱类》）

（10）寡人胡服，且将以朝，亦欲叔之服之也。（《战国策·赵策二》）

（11）项羽闻汉王皆已并关中，且东、齐、赵叛之，大怒。（《史记·项羽本纪》）

（12）吾闻能战胜安者唯圣人，是以惧。且子玉犹在，庸可喜乎！（《史记·晋世家》）

魏晋南北朝汉语中"且₂"继续沿用，比如：

（13）桓公将伐蜀，在事诸贤咸以李势在蜀既久，承藉累叶，且形据上流，三峡未易可克。（《世说新语·识鉴》20）

（14）皇室多故，糜费滋广，且久岁不登，公私歉弊。（《宋书·明帝纪》）

（15）榆性软，久无不曲，比之白杨，不如远矣。且天性多曲，

条直者少；长又迟缓，积年方得。（《齐民要术·种榆、白杨》）

（16）弃亲即仇，义将焉据也。且尔朱荣不臣之迹，暴于旁午，谋魏社稷，愚智同见。（《洛阳伽蓝记·城内·永宁寺》）

（17）道士曰："太子何疾而致丧身乎？且无葬矣。吾能活之。"（吴康僧会译《六度集经·忍辱度无极章（四九）》）

（18）时谓此卒非唯有智，且亦达生。（《世说新语·任诞》30）

"且₂"在此时期可以单用，如例（13）～例（17），也可以和其他连词配对使用，如例（18）中，前一小句使用了递进连词"非唯"，后一小句用"且"与它搭配，构成了具有明显标记词的递进复句。但像这样前后两个小句都用递进连词的复句此时期还不多见，说明此时期汉语正处于加强句法严密性的初始发展阶段。

【而且₂】

连词"而且"表示递进关系的用法始于东汉时期，但它在中古时期仍然不及表示递进关系的单音连词"且"常见，比如：

（19）是以欲寡而事节，财足而不争。于是在民上者，道（导）之以德，齐之以礼，故民有耻而且敬，贵谊而贱利。（《汉书·货殖传》）

（20）当尔之时父母在处，虽有资财亿载无数，富而且贵，快乐无极，宁能知我在彼地狱拷治剧乎。（东汉安世高译《佛说太子慕魄经》）

（21）然艰而且迟，为者鲜成，能得之者，万而一焉。（《抱朴子·外篇·用刑》）

（22）夫王者之兵，有征无战，尊而且义，莫敢抗也，故鸣条之役，军不血刃，牧野之师，商人倒戈。（《三国志·蜀志·后主传》裴松之注引《诸葛亮集》）

（23）魏者，大也；曹者，众也。众而且大，天下之所归乎？（《宋书·符瑞志上》）

从以上例子可以看出，"而且₂"在此时期还只是连接两个谓词或谓词性短语，尚未运用于连接小句，连接小句表示递进关系主要还是用"且₂"。这也说明现代汉语常用的递进连词"而且"在中古时期刚刚产生，它的语法功能尚未发展成熟。

【况】

"况"作连词，只表示递进关系，用于连接小句，前面常有副词"犹""尚""且"等与之搭配使用，所连接的小句多表示反问语气，表示与前面所陈述的事实进行对照后借助反问进一步提出更严重的事实，上古汉语已常见，比如：

（24）姜氏何厌之有？不如早为之所，无使滋蔓！蔓，难图也。蔓，草犹不可除，况君之宠弟乎？（《左传·隐公元年》）

（25）死马且买之五百金，况生马乎？（《战国策·燕策一》）

（26）子亡在外十余年，小国轻子，况大国乎？（《史记·晋世家》）

中古时期递进连词"况"继续沿用，分布的语境和上古汉语基本一致，但也可以连接表示陈述语气的小句，甚至还可以连接复句，比如：

（27）然而穷鸟入怀，仁人所悯；况死士归我，当弃之乎？（《颜氏家训·省事》）

（28）孝为百行之首，犹须学以修饰之，况余事乎？（《颜氏家训·勉学》）

（29）以吾观之，此三贤者，皆败德之人耳！远之犹恐罹祸，况可亲之邪？（《世说新语·识鉴》3）

（30）今之议者，咸以丈夫之气耻居物下，况我天威，宁可先屈？（《南齐书·孔稚珪传》）

（31）皇帝晏驾，春秋十九。海内士庶，犹曰幼君。况今奉未言之儿以临天下，而望升平，其可得乎？（《洛阳伽蓝记·城内·永宁寺》）

（32）辅相又曰："须提罗王欲合兵众来伐我国。若当来者，我等强壮，虽能逃避，犹忧残戮。况汝无目，能得脱耶？"（北魏慧觉等译《贤愚经·快目王眼施缘品》）

（33）（萧）斌惧，乃曰："臣昔忝伏事，常思效节，况忧迫如此，辄当竭身奉令。"（《宋书·袁淑传》）

（34）卖柴之利，已自无赀，况诸器物，其利十倍。斫后复生，不劳更种，所谓一劳永逸。（《齐民要术·种榆、白杨》）

由例（27）～例（34）可以看出，"况"在魏晋南北朝汉语中也是很常见的表示递进关系的连词，并在近代汉语中沿用，但现代汉语中单音节的递进连词"况"就只在书面语中偶尔使用了。

【而况】

递进连词"而况"跟"况"的用法基本相同，多用于递进复句的后一小句，表示意义上更进一层。前一小句中也常有"尚""犹""且"等副词同它搭配使用，后一小句通常也是表示反问，句末常有表示反问的语气词。上古汉语已常见使用，比如：

（35）民有怨乱，犹不可遏，而况神乎？（《国语·周语下》）

（36）故王公不致敬尽礼，则不得亟见之。见且由不得亟，而况得而臣之乎？（《孟子·尽心上》）

（37）故周之夺殷也，拾遗于庭。使殷不遗于朝，则周不敢望秋毫于境，而况敢易位乎？（《韩非子·安危》）

递进连词"而况"在中古时期继续使用，并一直沿用至现代汉语。此时期用例如：

（38）（嵇）绍咨公出处，公曰："为君思之久矣！天地四时，犹有消息，而况人乎？"（《世说新语·政事》8）

（39）按杏一种，尚可赈贫穷，救饥馑，而况五果、蓏、菜之饶，岂直助粮而已矣？（《齐民要术·种梅杏》）

（40）父子之间，尚不相假借，而况他人者也？（《齐民要术·种麻》）

（41）故聋瞽在乎形器，则不信丰隆之与玄象矣，而况物有微于此者乎？（《抱朴子·内篇·论仙》）

（42）吾寻斯道杀身济众，犹惧不获孝道微行，而况为虐报仇者乎？不替吾言，可谓孝矣。（《六度集经·布施度无极章（一〇）》）

（43）（裴）骏从弟安祖，少而聪慧。年八九岁，就师讲《诗》，至《鹿鸣篇》，语诸兄云："鹿虽禽兽，得食相呼，而况人也？"（《魏书·裴骏传》）

（44）司马文王与禅宴，为之作故蜀技，旁人皆为之感怆，而禅喜笑自若。王谓贾充曰："人之无情，乃可至于是乎！虽使诸葛亮在，不能辅之久全，而况姜维邪？"（《三国志·蜀志·后主传》裴松之注引《汉晋春秋》）

【何况】

表示递进关系的连词"何况"出现于上古汉语晚期，西汉时已有用例，比如：

（45）夫持天地之政，操四海之纲，屈申不可以失法，动作不可以离度，谬误出口，则乱及万里之外，何况刑无罪于狱，而诛无辜于市乎？（西汉陆贾《新语·明诚》）

（46）故谋及下者无失策，举及众者无顿功。《诗》云："询于刍荛。"故布衣皆得风议，何况公卿之史乎？（西汉桓宽《盐铁论·刺议》）

（47）故一人之身而三变者，所以应时矣。何况乎君数易世，国数易君，人以其位达其好憎，以其威势供嗜欲，而欲以一行之礼，一定之法，应时偶变，其不能中权，亦明矣。（《淮南子·氾论训》）

魏晋南北朝时期递进连词"何况"使用逐渐增多，而且所连接的小句不限于反问句，也可以是陈述句，因此，随着使用频率的增加和连接的

成分的扩展,"何况"用作复合的递进连词更为成熟,直到现代汉语中仍是常用的递进连词。此时期的用例如:

(48)如此之人,阴纪其过,鬼夺其算。慎不可与为邻,何况交结乎?避之哉!(《颜氏家训·归心》)

(49)(太祖)寻辟仪为掾,到与论议,嘉其才朗,曰:"丁掾,好士也,即使其两目盲,尚当与女,何况但眇?是吾儿误我。"(《三国志·魏志·陈思王植传》裴松之注引《魏略》)

(50)(南郡)主乃掷刀,前抱之曰:"阿姊见汝,不能不怜,何况老奴。"遂善遇之。(《古小说钩沉·妒记》)

(51)时长者子长跪白言:"当奉王敕。正使大王以狗见赐,我亦当受,何况大王遗体之女。今设见赐,奉命纳之。"(北魏慧觉等译《贤愚经·波斯匿王女金刚品》)

(52)一闻之德乃尚如是,何况终日遵修道者。(吴康僧会译《六度集经·小儿闻法即解经》)

(53)乌提延王恐怖而言:"一力士尚不可当,何况五百力士。"便募国中能却此敌。(北魏吉迦夜共昙曜译《杂宝藏经·莲华夫人缘》)

(54)自古明哲犹如此,何况中庸与凡才!(《魏书·任城王传》)

(55)(文襄)将杀诸妃嫔,帝正色曰:"王自欲反,何关于我。我尚不惜身,何况妃嫔!"文襄下床叩头,大啼谢罪。(《魏书·孝静帝纪》)

【岂况】

递进连词"岂况"最早见于东汉,魏晋南北朝时期沿用,是中古新生的连词,用法与"何况"相同,比如:

(56)夫飞鸟在青云之上,尚欲缴微矢以射之,岂况近卧于华池,集于庭庑乎?(东汉赵晔《吴越春秋·勾践入臣外传》)

（57）今陛下明圣虚静以待物至，万事虽众，何闻而不谕，岂况乎执十二律而御六情！于以知下参实，亦甚优矣，万不失一，自然之道也。（《汉书·翼奉传》）

（58）夫畏死趋赏，愚智所同，故广武君为韩信画策，谓其威名足以先声后实而服邻国也。岂况明公之德，东征西怨，先开赏募，大兵临之，令宣之日，军门启而虏自溃矣。（《三国志·魏志·刘晔传》）

（59）（佛调）乃与诀曰："天地长久，尚有崩坏；岂况人物，而欲永存？若能荡除三垢，专心真净；形数虽乖，而神会必同。"（《古小说钩沉·冥祥记》）

（60）夫寻常咫尺之近理，人间取舍之细事，沈浮过于金羽，皂白分于粉墨，而抱惑之士，犹多不辨焉，岂况说之以世道之外，示之以至微之旨，大而笑之，其来久矣，岂独今哉？（《抱朴子·内篇·微旨》）

（61）佛告阿难："如来出世，饶益甚多。所说诸法，实为深妙，乃至飞鸟，缘爱法声，获福无量。岂况于人信心坚固受持之者，所获果报，难以为比。"（北魏慧觉等译《贤愚经·鸟闻比丘法生天品》）

（62）王曰："诚哉斯言也。"即遣之去。退入斋房，靖心精思，即醒寤曰："身尚不保，岂况国土妻子众诸可得久长乎？"（吴康僧会译《六度集经·布施度无极章（七）》）

由于"岂况"用作表示递进关系的复合连词在东汉时期只有少数用例，并且在上古汉语到中古汉语前期这一时段都没有"岂"和"况"相邻同现的用例，因此，我们认为复合的递进连词"岂况"并不是由"岂"和"况"经过历时的融合而产生的新生连词，而是中古时期言语社团的某些成员对上古以来一直使用的复合递进连词"何况"加以改造后形成的新生连词，产生的直接原因可能是当时言语社团个别成员的创新动机。"何"与"岂"在作表示反问的语气副词时构成了同义词，且"何况"经常出现在表示反问的小句句首，因此，某些出于创新考虑的语言使用者就会以类推的方式用与"何"同义的"岂"替换复合连词

"何况"中"何"这个语素，构成了跟"何况"同义的复合连词"岂况"，而当新生的连词"岂况"被运用后，其他的言语社团的成员也会循着类推的方式对它作出正确的理解，并逐渐模仿使用"岂况"作为复合的递进连词，从而使它在魏晋南北朝时期的使用范围得以扩展。但是，据我们对魏晋南北朝时期文献中使用的复合递进连词"岂况"与"何况"的考察，发现这两个同义的复合连词在使用频率上还是有差异的，如表 3 – 1 所示。

表 3 – 1　连词"岂况""何况"使用频率差异

连词"岂况""何况" \ 文献名称及使用次数	古小说钩沉	颜氏家训	魏书	抱朴子	南齐书	宋书	三国志及裴注	后汉书	贤愚经	杂宝藏经	生经	六度集经	佛说阿弥陀经	高僧传
岂况	1	0	0	7	0	0	4	4	3	0	0	20	1	1
何况	1	5	2	0	3	3	0	10	3	3	2	0	33	0

从表 3 – 1 中我们可以发现，复合的递进连词"何况"在魏晋南北朝时期的使用比同义的连词"岂况"更为常见。尽管我们很难排除此时期某些人在选择这两个词中的一个时可能会有所偏好的因素，但是从总体上来看，"何况"的使用范围要比"岂况"广泛得多，比如表 3 – 1 所列的 14 种文献中，使用"何况"的有 10 种，出现的总次数是 65 次，而使用"岂况"的只有 8 种，出现的总次数是 41 次。再从同一种文献中同时使用"何况"与"岂况"的对比来看，在《古小说钩沉》和《贤愚经》中两者的出现次数一样，但在姚秦鸠摩罗什译《佛说阿弥陀经》中"岂况"只出现了 1 次，而"何况"出现了 33 次，这也能反映出当时"何况"的确比"岂况"使用得要广泛些。到了近代汉语时期，"何况"相对于"岂况"在使用频率上的优势更为明显，我们考察近代汉语的文献发现，"岂况"在宋代的使用已显著减少，到元明时期就已经趋于消亡了，而"何况"与之相反，隋唐后呈逐渐增加的趋势，并一直沿用至现代汉语。我们认为，虽然"岂况"是中古时期以"何况"为范本类推产生的创新的连词成员，但两个具有相同语法作用、表示相同语法意义的

同义虚词在语言使用中必然会存在激烈的竞争，而言语社团的成员对于同义虚词的需求度显然比对于同义实词的需求度要低得多，在语言的历时发展演变中，使用频率处于劣势地位的虚词很容易被同义的使用频率更高的成员排挤出应用领域。霍伯尔、特拉格特（2005，梁银峰译2008：216）曾指出："当两个或两个以上相互竞争的形式共存而表达相同的功能时，单纯的形式丧失就会出现，其中一个形式以丧失其余的形式为代价而最终受到选择。"而复合递进连词"岂况"被同义连词"何况"排挤并最终在元明时期遭到淘汰的事实，正反映出了这种跨语言存在的语言演变规律。使用汉语的言语社团在同义的递进连词"何况"与"岂况"中倾向于选择"何况"，一方面是因为"何况"的使用时间更长，而使用频率也更高，另一方面也是因为"岂"用作表示反问的语气副词在口语中不及"何"常见。因此，复合的递进连词"岂况"渐渐受到言语社团的冷落，在语言的历时发展中逐渐退出使用领域，而"何况"作为竞争的优胜者则沿用到了现代汉语时期，并且成为现代汉语连词范畴中的中心成员。

【况复】

"况复"是魏晋南北朝时期新生的递进连词，是单音节递进连词"况"和词缀"复"组成的复合连词，主要见于此时期口语性强的文献中，比如：

（63）桓公坐有参军椅烝薤不时解，共食者又不助，而椅终不放，举坐皆笑。桓公曰："同盘尚不相助，况复危难乎？"敕令免官。（《世说新语·黜免》4）

（64）王珣与范宁书云："远公持公孰愈？"范答书云："诚为贤兄弟也。"王重书曰："但令如兄诚未易有，况复弟贤耶？"（《高僧传·释慧持》）

（65）（恶求）便自念言："今此树枝能出如是种种好物，况复其根。今当伐之，足得极妙佳好之物。"（北魏慧觉等译《贤愚经·善求恶求缘品》）

（66）过去有王，名一切施。是王初生，即向父母说如是言：

"我于一切无量众生，尚能弃舍所重身命，况复其余外物珍宝。"（吴支谦译《菩萨本缘经·一切施品》）

（67）庚门，表二石阙，夹对石兽于阙下。冢前有石庙，列植三碑。……石庙前又翼列诸兽。但物谢时沦，凋毁殆尽。夫富而非义，比之浮云，况复此乎？（《水经注·洧水》）

（68）上座答言："若有人得十万舍金，亦复不如施持戒人一钵之食，况复听法。"（北魏吉迦夜共昙曜译《杂宝藏经·大爱道施佛金缕织成衣并穿珠师缘》）

【加】

"加"用作表示递进关系的连词，是魏晋南北朝时期新生的连词，柳士镇（1992：251）指出："加"字本是动词，东汉时逐渐虚化为进层连词，《词诠》云："加，连词，今言'加以'。"并举了魏晋南北朝时期"加"用作连词的 5 个例子，如："此公既有宿名，加先达知称，又与先人至交，不宜说之。"（《世说新语·德行》）"观其运用吐纳，风流转佳，加已处之怡然，亦有以自得，声名乃兴。"（《世说新语·栖逸》）"吾自发寒雨，全行日少，加秋潦浩汗，山溪猥至。"（鲍照《登大雷岸与妹书》）"敷性谦恭，加有文学，高宗宠遇之。"（《魏书·李顺传》）"吾幼承门业，加性爱重，所见法书亦多。"（《颜氏家训·杂艺》）社科院编《古代汉语虚词词典》（1999：284）也解释了"加"作连词的用法：用在复句后一分句之首，表示递进。可译为"加上""加以"等。举了四个例子，分别出自《后汉书》《世说新语》《颜氏家训》《资治通鉴》，可见词典编者也认为递进连词"加"是魏晋南北朝时期新生的连词。"加"用作表示递进关系的连词，主要用于连接小句，相当于表示递进关系的"且"。我们再举魏晋南北朝时期的四个例子：

（69）阿阇世王寻白佛言："此恒伽达者，先世之时种何善根，投山不死，堕水不溺，食毒无苦，箭射无伤，加遇圣尊得度生死。"（北魏慧觉等译《贤愚经·恒伽达品》）

（70）我来入城七十余年，我自薄福。加我新产，饥羸无力。

（北魏吉迦夜共昙曜译《杂宝藏经·罗汉祇夜多驱恶龙入海缘》）

（71）太始七年六月二十三日，大水迸瀑，出常流上三丈，荡坏二堨，五龙泄水，南注泻下，加岁久漱啮，每涝即坏，历载消弃大功，今故无令遏，更于西开泄，名曰"代龙渠"，地形正平，诚得为泄至理。（《水经注·谷水》）

（72）夷甫时总角，姿才秀异，叙致既快，事加有理，涛甚奇之。（《世说新语·识鉴》5）

我们认为"加"作表示递进关系的连词，是由动词"加"衍化而来。由于表示"增加"义的动词"加"常用在两项语言成分之间，表示后者在前者的基础上有所增益，当前一项是以小句的形式出现陈述一件事情时，"加"后面的成分也常常是表示陈述的小句形式，由于"加"前的主语常承前省略，这样，"加"就处在了小句句首的位置，和连词的位置就完全一致了，并因为"加"不是所在小句的主要谓语动词，它的词义就有可能趋向于弱化，而连接的功能则会相应突出，如例（69）中的"加"即如此，它的连接作用已表现得非常突出了。而当"加"后出现的是一个完整的主谓结构的时候，如例（70），"加"的动词性就基本丧失了，从而演变成了一个表示递进关系的连词。但是，在由动词"加"演变成连词"加"的语法化过程中，由于语法化的滞留原则，连词"加"实际上仍然带有较弱的动词意义，这是它和此时期同类的递进连词"而""且""而且"等不同的地方，也是它在使用频率上不及这些同义的递进连词的原因。

【加以】

"加以"也是魏晋南北朝时期新生的表示递进关系的连词，用法与此时期的递进连词"加"相同，相当于表示递进关系的"且"，比如：

（73）今世文士，此患弥切，一事惬当，一句清巧，神厉九霄，志凌千载，自吟自赏，不觉更有傍人。加以砂砾所伤，惨于矛戟，讽刺之祸，速乎风尘，深宜防虑，以保元吉。（《颜氏家训·文章》）

（74）江水又东径黄牛山，下有滩，名曰黄牛滩，……此岩既

高，加以江湍纡回，虽途径信宿，犹望见此物，故行者谣曰：朝发黄牛，暮宿黄牛，三朝三暮，黄牛如故。(《水经注·江水》)

(75) 夫财货之生，既艰难矣，用之又无节；凡人之性，好懒惰矣，率之又不笃；加以政令失所，水旱为灾，一谷不登，嗸腐相继。古今同患，所不能止也。(《齐民要术·序》)

(76) 或有人慕其高义，投刺在门，元慎称疾高卧。加以意思深长，善于解梦。(《洛阳伽蓝记·城东·景宁寺》)

(77) 臣穷生如浮，质操空素，任居鼎右，已移气序，自顷以来，宿疾稍缠，心虑恍惚，表于容状，视此根候，常恐命不胜恩。加以星纬屡见灾祥，虽修短有恒，能不耿介？(《南齐书·豫章文献王传》)

【加复】

"加复"是魏晋南北朝时期新生的表示递进关系的连词，它是由单音节表示递进关系的连词"加"附加词缀"复"构成的，它的产生受到了同义的连词"况复"的类推影响。此时期用例如：

(78) 史之阙文，为日久矣；加复秦人灭学，董卓焚书，典籍错乱，非止于此。(《颜氏家训·书证》)

(79) 支孝龙，淮阳人。少以风姿见重，加复神彩卓荦，高论适时，常披味小品以为心要。(《高僧传·支孝龙》)

(80) 澄身长八尺，风姿详雅。妙解深经，傍通世论。讲说之日止标宗致，使始末文言昭然可了，加复慈洽苍生拯救危苦。(《高僧传·竺佛图澄》)

(81) 且区区微卵，脆薄易矜，歔彼弱鹜，顾步宜愍。观其饮啄飞行，人应怜悼，况可心心扑褫，加复恣忍吞嚼。(《南齐书·周颙传》)

(82) 及懿后崩背，重加天罚，亲与左右执绋歌呼，推排梓宫，抃掌笑谑，殿省备闻。加复日夜媟狎，群小慢戏，兴造千计，费用万端，帑藏空虚，人力殚尽。(《宋书·少帝纪》)

（83）用弥广而货愈狭，加复竞窃蠹凿，销毁滋繁，刑禁虽重，奸避方密，遂使岁月增贵，贫室日虚，瞽作肆力之氓，徒勤不足以供赡。（《宋书·何尚之传》）

【非徒】

递进连词"非徒"上古汉语中已经使用，用于递进复句的前一小句，后一小句常有副词"又"与它呼应，比如：

（84）君非徒不达于兵也，又不明其时势。（《战国策·赵策三》）

（85）汤武非徒能用其民也，又能用非己之民。能用非己之民，国虽小，卒虽少，功名犹可立。（《吕氏春秋·用民》）

（86）异哉，小童！非徒知具茨之山，又知大隗之所存。（《庄子·徐无鬼》）

（87）夫非汤武之伐桀纣者，亦将非秦之伐周，非徒不知天理，又不明人礼。（《春秋繁露·尧舜不擅移汤武不专杀》）

从例（84）~例（87）可以看出，上古汉语"非徒"连接的小句和后一小句陈述的事情在性质上是相同或相近的，"徒"在句中还隐含限定事物量的范围副词的特点，"非"的否定意义也还较为明显，但结合后一小句的副词"又"的搭配来看，将"非徒"看成一个复合的连词，句意也完全可通。魏晋南北朝时期递进连词"非徒"继续沿用，"非徒"连接的小句和后一小句所陈述的事情可以是不同性质的，"非徒"作为一个整体参与连接小句的功能进一步增强，而它的限定范围的作用进一步削弱，表现出如现代汉语递进连词"不但"一样的成熟的连词特点，比如：

（88）虽得大意，殊隔文体，有似嚼饭与人，非徒失味，乃令呕哕也。（《高僧传·鸠摩罗什》）

（89）沙弥曰："非徒不得衣，亦有缘事，愧不预会。"（《古小说钩沉·冥祥记》）

（90）太祖还，闻之甚说，谓昱曰："君非徒明于军计，又善处

人父子之间。"（《三国志·魏志·程昱传》裴松之注引《魏书》）

（91）夏侯湛作《周诗》成，示潘安仁。安仁曰："此非徒温雅，乃别见孝悌之性。"潘因此遂作《家风诗》。（《世说新语·文学》71）

（92）戴安道年十余岁，在瓦官寺画。王长史见之，曰："此童非徒能画，亦终当致名。恨吾老，不见其盛时耳！"（《世说新语·识鉴》17）

（93）高祖立制，非徒欲使缁素殊途，抑亦防微深虑。（《魏书·释老志》）

【非但】

"非但"作复合的表示递进关系的连词，形成于魏晋南北朝时期，可以用于递进复句的前一小句句首，也可以用于前一小句的主语和谓语之间，后一小句常有副词"亦"与它呼应。可以译为现代汉语中的递进连词"不但"，比如：

（94）非但丧子千岁之质，亦当深误老表。（《搜神记》卷十八）

（95）阮（光禄）乃叹曰："非但能言人不可得，正索解人亦不可得！"（《世说新语·文学》24）

（96）（王）夷甫骤谏之，乃曰："非但我言卿不可，李阳亦谓卿不可。"（《世说新语·规箴》8）

（97）尔时世尊告阿难言："提婆达多非但今世为利养故，断破善根，过去世时亦贪利养，丧身失命。"（北魏慧觉等译《贤愚经·善求恶求缘品》）

（98）佛言："非但今日为作利益，于过去世，亦曾为彼诸人作大利益。"（北魏吉迦夜共昙曜译《杂宝藏经·佛以智水灭三火缘》）

（99）非但京邑如此，天下州镇僧寺亦然。侵夺细民，广占田宅，有伤慈矜，用长嗟苦。（《魏书·释老志》）

（100）非但事关计，亦于汝甚切，汝可密白蔺太妃令知。（《宋书·巴陵哀王休若传》）

【非直】

"非直"用为表示递进关系的复合连词，魏晋南北朝始出现，用法同"非但""非徒"类似，它可以在递进复句的前一小句句首，也可以在前一小句的主语和谓语之间，后一小句常有副词"亦"与之搭配使用，比如：

（101）吾平生不妄进举，而每荐此二公，非直为国进贤，亦为汝等将来之津梁也。（《魏书·封懿传》）

（102）非直休宾父子荷荣，城内贤豪，亦随人补授。（《魏书·刘休宾传》）

（103）子儒非直合卿本怀，亦大慰朕意。（《魏书·高崇传》）

（104）夫人能弘道，道藉人弘。今得法师，非直道益苍生，亦有光于世望。（《高僧传·释道猛》）

（105）非直奸人惭笑而返，狐狼亦自息望而回。（《齐民要术·园篱》）

（106）近有学士，名问甚高，遂云："王莽非直鸢髆虎视，而复紫色蛙声。"亦为误矣。（《颜氏家训·书证》）

【非唯】

"非唯"用为复合的递进连词，始于中古时期，东汉已见用例，它的语法功能和语法意义跟"非但""非徒""非直"完全相同，也可以理解成现代汉语的递进连词"不但"，比如：

（107）江汉不失其源，故穷而复通。圣人不失其德，故废而复兴。非唯圣人俾尔亶厚，夫有恒者亦允臻矣。（《风俗通义·穷通》）

（108）且长短增减，进退无渐，非唯先法不精，亦各传写谬误。（《宋书·历志下》）

（109）非唯无益于实，乃更沮三军之情。（《后汉书·应奉传附子劭》）

（110）今若随诸人之计，非唯郢州士女失高山之望，亦恐彼所

不取也。(《南齐书·张冲传》)

(111) 王司州至吴兴印渚中看,叹曰:"非唯使人情开涤,亦觉日月清朗。"(《世说新语·言语》81)

(112) 非唯音韵舛错,亦使其儿孙避讳纷纭矣。(《颜氏家训·音辞》)

【不但】

复合的递进连词"不但"跟"非但""非徒""非直""非唯"一样,是由两个相邻出现的副词逐渐凝固而形成的,"不但"作为复合连词的使用产生于魏晋南北朝时期,而后一直沿用至现代汉语,并成为主要的递进连词。此时期"不但"可以看作成熟的表示递进关系的复合连词,比如:

(113) 不但自失其利,复使余人失其道业,身坏命终,堕三恶道。(《百喻经·为恶贼所劫失氎喻》)

(114) 若初入山林,体未全实者,宜以云珠粉、百华醴、玄子汤洗脚,及虎胆丸、朱明酒、天雄鹤脂丸、飞廉煎、秋芒、车前、泽泻散,用之旬日,不但涉远不极,乃更令人行疾,可三倍于常也。(《抱朴子·内篇·杂应》)

(115) 佛告大王:"不但今日六师之徒诤名利故,求与我决,自丧失众,过去世时亦共我诤。我亦伤彼,夺其人众。"(北魏慧觉等译《贤愚经·降六师品》)

(116) 佛告阿难:"提婆达者不但今日怀不善心欲中伤我,过去世时亦常恶心杀害于我。"(北魏慧觉等译《贤愚经·锯陀身施品》)

第四节　选择连词

选择连词是用来表示语法单位间具有选择的逻辑语义关系的连词,比如现代汉语中的"或者"就是最常用的选择连词。魏晋南北朝汉语中的选择连词很少,只有作连词时单表选择关系的"或""与其"和作连词兼表选择关系、因果关系的"为"。

【或】

"或"在上古汉语时期最常见的用法是作无定指的指代词，中古时期渐渐虚化，产生出选择连词的用法。后来选择连词"或"一直沿用至现代汉语，中古时期的用例如：

（1）贤圣之才，皆能先知。其先知也，任术用数，或善商而巧意，非圣人空知。（《论衡·实知》）

（2）江南诸宪司弹人事，事虽不重，而以教义见辱者，或被轻系而身死狱户者，皆为怨仇，子孙三世不交通矣。（《颜氏家训·风操》）

（3）祭以牛羊，故不得福，或与人梦，或下谕巫祝，欲得啖童女年十二三者。（《搜神记》卷十九）

（4）八月中戊社前种者为上时，下戊前为中时，八月末九月初为下时，用子三升半或四升。（《齐民要术·大小麦》）

（5）譬彼外道，闻节饮食可以得道，即便断食。或经七日，或十五日，徒自困饿，无益于道。（南朝齐求那毗地译《百喻经·愚人食盐喻》）

（6）下四方旌赏茂异，其有怀真抱素，志行清白，恬退自守，不交当世，或识通古今，才经军国，奉公廉直，高誉在民，具以名奏。（《宋书·孝武帝纪》）

（7）昔周亚夫坚壁昌邑而吴楚自败，事有似弱而强，或似强而弱，不可不察也。（《三国志·魏志·少帝纪》裴松之注引《汉晋春秋》）

【与其】

表示选择关系的连词"与其"常和副词"宁"、动词短语"不若""不如"等搭配使用，表示对比两种情况后选取后面一种情况。上古汉语选择连词"与其"已很常见，比如：

(8) 今天下闇，周德衰矣。与其并乎周以漫吾身也，不若避之以洁吾行。(《吕氏春秋·诚廉》)

(9) 且夫宋，中国膏腴之地，邻民之所处也，与其得百里于燕，不如得十里于宋。(《战国策·燕策二》)

(10) 诛赏之慎焉，故与其杀不辜也，宁失于有罪也。(西汉贾谊《新书·大政上》)

(11) 与其礼有余而养不足，宁养有余而礼不足。(西汉桓宽《盐铁论·孝养》)

选择连词"与其"在中古时期仍然使用，常和副词"宁"搭配，表示提出两种情况进行比较而选择后者，比如：

(12)（王）叡曰："与其杀不辜，宁赦有罪。宜枭斩首恶，余从疑赦，不亦善乎？"(《魏书·王睿传》)

(13) 夫敬诚之事，与其疑而废之，宁慎而行之。(《宋书·礼志一》)

(14) 故知与其谬人，宁不废职，目前之明效也。(《南齐书·崔祖思传》)

(15) 与其逆生，宁就清灭，文武同愤，制不自由。(《宋书·氐胡传》)

(16) 臣闻先王之政，赏不僭，刑不滥，与其不得已，宁僭不滥。(《后汉书·陈宠传》)

【为₁】

魏晋南北朝汉语的连词"为"有两项语法意义，用于复句中可以表示选择关系，也可以表示因果关系，我们把表示选择关系的"为"标作"为₁"，此时期用例如：

(17) 王问之言："汝为病耶，为着风耶？何以眼润？"(南朝齐求那毗地译《百喻经·人效王眼润喻》)

（18）卿为欲朕和亲，为欲不和？（《南齐书·萧遥昌传》）

（19）今为应乘弊致讨，为应休兵息民？（《魏书·高闾传》）

（20）王问之言："夫得道者，为在家得，为出家得乎？"（北魏吉迦夜共昙曜译《杂宝藏经·难陀王与那伽斯那共论缘》）

从例（17）至例（20）可以看出，连词"为"表示选择关系时都是用于疑问句中，一般都对举相同性质的两个连词"为"来提供选择项，供听话人从中选择一种情况，但连词"为"表示选择关系的用法在此时期并不常见，唐宋时期已经趋于消亡了。

第四章　魏晋南北朝汉语连词
分类研究（下）

第一节　因果连词

汉语小句间的因果关系当用连词来突出显示时，有三种表示方式：一是只在前一小句句首或主语后加表示原因的连词；二是只在后一小句句首或主语后加表示原因或结果的连词；三是在前后两个小句句首分别搭配使用表示原因和结果的连词。从魏晋南北朝汉语因果连词使用的实际情况来看，此时期因果连词在表示小句间的因果关系时，以第二种方式的使用为常，搭配使用因果连词的句子还不是很多，说明此时期汉语句法正处于新的发展和调整时期。

魏晋南北朝汉语因果连词有单表因果关系的"由、由是、由于、故、是故、是以、所以、缘、坐、因而、因尔、因此"等单义连词，及兼表因果关系与其他关系的"既、以、因、为"等多义连词。

【由】

表示因果关系的连词"由"产生于魏晋南北朝时期，用来连接表示原因的小句，是由表示因果的介词"由"进一步语法化而形成的。社科院编《古代汉语虚词词典》（1999：742）详细解释了"由"作介词表示的各种语法意义，其中第四个义项是："引进动作行为发生的原因。可译作'因为'、'由于'等，或仍作'由'。"举的例子如："逮周侯被害，丞相后知周侯救己，叹曰：'我不杀周侯，周侯由我而死。幽冥中负此人！'"（《世说新语·尤悔》）此例中的"由"用作介词是很容易理解的，因为"由"后的名词并非这个小句的主语，它和"由"是互为依存的，如果没有"由"，这个小句就因不合语法规则而不能成立，可见介宾短语"由我"是修饰谓语动词"死"的状语，小句的主语是"周侯"，这样的理解才是正确的。但是，我们通过考察魏晋南北朝文献中的"由"发现，"由"在此时期的确已可用作表示原因的连词，而该词典未收入"由"作连词的用法。比如：

（1）由子形上花似鸡冠，故名曰"鸡头"。（《齐民要术·养鱼》）

（2）王心大怒，苦责象师，欲即杀之。由卿调象不合制度，致使今者几危吾身。（北魏慧觉等译《贤愚经·大光明始发无上心品》）

（3）由吾老弱，不能多负，语汝使来，恣意当与，必定多得。（北魏吉迦夜共昙曜译《杂宝藏经·婆罗门妇欲害姑缘》）

（4）（孙）权尝宴饮，骑都尉虞翻，醉酒犯忤。权欲杀之，威怒甚盛，由基谏争，翻以得免。（《三国志·吴志·刘繇传附子基》）

（5）子华谓子思曰："由汝粗疏，令我如此。"以头叩床，涕泣不自胜。（《魏书·高凉王孤传》）

（6）刘公干以失敬罹罪。文帝问曰："卿何以不谨于文宪？"桢答曰："臣诚庸短，亦由陛下纲目不疏。"（《世说新语·言语》10）

（7）戴安道中年画行像甚精妙。庾道季看之，语戴云："神明太俗，由卿世情未尽。"（《世说新语·巧艺》8）

（8）不喜星书及算术、九宫、三棋、太一、飞符之属，了不从焉，由其苦人而少气味也。（《抱朴子·外篇·自叙》）

在例（1）～例（8）中"由"后面都有名词，但跟社科院编《古代汉语虚词词典》举的"由"作介词的例子不同的是，这些名词都可以作整个小句的主语，它们并不依赖于"由"的存在而存在，即使去掉了"由"，句子还是合乎语法规则的，句意也未有明显改变，只是小句间存在的因果关系显得隐晦些。可见，这些句子中的"由"已经是纯粹起连接作用，并突出标明小句间已存在的因果关系的连词。"由"所连接的小句一般是因果复句的前一小句，如例（1）～例（5）各例，也有的是后一小句，如例

（6）～例（7）各例。也有用表示原因的因果连词"由"和表示结果的因果连词"故"搭配使用，构成形式标记非常明显的因果复句的，如例（1），可见"由"作表示因果关系的连词在魏晋南北朝汉语中的确已经产生了。

【由于】

社科院编《古代汉语虚词词典》（1999：742）解释了"由于"，认为它是表示原因的复合介词，可译为"因为"。但是我们通过考察此时期"由于"在文献中的用例，发现"由于"实则已经可以用作复合的因果连词，比如：

（9）抱朴子曰："此皆巫书妖妄过差之言，由于好事者增加润色，至令失实。"（《抱朴子·内篇·微旨》）

（10）今人用之少验者，由于出来历久，传写之多误故也。（《抱朴子·内篇·遐览》）

（11）由于尔时有信敬故，得离生死，逮得应真。阿难当知，一切福德，不可不作。如彼贫人以少施故，乃获如是无量福报。（北魏慧觉等译《贤愚经·金天品》）

（12）夫事有曲直，言有是非。直者不能不争，曲者不能不讼。讼争既施，则有忿怒之事矣，此由于不尚恭下者也。（《后汉书·曹世叔妻传》）

如果我们再将例（9）～例（12）中的"由于"当作介词来理解，显然是不正确的。如例（9）中"好事者"这个名词短语从句意来看并不能跟"由于"发生直接组合关系，它在这个小句中无疑是句子的主语，一方面，如果说"由于"跟"好事者"先组合成介宾短语"由于好事者"再去修饰谓语动词，那么这个小句的主语是什么呢？显然解释不通。但从另一方面来看，如果缺省"由于"，这个句子照样可以理解，并基本符合原来说话者要表达的意义，只是两个小句间存在的因果关系变得不太明晰罢了，所以我们说"由于"在此例中无疑已经是连接小句的因果连词了。此外，从这些例子来看，此时期表原因的连词"由于"已经基本上和现代汉语的"由于"相同，它的位置也是既可以在小句的句首，如例（9），也可以在小句的主语后，如例（12），同时"由于"连接的小句的主语也可以不出现，如例（10）、例（11）。可见，"由于"在此时期已经是结构非常稳定且用法相当灵活的因果连词了。

【因₂】

"因"表示因果关系是它作连词的基本用法，柳士镇（1992：253）认为表示原因的因果连词"因"是魏晋南北朝新生的单音节连词。但据我们对上古汉语的语料情况的考察，虽然"因"在上古汉语中主要用作介词，但是也有少数用作因果连词的用例，比如：

（13）公子庆父、公子牙通乎夫人以胁公。季子起而治之，则不得与于国政；坐而视之，则亲亲。因不忍见也，故于是复请至于陈而葬原仲也。（《公羊传·庄公二十七年》）①

（14）因构难数月，死者数万，众人恫恐，百姓离志。（《史记·燕召公世家》）

例（13）、例（14）中的"因"后并没有名词能够当作它的宾语，并且从句意来看，"因"都是连接小句的连词，而在例（13）中表示原因的连词"因"还跟表示结果的连词"故"搭配使用，更可以看出它是成熟的因果连词。因此，表示因果关系的"因₂"实则产生于上古汉语时期，但是使用还不多，中古时期才开始普遍使用，并一直沿用至现代汉语。此时期用例如：

（15）宋云远在绝域，因瞩此芳景，归怀之思，独轸中肠，遂动旧疹，缠绵经月，得婆罗门咒，然后平善。（《洛阳伽蓝记·城北·闻义里》）

（16）公自潼关北渡未济，（马）超赴船急战。校尉丁斐因放牛马以饵贼，贼乱取牛马，公乃得渡。（《三国志·魏志·武帝纪》）

（17）（袁）绍因世艰危，遂怀逆谋，上议神器，下干国纪。

---

① 社科院编《古代汉语虚词词典》（1999：732）曾用此例。

（《三国志·魏志·武帝纪》裴松之注引孙盛云）

（18）时此比丘因入僧坊见壁有孔，即便团泥而补塞之。缘此福故，增其寿命，得过七日。（北魏吉迦夜共昙曜译《杂宝藏经·比丘补寺壁孔获延命报缘》）

【由是】

"由是"用作表示因果关系的复合连词，形成于东汉时期，魏晋南北朝时期使用较为普遍。比如：

（19）始皇自以关中之固，金城千里，子孙帝王万世之业也。遂恣睢旧习，矫任其私知，坑儒燔书，以愚其黔首。穷奢肆欲，力役无厌，毒流诸夏，乱延蛮貊。由是二世绝祀，以成大汉之资。（东汉应劭《风俗通义·皇霸·六国》）

（20）郗（超）受假还东，帝曰："致意尊公，家国之事，遂至于此！由是身不能以道匡卫，思患预防。愧叹之深，言何能喻！"因泣下流襟。（《世说新语·言语》59）

（21）王祥，字休征，琅邪人。性至孝，早丧亲。继母朱氏不慈，数谮之，由是失爱于父。（《搜神记》卷十一）

（22）（谢）允梦见人云："此中易入难出，汝有慈心，当相拯拔。"觉见一少年，通身黄衣，遥在栅外，时进狱中与允言语。狱吏知是异人，由是不敢枉允。（《古小说钩沉·甄异传》）

（23）昔有比丘，名曰驼骠，有大力士力。出家精勤，得阿罗汉。威德具足，恒营僧事。五指出光，而赋众僧种种敷具。由是佛说营事第一。（北魏吉迦夜共昙曜译《杂宝藏经·驼骠比丘被谤缘》）

（24）疏奏，帝有感焉。由是议立国学，征集生徒，而世尚庄、老，莫肯用心儒训。（《宋书·礼志一》）

（25）相州邺城中有丈六铜立像一躯，……（丁零）又选五百力士，令挽仆地，消铸为铜，拟充器用。乃口发大声，响烈雷震。力士亡魂丧胆，人皆仆地。迷闷宛转，怖不能起。由是贼侣惭惶，归信者众。（《古小说钩沉·宣验记》）

（26）宋武帝永初二年，普禁淫祀。由是蒋子文祠以下，普皆毁绝。（《宋书·礼志四》）

从例（19）~例（26）各例可以看出，"由是"已经可以看作凝固的复合连词，用于连接小句或复句，表示由前面的事实所导致的结果。如果省去"由是"，句意仍然可通，只是句子与句子间的因果关系就不太明显了。因此，"由是"不再是句子的构成成分，只是起连接作用，表明连接成分间具有因果关系的复合连词。

【故】

因果连词"故"沿用自上古汉语，多用在下一小句句首，表示连接的小句是前一小句所导致产生的结果，也可以用于连接复句，表示两复句间是因果关系，可以译为现代汉语的连词"所以""因此"、此时期的用例如：

（27）汝昔于阎浮提日以二钱，供养于母，故得琉璃城、四如意珠及四玉女。（北魏吉迦夜共昙曜译《杂宝藏经·慈童女缘》）

（28）汝曹生于戎马之间，视听之所不晓，故聊记录，以传示子孙。（《颜氏家训·风操》）

（29）（陈）元方曰："足下言何其谬也！故不相答。"（《世说新语·言语》6）

（30）春锄起地，夏为除草。故春锄不用触湿。（《齐民要术·种谷》）

（31）时佛法经像，盛于洛阳，异国沙门，咸来辐辏，负锡持经，适兹葯（乐）土，世宗故立此寺以憩之。（《洛阳伽蓝记·城西·永明寺》）

（32）我欲出家，父母不听，故欲自杀更生余处。（北魏慧觉等译《贤愚经·恒伽达品》）

（33）初，公平齐，仍有定关、洛之意，值卢循侵逼，故其事不谐。（《宋书·武帝纪中》）

（34）夫尊者所服，卑者所修也；贵者所御，贱者所先也。故夏屋初成而大匠先立其下，嘉禾始熟而农夫先尝其粒。（《三国志·魏

志·刘桢传》裴松之注引《典略》)

"故"在上古汉语中已是常用的因果连词,用来连接表示结果的小句或复句,比如:

(35)古者丈夫不耕,草木之实足食也;妇女不织,禽兽之皮足衣也。不事力而养足,人民少而财有余,故民不争。(《韩非子·五蠹》)

(36)陈轸对曰:"臣见商于之地不可得,而患必至也,故不敢妄贺。"(《战国策·秦策二》)

(37)周道之兴自此始,故诗人歌乐思其德。(《史记·周本纪》)

(38)夫有材而无势,虽贤不能制不肖。故立尺材于高山之上,则临千仞之溪,材非长也,位高也。(《韩非子·功名》)

【是故】

因果连词"是故"可以用于因果复句中,用来连接表示结果的小句;也可以用来连接复句,表示它所连接的复句是因为前面复句而导致产生的结果。"是故"作复合的因果连词,上古汉语已常见使用,可以译为现代汉语的因果连词"所以"。比如:

(39)惟仁者为能以大事小,是故汤事葛,文王事昆夷。(《孟子·梁惠王下》)

(40)夫郊祀后稷,以祈农事也。是故启蛰而郊,郊而后耕。(《左传·襄公七年》)

(41)君子知在位者不能以恶服人也,是故简六艺以赡养之。(《春秋繁露·玉杯》)

(42)乐者,所以象德也;礼者,所以闭淫也。是故先王有大事,必有礼以哀之;有大福,必有礼以乐之:哀乐之分,皆以礼终。(《史记·乐书》)

中古汉语因果连词"是故"用法与上古汉语相同，也可以连接小句或复句，比如：

（43）病者答言："医先教我恒食雉肉，是故今者食一雉已尽，更不敢食。"（南朝齐求那毗地译《百喻经·病人食雉肉喻》）

（44）既进脍，便去，云："向得此鱼，观君船上当有脍具，是故来耳。"（《世说新语·任诞》38）

（45）高宗顾谓群臣曰："朕始学之岁，情未能专，既总万机，温飞靡暇，是故儒道实有阙焉。"（《魏书·李欣传》）

（46）（谢尚）年少时，与家中婢通，誓约不再婚，而违约。今此婢死，在天诉之，是故无儿。（《搜神记》卷二）

（47）我不礼彼，彼逆礼我。我亦未问彼，彼问于我，知其无智。是故我不归依于彼。我今从此归依于佛，为佛弟子。（北魏吉迦夜共昙曜译《杂宝藏经·帝释问事缘》）

（48）其尚盛者，则生诸疾病，先有疹患者，则令发动。是故古初为道者，莫不兼修医术，以救近祸焉。（《抱朴子·内篇·杂应》）

（49）昔先王之作乐也，以振风荡俗，飨神佐贤，必协律吕之和，以节八音之中。是故郊祀朝宴，用之有制，歌奏分叙，清浊有宜。（《宋书·律历志上》）

【是以】

复合的因果连词"是以"同"是故"一样，上古汉语已经使用，可以连接表示结果的小句或复句，比如：

（50）故天子建国，诸侯立家，卿置侧室，大夫有贰宗，士有隶子弟，庶人、工商，各有分亲，皆有等衰。是以民服事其上，而下无觊觎。（《左传·桓公二年》）

（51）后稷曰："所以务耕织者，以为本教也。"是故天子亲率诸侯耕帝藉田，大夫士皆有功业。是故当时之务，农不见于国，以教民尊地产也。后妃率九嫔蚕于郊，桑于公田。是以春秋冬夏皆有麻枲丝

萤之功，以力妇教也。是故丈夫不织而衣，妇人不耕而食，男女贸功以长生，此圣人之制也。(《吕氏春秋·上农》)

(52) 然而，人虽有六行，微细难识，唯先王能审之。凡人弗能自至，是故必待先王之教，乃知所从事。是以先王为天下设教，因人所有，以之为训；道人之情，以之为真。(西汉贾谊《新书·六术》)

因为"是"在上古汉语主要是作指代词，"以"在上古汉语主要是作介词，所以上古汉语中的"是以"有些是宾语前置的介词短语，有些已经凝固成了表示因果关系的复合连词，而介于这两种情况之间的是正处于凝固过程中的"是以"，像例(50)中的"是以"既可以理解为一个宾语前置的介宾结构，也可以理解为一个表示因果关系的复合连词。但是，像例(51)、例(52)中的"是以"显然已是稳定的表示因果关系的复合连词了，因为在同一句中还有表示因果关系的复合连词"是故"与其交错使用。通过对比我们可以看出，"是"的指代性已经非常弱了，"是以"作为一个起连接作用的复合词已经非常明显。魏晋南北朝时期，因果连词"是以"使用更为广泛，比如：

(53) 抱朴子曰："天地之大德曰生，生，好物者也。是以道家之所至秘而重者，莫过乎长生之方也。"(《抱朴子·内篇·勤求》)

(54) 古者年八岁而出就外舍；学小艺焉，履小节焉。束发而就大学；学大艺焉，履大节焉。居则习礼文，行则鸣佩玉，升车则闻和鸾之声，是以非僻之心无自入也。(《古小说钩沉·青史子》)

(55) 子才，河间人也。志性通敏，风情雅润，……是以衣冠之士，辐凑其门；怀道之宾，去来满室。(《洛阳伽蓝记·城南·景明寺》)

(56) 枣性坚强，不宜苗稼，是以不耕；荒秽则虫生，所以须净；地坚饶实，故宜践也。(《齐民要术·种枣》)

(57) (顾)荣跪对曰："臣闻王者以天下为家，是以耿、亳无定处，九鼎迁洛邑。愿陛下勿以迁都为念。"(《世说新语·言语》29)

(58) 夫风化者，自上而行于下者也，自先而施于后者也。是以

父不慈则子不孝，兄不友则弟不恭，夫不义则妇不顺矣。（《颜氏家训·治家》）

（59）尔时此女由谤圣故，现被驱出，穷困乞活。是以世人于一切事应当明察，莫轻诽谤用招咎罚。（北魏吉迦夜共昙曜译《杂宝藏经·兄弟二人俱出家缘》）

（60）我缘彼世自行十善，又以劝民令行十善。是以今日得是足下千辐相轮。（北魏慧觉等译《贤愚经·降六师品》）

（61）元嘉末，征铄自寿阳入朝，既至，又失旨，欲立宏，嫌其非次，是以议久不决。（《宋书·徐湛之传》）

（62）臣闻匠万物者以绳墨为正，驭大国者以法理为本。是以古之圣王，临朝思理，远防邪萌，深杜奸渐，莫不资法理以成化，明刑赏以树功者也。（《南齐书·孔稚珪传》）

【为₂】

连词"为"表示因果关系的用法是它作连词的主要用法，上古汉语已见使用，常用于连接表示原因的小句，可以是因果复句的前一小句，也可以是后一小句，比如：

（63）夫人之所乐者，生也；而所憎者，死也。然而高城深池，矢石若雨，平原广泽，白刃交接，而卒争先合者，彼非轻死而乐伤也，为其赏信而罚明也。（《淮南子·兵略训》）

（64）负子而登墙，谓之不祥，为其一人陨而两人伤。（《淮南子·说林训》）

（65）（张）良鄂然，欲殴之。为其老，强忍，下取履。（《史记·留侯世家》）

魏晋南北朝时期连词"为"的主要用法仍是表示因果关系，有时所连接的小句句末有名词"故"来配合表示原因，构成"为……故"这样的句式，比如：

（66）世间愚人，亦复如是。为修福故，治生估贩，作着非法，其事虽成，利不补害。（南朝齐求那毗地译《百喻经·医治脊偻喻》）

（67）尔时诸王、百官群臣见王如是，啼哭懊恼，宛转在地，劝请大王，令舍此事。王为法故，心坚不回。（北魏慧觉等译《贤愚经·梵天请法六事品》）

（68）人足所履，不过数寸，然而咫尺之途，必颠蹶于崖岸，拱把之梁，每沉溺于川谷者，何哉？为其旁无余地故也。（《颜氏家训·名实》）

（69）旱则其坚叶落，稀则苗茎不高，深则土厚不生。若泽多者，先深耕讫，逆垡掷豆，然后劳之。泽少则否，为其浥郁不生。（《齐民要术·大豆》）

（70）蘗欲小，稕欲薄，为其易干。一宿辄翻之。（《齐民要术·种麻》）

【以₂】

连词"以"表示因果关系的用法上古汉语已常用，主要用于连接表示原因的小句，比如：

（71）晋侯、秦伯围郑，以其无礼于晋，且贰于楚也。（《左传·僖公三十年》）

（72）故破国亡主，以听言谈者之浮说。（《韩非子·五蠹》）

（73）（汲）黯耻为令，病归田里。上闻乃召拜为中大夫，以数切谏，不得久留内，迁为东海太守。（《史记·汲郑列传》）

表示因果关系的连词"以"在中古汉语中继续使用，比如：

（74）桥北大道西有建阳里，大道东有绥民里，里内有河间刘宣明宅。神龟年中，以直谏忤旨，斩于都市讫，目不瞑，尸行百步，时人谈以枉死。（《洛阳伽蓝记·城东·崇真寺》）

（75）诸公以少主不可违，并斩二人。（《世说新语·政事》11）

（76）谚曰："韭者懒人菜。"以其不须岁种也。（《齐民要术·种韭》）

（77）（阚）泽以经传文多，难得尽用，乃斟酌诸家，刊约礼文及诸注说以授二宫，为制行出入及见宾仪，又著《乾象历注》以正时日。（《三国志·吴志·阚泽传》）

（78）长者答言："何有是事？以我忠信不妄语故，故王立我为国平事。若一妄言，此事不可。"（北魏慧觉等译《贤愚经·长者无耳目舌品》）

（79）以其如是谦忍恭敬，得延寿命。（北魏吉迦夜共昙曜译《杂宝藏经·长者子见佛求长命缘》）

【缘】

表示因果关系的连词"缘"是中古时期新生的连词，常置于表示原因的小句句首，东汉时期已见使用，魏晋南北朝时期用例逐渐增多，比如：

（80）天子崩，讣告诸侯何？缘臣子丧君，哀痛愤懑，无能不告语人者也。（《白虎通义·崩薨》）

（81）女出门，谓永曰："我，天之织女也。缘君至孝，天帝令我助君偿债耳。"（《搜神记》卷一）

（82）缘来告之重，辄粗缀所怀。至于研究之美，当复期诸明德。（《高僧传·释慧远》）

（83）我于尔时，缘彼忍辱誓当先度，是故道成。此等之众，先得度苦。（北魏慧觉等译《贤愚经·羼提波梨品》）

（84）缘陛下以至孝理天下，得万国之欢心，不遗小国之臣，况超得备侯伯之位，故敢触死为超求哀，匄超余年。（《后汉书·班超传》）

（85）既得盐美，便自念言："所以美者，缘有盐故。少有尚尔，况复多也？"（南朝齐求那毗地译《百喻经·愚人食盐喻》）

（86）且亦缘陛下以德御下，故臣可得以礼进退。（《南齐书·王思远传》）

以上例（80）～例（86）各例中，"缘"连接的都是表示原因的小句，有单用因果连词"缘"表示小句与小句间的因果关系的，如前三例；也有用表示原因的连词"缘"与表示结果的连词"是故""故""所以"搭配使用，表示小句与小句间的因果关系的，如例（83）～例（86）各例。可见此时期"缘"的确可以用作表示原因的因果连词。

【坐】

表示因果关系的连词"坐"产生于魏晋南北朝时期，是由表原因的介词"坐"进一步语法化而形成的。由于"坐"在此时期是极为常用的动词，语法化后新产生的介词和连词用法在实际使用中并不普遍，使用频率是很低的。当"坐"用为因果连词时，它所连接的常是表示原因的小句，可以位于小句主语后、谓语前，也可以位于承前省略主语的小句句首。比如：

（87）人白王言："我坐前时劝人十善，今受此苦，痛毒难忍。"（北魏慧觉等译《贤愚经·降六师品》）

（88）我本命虽不长，犹应未尽，坐平生时罚挞失道，又杀卒及奴，以此减算，去受使到长沙，还当复过。（《古小说钩沉·甄异传》）

（89）昔留侯张良吐出奇策，一代无有，……遂修道引，绝谷一年，规轻举之道，坐吕后逼蹴，从求安太子之计，良不得已，为画致四皓之策，果如其言，吕后德之，而逼令强食之，故令其道不成耳。（《抱朴子·内篇·至理》）

（90）淮阴军主王僧庆等领五百人赴救，虏众乃退。坐为有司所奏，诏白衣领职。（《南齐书·周盘龙传》）

【因而】

"因而"用作复合的表示因果关系的连词，产生于中古汉语的前期东汉时期，到魏晋南北朝时期使用逐渐增多，后来一直沿用至现代汉语中。孙锡信（1992：221）指出"因而"在北魏时已可见用例："澄之等盖见北桥铭，因而以桥为太康初造也。"（《洛阳伽蓝记·魏昌尼寺》）李小军、唐小薇（2007）曾分析了复合的因果连词"因而"的词汇化过程，并指出魏晋时期"因而"已经出现了较典型的连词用法。如："（14）乳母答言：'小儿饥啼，饼师授饼，因而鸣之，不意是贼。'"（西晋竺法护译《生经》）"（15）（丽戎山）其阴多金，其阳多玉，始皇贪其美名，因而葬也。"（郦道元《水经注·渭水三》）"（16）其以为重，十二粟而当一分，十二分而当一铢，十二铢而当半两。衡有左右，因而倍之，故二十四铢而当一两。"（《宋书·志第一》）从以上两家举的例子看，"因而"确实已为表示因果关系的复合连词。但是，据我们对中古时期文献语料的考察，发现"因而"作为复合连词的用法实际上要早于魏晋时期，早在中古汉语前期的东汉时期已经能见到"因而"用作复合的因果连词，比如：

（91）故所为者不中，因而大凶矣，此之谓也。（《太平经·大小谏正法》）

（92）君虽圣贤，无所得闻，因而聋盲，无可见奇异也。（《太平经·大小谏正法》）

（93）人之所誉，鬼神亦然，因而佑助之。（《太平经·东壁图》）

例（91）～例（93）三例中的"因而"跟孙锡信（1992：221），李小军、唐小薇（2007）两家举例中的"因而"相比，已经没有什么区别，都可以理解为表示原因的复合因果连词。到了魏晋南北朝，"因而"的使用就开始增多了，我们再举几例：

（94）侏儒不能看重㓨之弘丽，因而蚩之，谓为凡愦。（《抱朴子·外篇·刺骄》）

（95）（王）珣嗟叹清拔，因而用之。袭爵雉乡侯，拜秘书郎，琅邪王文学，中军功曹。（《宋书·王诞传》）

（96）十一月丙辰，北部敕勒莫弗库若于率其部数万骑，驱鹿数百万，诣行在所，帝因而大狩以赐从者，勒石漠南，以记功德。（《魏书·世祖纪上》）

（97）母黄氏昼寝，梦见一僧呼黄为母，寄一麈尾并铁镂书镇二枚。眠觉见两物具存，因而怀孕生谛。（《高僧传·释昙谛》）

（98）吴郡人沈甲，被系处死。临刑市中，日诵观音名号，心口不息。刀刃自断，因而被放。（《古小说钩沉·宣验记》）

【因尔】

"因尔"作表示因果关系的复合连词，产生于东汉，魏晋南北朝时期使用渐多，为中古汉语新生连词，可位于小句或句子的句首，比如：

（99）本太阳病，医反下之，因尔腹满时痛者，属太阴也，桂枝加芍药汤主之；大实痛者，桂枝加大黄汤主之。（东汉张机《伤寒论·辨太阳病脉证并治》）

（100）思鲁等第四舅母，亲吴郡张建女也，有第五妹，三岁丧母。……将以问医，医诊脉云："肠断矣！"因尔便吐血，数日而亡。中外怜之，莫不悲叹。（《颜氏家训·风操》）

（101）（阮）稚宗因问："我行旅有三，而独婴苦，何也？"道人曰："彼二人自知罪福，知而无犯。唯尔愚蒙不识缘报，故以相戒。"因尔便苏。（《古小说钩沉·冥祥记》）

（102）（黄迁）常寄江陵市西杨道产家，行般舟勤苦岁余，因尔遂颇有感变；或一日之中，赴十余处斋，虽复终日竟夜行道转经，而家家悉见黄迁在焉。（《古小说钩沉·冥祥记》）

（103）（许周）又称心存山水，不好荣宦，屡曾辞让，贻彼赫怒，遂被出为齐康郡。因尔归国，愿毕志嵩岭。（《魏书·源贺传》）

【因此】

"因此"是魏晋南北朝时期新生的复合因果连词，常用于连接表示结果的小句或句子，可以位于小句或句子的句首，也可以位于小句或句子的主语和谓语之间，和现代汉语的因果连词"因此"用法相同。比如：

（104）谢镇西经船行，其夜清风朗月，闻江渚间估客船上有咏诗声，甚有情致。所咏五言，又其所未尝闻，叹美不能已。即遣委曲讯问，乃是袁（虎）自咏其所作咏史诗。因此相要，大相赏得。（《世说新语·文学》88）

（105）初，法汰北来，未知名，王领军供养之。每与周旋，行来往名胜许，辄与俱。不得汰，便停车不行。因此名遂重。（《世说新语·赏誉》114）

（106）襄既年荒谷贵，人有醉者相杀，牧伯因此辄有酒禁，严令重申，官司搜索，收执榜徇者相辱，制鞭而死者太半。（《抱朴子·外篇·酒诫》）

（107）（元）绍断决不避强御。世宗诏令检赵修狱，以修佞幸，因此遂加杖罚，令其致死。（《魏书·常山王遵传》）

（108）元徽五年五月五日，太后赐帝玉柄毛扇，帝嫌其毛柄不华，因此欲加鸩害。（《宋书·明恭王皇后传》）

（109）明旦，发楼屋，得所毙人髻百余。因此遂绝。（《搜神记》卷十八）

【既₂】

连词"既"除了可以表示并列关系外，还可以在表示推论的因果复句中连接表示原因或前提的小句，我们标作"既₂"。这种用法上古汉语已见使用，但用例尚不多见，比如：

（110）以此知象，乃知行情，既知行情，乃知养生。（《管子·白心》）

（111）既能当一人，则身有何劳而为？垂衣裳而天下定。（《荀子·王霸》）

中古时期"既₂"的用例逐渐增多，比如：

（112）夜，果梦乌衣人云："可急投余杭山中，天下既乱，赦令不久也。"（《搜神记》卷二十）

（113）既怀贪心，便是三毒不除，具足烦恼。（《洛阳伽蓝记·城东·龙华寺》）

（114）钟雅语祖士言："我汝颖之士，利如锥；卿燕代之士，钝如槌。"祖曰："以我钝槌，打尔利锥。"钟曰："自有神锥，不可得打。"祖曰："既有神锥，必有神槌。"钟遂屈。（《古小说钩沉·裴子语林》）

（115）王（中郎）曰："既无文殊，谁能见赏？"（《世说新语·文学》35）

（116）形大，毛羽悦泽，脚粗长者是，游荡饶声，产、乳易厌，既不守窠，则无缘蕃息也。（《齐民要术·养鸡》）

（117）既无斯水，何源之可求乎？（《水经注·谷水》）

（118）勾芒等五神，既是五帝之佐，依郑玄说，宜配食于庭也。（《南齐书·礼志上》）

（119）假设无护，命当不全；命既不全，国复谁居。（吴支谦译《菩萨本缘经·毗罗摩品》）

从例（112）～例（119）来看，连词"既"表推论的因果关系的用法在中古时期运用已相当普遍，后面的小句常有"则""便""必""宜"等副词跟它搭配使用，来突出表示小句间的逻辑语义关系。

【所以】

"所以"用作表示因果关系的复合连词，学界自 20 世纪 50 年代就开始探讨了。刘冠群（1957）认为"所以"两字以复音词的身份出现，当在东周时期。并说"用在表示结果的分句，像现代口语一样的'所以'，在先秦的著作中已见其例"。杨伯峻（1957）不赞成刘冠群的观点，认为"所以"作为表结果的连词，为先秦所无。以后陆续有学者讨论因果连词"所以"产生的时代的问题，直至现在尚未形成一致意见。王力（1958/1980：400）指出："到了中古时期，'所以'逐渐过渡到因果连词。过渡的特征有两个：（一）它放在句首；（二）句末没有'也'字。例如：区区微节，无所获申。岂得复全交友之道，重亏忠孝之名乎？所以忍悲挥戈，收泪告绝。（《后汉书·臧洪传》）偷本非礼，所以不拜。（《世说新语·言语》）……到了唐代，'所以'就完全变为连词，它的特征是'所以'后面可以有主语。例如：坐看清流沙，所以子奉使。（杜甫诗）"后来在《汉语语法史》（1989）中，王力修改了以前的结论，认为现代汉语中的连词"所以"大约在晋代就已经产生了，举了《左传》杜预注、葛洪《抱朴子》以及《文心雕龙》《颜氏家训》中的例子（王力，1989：218~219）。目前还有两种观点：一、大多数学者（蒋绍愚、曹广顺，2005：187；汪维辉，2002）认为现代汉语表示因果关系的连词"所以"在六朝时期已经产生。二、有的学者（朱城，2000）认为连词"所以"在先秦已经产生。

从魏晋南北朝"所以"的使用来看，此时期的"所以"的确已有作表示因果关系的复合连词用法，和现代汉语中的连词"所以"没有什么区别，如：

（120）《后汉书》："酷吏樊晔为天水郡守，凉州为之歌曰：'宁见乳虎穴，不入冀府寺。'"而江南书本"穴"皆误作"六"。学士因循，迷而不寤。夫虎豹穴居，事之较者，所以班超云："不探虎穴，安得虎子？"宁当论其六七耶？（《颜氏家训·书证》）

（121）实不见有鬼，但见一白头鹅立墓上，所以不即白之。（《搜神记》卷二）

（122）殷（中军）曰："官本是臭腐，所以将得而梦棺尸；财本是粪土，所以将得而梦秽污。"时人以为名通。（《世说新语·文学》49）

（123）（孙）休曰："虽为小物，耿介过人，朕所以好之。"（《世说新语·规箴》4）

（124）凡瓮，无问大小，皆须涂治；瓮津则造百物皆恶，悉不成，所以特宜留意。（《齐民要术·涂瓮》）

（125）凡种下田，不问秋夏，候水尽，地白背时，速耕，把、劳频烦令熟。过燥则坚，过雨则泥，所以宜速耕也。（《齐民要术·旱稻》）

（126）王更出游，见诸群黎，修治乐器。王因问之："作此何为？"诸人报言："衣食既充，乏于音乐，所以治此欲用自娱。"（北魏慧觉等译《贤愚经·顶生王品》）

（127）臣奉命南伐，受任一方，而智力浅短，诚节未效，所以
凤夜忧惶，忘寝与食。（《魏书·司马楚之传》）

朱德熙（1983）曾指出古汉语的"者、所、之"等是名词化标记，
其中"所"字只有转指的功能，没有自指的功能，即"所"后面的谓词
或谓词性短语不仅发生了词类的转化，而且词义也发生了明显的变化。
"所VP"在句中的语义角色可以是受事、与事、工具、处所等，不能指
施事。他也探讨了"所"字后头紧跟介词的格式："所JV"（J表示介词，
V可以是单独的动词，也可以是动词结构）。这类"所"字结构提取的是
介词的宾语，所以介词J后头宾语必须缺位。我们觉得朱德熙的观点是可
取的，"所"后面的"以"最初是介词，表示动作行为凭借的工具或依
据，因为表依据的语法意义很抽象，很容易跟表示原因的语法意义发生联
系，表原因的语法意义可以理解为抽象的依据意义。而表示原因的介词
"以"的宾语因为"所"的存在而常常承上文省略，这样很容易导致
"以"演变成连词，"以"后面的谓词短语就成了表示结果的小句了，
"所"在"以"演变成连词的语境中也丧失了转指功能，又因为位于小句
句首，所以失去了转指功能的"所"很容易被语言使用者看作跟"以"
紧密结合在一起的语素，从而最终导致"所以"被当作表示结果的复合
连词来使用。以上例（120）～例（127）中的"以"理解为介词都不合
适，因此"所以"已经是表示结果的复合连词了。像例（120）"所以"
后面还出现了这个小句的主语"班超"，说明它的用法跟现代汉语的"所
以"已经无差别了。例（123）"所以"前面出现了小句的主语"朕"，
如果将这个主语"朕"移到"所以"的后面，句子也是成立的，也符合
原来的句意，可见"所以"也是复合连词。例（121）、例（122）、例
（126）、例（127）四例中"所以"后面的主语其实可以看作根据语境省
略了的，这样的用法在现代汉语中也极为常见。例（124）、例（125）两
例出自《齐民要术》，作为科学技术性的著作，句子中主语也经常可以不
出现，根据语境都能理解。因此，这些例子中的"所以"看作因果复句
中表结果的复合连词是没有什么疑义的。从我们对上古汉语中"所"跟
"以"相邻出现的用例的考察，可以看出，表示结果的复合连词"所以"

在西汉已能见到少量用例，比如：

（128）烛之武可谓善谋，一言存郑而安秦。郑君不蚤（早）用善谋，所以削国也；困而觉焉，所以得存。（西汉刘向《新序·善谋上》）

（129）而诸吕又擅自尊官，聚兵严威，劫列侯忠臣，矫制以令天下，宗庙所以危！（《史记·吕太后本纪》）

（130）汉与匈奴约为昆弟，毋使害边境，所以输遗匈奴甚厚。（《史记·孝文本纪》）

（131）仆赖先人绪业，得待罪辇毂下，二十余年矣。所以自惟：上之不能纳忠效孝，有奇策才力之誉，自结明主；次之又不能拾遗补阙，招贤进能，显岩穴之士……（司马迁《报任少卿书》）①

例（128）有两个"所以"，前一个"所以"后面有语气词"也"，但从句意来看，这两个"所以"都可以理解为复合连词，表示因果关系，"所以"连接的表示结果的小句的主语"郑"承前省略。例（130）、例（131）中的"所以"后的主语分别为"汉"和"仆"，也可以看作承前省略。如果这些句子去掉"所以"，各个句子仍然能够成立，也基本能表达原来句意，只是小句间因果的逻辑语义关系没有使用连词"所以"时表现得那么明显。尽管在西汉时复合连词"所以"的用例还不是很多，但它产生后就开始沿用下来，到魏晋南北朝时期"所以"的使用就逐渐增多了。因此，我们认为表示因果关系的"所以"产生于上古汉语的末期。

第二节　转折连词

转折连词是指用来连接两个意义相反相对的语法单位的连词，所连接的语法单位主要是小句或句子，这两个语法单位在说话人心目中具有主次之分，说话人强调的重点总是在转折连词所连接的后一小句或句子，而前一小句或句子只是说话人用以与后一小句或句子进行意义对比的参照点。

---

① 例（129）～例（132）各例朱城（2000）曾引用。

因此，从听话人的立场来看，后一小句或句子的意义不是顺着前一小句或句子的意义表达的，而是在前面的意义基础上有了一个或轻或重的语义转折，这种前后的语义转折关系经常通过后一小句或句子前面的连词明显地表达出来。上古汉语中已经有了明显表示两个语法单位间语义转折关系的转折连词，如"而""然""然而"等，中古汉语在承袭了上古汉语转折连词的基础上，又产生了新的转折连词。魏晋南北朝汉语中使用的转折连词主要有只表转折关系的单义连词"然""然而""要"以及兼表转折关系与其他关系的多义连词"但""而"等。

【而₄】

连词"而"表示转折关系，可以连接谓词、谓词性短语，也可以连接小句，这种用法上古已经产生，并一直沿用至现代汉语。上古汉语中的用例如：

（1）闻古扁鹊之治其病也，以刀刺骨；圣人之救危国也，以忠拂耳。刺骨，故小痛在体而长利在身；拂耳，故小逆在心而久福在国。（《韩非子·安危》）

（2）今不恤士卒而徇其私，非社稷之臣。（《史记·项羽本纪》）

（3）大夫种、范蠡存亡越，霸句践，立功成名而身死亡。（《史记·淮阴侯列传》）

（4）此数宝者，秦不生一焉，而陛下说之，何也？（《史记·李斯列传》）

例（1）～例（3）三例中的连词"而"都用于同一个小句中，用来连接两个谓词性短语，表示小句中两个短语间的转折关系。例（4）中的连词"而"连接的是小句，表示前后小句间的转折关系。

中古时期表示转折关系的"而"更多用于连接小句或句子，有时还和表示让步关系的连词搭配使用，比如：

（5）丞相一麾，大定海内。而子攸不顾宗社，仇忌勋德，招聚轻侠，左右壬人。（《洛阳伽蓝记·城东·平等寺》）

（6）夫德盛操清，则虽深自抑降，而人犹贵之。（《抱朴子·外篇·疾谬》）

（7）是时，彭城王忠贤，且以懿亲辅政，借使世宗谅阴，恭己而修成王之业，则高祖之道庶几兴焉。而阿倚母族，纳高肇之谮，明年，彭城王竟废。（《魏书·天象志四》）

（8）虽不称为祖，而不得无祭。（《南齐书·礼志下》）

【但₁】

"但"用作表示转折关系的连词，产生于魏晋南北朝时期。主要用于小句或句子的句首，表示所连接的小句或句子和前面的小句或句子在语义上的转折关系，有时前一小句有表示让步关系的连词"虽"和它搭配使用，这时后一小句表示的转折意味较重。比如：

（9）既召，见而惜之。但名字已去，不欲中改，于是遂行。（《世说新语·贤媛》2）

（10）围棋有手谈、坐隐之目，颇为雅戏。但令人耽愦，废丧实多，不可常也。（《颜氏家训·杂艺》）

（11）臣松之以为魏武初起兵，已有众五千，自后百战百胜，败者十二三而已矣。但一破黄巾，受降卒三十余万，余所吞并，不可悉纪；虽征战损伤，未应如此之少也。（《三国志·魏志·武帝纪》裴松之注）

（12）时有一鬼神，化作婆罗门身，欲来入城。小儿向礼，鬼咒愿言："使汝长寿。"此鬼乃是杀小儿鬼，但鬼神之法，不得二语。以许长寿，更不得杀。（北魏吉迦夜共昙曜译《杂宝藏经·长者子见佛求长命缘》）

（13）其胶势力，虽复相似，但驴、马皮薄毛多，胶少，倍费樵薪。（《齐民要术·煮胶》）

【然】

转折连词"然"上古汉语已经使用，用于小句或句子的句首，表示"然"所连接的小句或句子是在前一小句或句子语义上的转折。比如：

（14）吾不能早用子，今急而求子，是寡人之过也。然郑亡，子亦有不利焉。（《左传·僖公三十年》）

（15）子舆之为我谋，忠矣。然吾闻之，为人子者，患不从，不患无名，为人臣者，患不勤，不患无禄，今我不才而得勤与从，又何求焉？（《国语·晋语一》）

（16）此三子者，为人臣非不忠，而说非不当也。然不免于死亡之患者，主不察贤智之言，而蔽于愚不肖之患也。（《韩非子·人主》）

中古汉语转折连词"然"仍然广泛使用，有时也和表示让步关系的连词"虽"搭配使用，比如：

（17）自古执笔为文者，何可胜言。然至于宏丽精华，不过数十篇耳。（《颜氏家训·文章》）

（18）母食，以为美，然疑是异物，密藏以示彦。（《搜神记》卷十一）

（19）庶九鼎之命日隆，七百之祚惟永。然群飞未宁，横流且及，皆狼顾鸱张，岳立基趾。（《洛阳伽蓝记·城东·平等寺》）

（20）（羊）权潸然对曰："亡伯令问凤彰，而无有继嗣。虽名播天听，然胤绝圣世。"（《世说新语·言语》65）

（21）移葱者，三支为一本；种薤者，四支为一科。然支多者，科圆大，故以七八为率。（《齐民要术·种薤》）

（22）王有二万夫人，然无子息。（北魏吉迦夜共昙曜译《杂宝藏经·迦步王国天旱浴佛得雨缘》）

（23）此议虽游漫无据，然言迹可检。（《宋书·历志下》）

【然而】

转折连词"然而"也是上古汉语常见的连词，并一直沿用至现代汉语。上古汉语用例如：

（24）（甘）茂诚贤者也，然而不可相秦。（《战国策·楚策一》）

（25）德虽未至也，义虽未济也，然而天下之理略奏矣，刑赏已诺信乎天下矣，臣下晓然皆知其可要也。（《荀子·王霸》）

（26）府库空虚于上，百姓贫饿于下，然而奸吏富矣。（《韩非子·外诸说右下》）

（27）秦虽僻远，然而心忿含怒之日久矣。（《史记·张仪列传》）

魏晋南北朝汉语中转折连词"然而"或单独用于句子的句首，或和表示让步关系的连词"虽"搭配使用，表示所连接的句子或小句是在前一句子或小句意义上的转折。比如：

（28）行有余力，则可习之。然而自古文人多陷轻薄。（《颜氏家训·文章》）

（29）夫以抄盗致财，虽巨富不足嘉，凶德胁人，虽见惮不足荣也，然而庸民为之不恶。（《抱朴子·外篇·疾谬》）

（30）礼虽有嫡子无嫡孙，然而地居正体，下及五世。（《南齐书·礼志上》）

（31）虽于父母师长所、沙门婆罗门生忠孝心，恭敬礼拜，然而不能为施床坐温敷具。以是业缘今获果报，不如余天。（北魏吉迦夜共昙曜译《杂宝藏经·八天次第问法缘》）

（32）虽久典史事，然而不能专勤属述，时与校书郎刘模有所缉缀，大较续崔浩故事，准《春秋》之体，而时有刊正。（《魏书·高允传》）

（33）夫天道虽无声无臭，然而应若影响，天人之验，理不可诬。（《宋书·五行志一》）

【要】

"要"在魏晋南北朝时期用作表示转折关系的连词，是此时期新生的用法，前辈学者早已论及。郭在贻（1989）认为"要"作转折连词用，已见于魏晋六朝，并举例加以论证："臣松之以为张鲁虽有善心，要为败而后降，今乃宠以万户，五子皆封侯，过矣。"（《三国志·魏志·张鲁传》裴松之注）马贝加（2003）也论述了此时期新生的转折连词"要"，并认为转折连词"要"产生于东汉时期，但只举了东汉时期的一个例子：

　　夫绛侯即因汉藩之固，杖朱虚之鲠，依诸将之递，据相扶之势，其事虽丑，要不能遂。李奇曰："言勃之功不遂，而霍光据席常任也。"晋灼曰："丑，众也。言勃欲诛诸吕，其事虽众，要不能以吕后在时而遂意也。"（《汉书·王莽传》）

马贝加认为此例中的"要"也与"虽"呼应，可释义为"然而"。但从"要"所处的语境看，"要"理解为"然而"与句意并不相符。这个句子后面唐颜师古作了一个注：

　　师古曰："二说皆非也。递，绕也，谓相围绕也。言绛侯之时汉之强，汉家外有藩屏盘石之固，内有朱虚骨鲠之强，诸将同心围绕扶翼，吕氏之党虽欲作乱，心怀丑恶，事必不成。言勃之功不足多也。递，音带。"

从颜师古的注来看，我们认为把"要"理解为"然而"不妥，这个句子中的"要"应看成副词，就是江蓝生（1988：244）解释的副词"要"的意义之一——"终究"的意思。因此，转折连词"要"在东汉时期尚未产生，只有到魏晋南北朝时期我们才能见到少数用例。比如：

　　（34）戊寅，诏曰："百官事殷俸薄，禄不代耕。虽国储未丰，要令公私周济。诸供纳昔减半者，可悉复旧。六军见禄粗可，不在此例。其余官僚，或自本俸素少者，亦畴量增之。"（《宋书·武帝纪下》）

　　（35）石勒见夷甫，谓长史孔苌曰："吾行天下多矣！未尝见如此人，当可活不？"苌曰："彼晋三公，不为我用。"勒曰："虽然，要不可加以锋刃也。"夜使推墙杀之。（《世说新语·赏誉》16刘孝

标注引《八王故事》）

（36）其诸弟子虽未即得应真道者，要其寿终皆生天上。（吴康僧会译《六度集经·阿离念弥经》）

（37）其人闻已，便大欢喜："愿但教我。虽当自害，要望伤彼。"（《百喻经·共相怨害喻》）

第三节　假设连词

如果连词连接的前一小句在逻辑语义上相对于它的后续小句来说是一种假设的前提，那么用于连接前一小句的连词就被称为假设连词，而后续小句表示的就是在前一小句的前提下产生的结果。汉语中的假设连词自上古汉语以来就很丰富，这是和汉语缺乏形态变化的特点相适应的。在形态变化丰富的语言中，假设语义的表达常常通过动词的形态变化或某些特殊句式来实现，并跟非假设语义的表达构成严格的对立，比如英语中的虚拟语态就包含多种实现语言中假设语义的手段，其中动词的形态变化又是关键的表达手段。汉语是很少有形态变化的语言，虽然假设语义的表达失去了通过动词的形态变化来实现的途径，但是找到了与自己语言特点相适应的实现表达假设语义的绝佳途径，即通过运用具有连接作用的标记性虚词来突出显示小句的假设语义。因此，假设连词在汉语连词范畴中相对于其他次类而言，不管在哪一个共时阶段，数量上都要丰富得多。魏晋南北朝汉语中的假设连词跟上古汉语相比，数量也有所增加，因为此时期不仅沿用了上古汉语大部分假设连词，而且还产生了新的单音节假设连词及形成了大量的复合假设连词。此时期用作连词只表假设关系的有"苟、假如、假设、使、借使、如、如或、如脱、如令、如其、如使、若、若苟、若或、若令、若使、设、傥、傥若、傥或、脱、脱或、脱若、向令、向使、忽"等，用作连词兼表假设关系和让步关系的有"假、假令、假使、设令、设使"等。

【苟】

"苟"是上古汉语常用的假设连词，用于假设复句的前一小句句首或主语后面，比如：

（1）苟卫国有难，工商未尝不为患，使皆行而后可。（《左传·定公八年》）

（2）苟信不继，盟无益也。（《左传·桓公十二年》）

（3）是以圣人苟可以强国，不法其故；苟可以利民，不循其礼。（《史记·商君列传》）

魏晋南北朝汉语中"苟"仍然可作假设连词，用法同上古汉语。比如：

（4）苟是天下人望，亦可无言而辟，复何假于一？（《世说新语·文学》18）

（5）黄帝以传玄子，戒之曰："此道至重，必以授贤。苟非其人，虽积玉如山，勿以此道告之也！"（《抱朴子·内篇·金丹》）

（6）蛇答人言："我苟怀恶，设汝不来，亦能作害。"（北魏慧觉等译《贤愚经·七瓶金施品》）

（7）凡为人君，患于不均，不能推诚御物，苟能均诚，胡越之人亦可亲如兄弟。（《魏书·高祖孝文帝宏纪》）

（8）五谷，种之美者也；苟为不熟，不如荑稗。（《齐民要术·种谷》）

（9）苟使国家有利，吾何避死乎！（《魏书·古弼传》）

【假₁】

"假"的连词用法产生于上古汉语末期，但从汉代到魏晋南北朝用例都很少，是一个极不常用的假设连词。西汉时期"假"作假设连词的用例如：

（10）田子方虽贤人，然而非有土之君也，君常与之齐礼，假有贤于子方者，君又何以加之？（汉刘向《新序·杂事四》）

魏晋南北朝时期，"假"作假设连词的用例也不是很多，比如：

（11）群臣太子咸来问病，因问大王："假其终没，诸王太子谁应绍嗣？"（北魏慧觉等译《贤愚经·摩诃令奴缘品》）

（12）假以中才之君，有一于此，足以陨社残宗，污宫潴庙，况总斯恶以萃一人之体乎！（《宋书·前废帝纪》）

（13）假有斯事，亦庶钟期不失听也；若其无也，过备何害！（《曹操集·与王修书》）

（14）假在俭约，为陋过矣。（《魏书·李谧传》）

【假如】

复合的假设连词"假如"上古汉语未见，应为中古时期新生的假设连词，但中古时期用例不是很多，比如：

（15）里水者，一身面目黄肿，其脉沉，小便不利，故令病水。假如小便自利，此亡津液，故令渴也。（东汉张机《金匮要略论注·水气病脉证并治》）

（16）（钟会母）答曰："嫡庶相害，破家危国，古今以为鉴诫。假如公信我，众谁能明其事？彼以心度我，谓我必言，固将先我；事由彼发，顾不快邪！"遂称疾不见。（《三国志·魏志·钟会传》）

近代汉语中假设连词"假如"的使用才逐渐增多，并一直沿用至现代汉语，近代汉语"假如"作假设连词的用例如：

（17）假如月出潮以平明，二日三日渐晚，至月半，则月初早潮翻为夜潮，夜湖翻为早潮矣。（《全唐文·封演〈说潮〉》）

（18）假如品官凌忽，只合具实奏闻。（《全唐文·李湛（敬宗皇帝）〈罚李方现俸敕〉》）

（19）假如君爱杀，留着莫移将。（《全唐诗·白居易〈裴常侍以题蔷薇架十八韵见示因广为三十韵以和之〉》）（"杀"是副词，用在谓语动词后面作补语，表示程度深。）

（20）贼秃奴，遣尔辞家剃发，因何起妄想之心？假如我真女人，岂嫁与尔作妇耶？（唐薛渔思《河东记·蕴都师》）

【假设】

"假设"用作复合的假设连词，产生于上古汉语末期，此后一直沿用至现代汉语。但在两汉至六朝用例都较少，比如：

（21）夫以天子之位，用天下之力，乘今之时，因天之助，尚惮以危为安，以乱为治，假设陛下居齐桓之处，将不合诸侯匡天下乎？（西汉贾谊《新书·宗首》）

（22）假设天下如曩时，淮阴侯尚王楚，黥布王淮南，彭越王梁，韩信王韩，张敖王赵，贯高为相，卢绾王燕，陈豨在代，令此六七公皆亡恙，当是时而陛下即天子位，能自安乎？（《汉书·贾谊传》）

（23）库藏尽已，民当逃散。民既散已，怨至谁护。假设无护，命当不全，命既不全，国复谁居。（吴支谦译《菩萨本缘经·毗罗摩品》）

例（22）是班固引自西汉贾谊的文章，稍有改动，西汉贾谊《新书·亲疏危乱》此段文字是："假令天下如曩也，淮阴侯尚王楚，黥布王淮南，彭越王梁，韩信王韩，张敖王赵，贯高为相，卢绾王燕，陈豨在代，令六七诸公皆无恙，案其国而居。当是时，陛下即天子之位，试能自安乎哉？"通过比较，我们可以发现，西汉贾谊原文使用的假设连词是"假令"，班固改成了"假设"，证明此处的"假设"确为表示假设关系的复合连词。但复合的假设连词"假设"在魏晋南北朝文献中用例极少，也是此时期连词范畴中的边缘成员。

【假令₁】

复合连词"假令"可以表示假设关系和让步关系，是一个多义的连词。连词"假令"表示假设关系的用法始见于上古汉语末期，用例比有同样语素的复合连词"假如""假设"要多。比如：

（24）假令韩信学道谦让，不伐己功，不矜其能，则庶几哉，于汉家勋可以比周、召、太公之徒，后世血食矣。（《史记·淮阴侯列传太史公曰》）

（25）假令诛臣而为秦得黔中之地，臣之上愿。（《史记·张仪列传》）

（26）假令天下如曩也，淮阴侯尚王楚，黥布王淮南，彭越王梁，韩信王韩，张敖王赵，贯高为相，卢绾王燕，陈豨在代，令六七诸公皆无恙，案其国而居。当是时，陛下即天子之位，试能自安乎哉？（西汉贾谊《新书·亲疏危乱》）

中古时期复合连词"假令"表示假设关系的用法更为常见，比如：

（27）假令甲乙之日病，则死见庚辛之神矣。（《论衡·订鬼篇》）

（28）黄汗之病，两胫自冷；假令发热，此属历节。（东汉张机《金匮要略·水气病脉证并治》）

（29）假令汗出已，腹中痛，与芍药三两如上法。（东汉张机《伤寒论·辨太阳病脉证并治下》）

（30）假令月三日冻树，还以月三日种黍；他皆仿此。（《齐民要术·黍穄》）

（31）所以尔者，假令正月建寅，斗柄夕则指寅，晓则指午矣；自寅至午，凡历五辰。（《颜氏家训·书证》）

（32）乍往观之，如似未彻；假令刮削，其文转明。（《洛阳伽蓝记·城北·闻义里》）

（33）假令世士移博弈之力，而用之于诗书，是有颜、闵之志也。（《三国志·吴志·韦曜传》）

（34）假令外服人体，内失人心，所谓见憎恶，非为见尊重也。（《抱朴子·外篇·疾谬》）

（35）假令天长丧乱，九流浑浊，当与臧洪游于地下，不复多言。（《宋书·武帝纪中》）

（36）国以人为本，人以食为命。百姓不足，君孰与足？假令以此获戾，吾所甘心。（《魏书·杨播传》）

【假使₁】

复合连词"假使"表示假设关系的用法上古汉语已见使用，以后一直沿用至现代汉语中。上古汉语连词"假使"表示假设关系的用例如：

（37）假使王之群臣有能用之，费此之半，弱晋强秦，若三战之胜者，王必加大赏焉。（《商君书·徕民》）

（38）假使臣得同行于箕子，可以有补所贤之主，是臣之大荣也，臣有何耻？（《史记·范雎蔡泽列传》）

中古汉语复合连词"假使"表示假设关系的用法仍很常见，比如：

（39）假若上之所为，而民亦为之，向其化也，又何诛焉？假使大臣皆不行三年之丧，何以责之？（东汉袁宏《后汉纪·孝桓皇帝纪下》）

（40）太子好喜佛道，以赒穷济乏，慈育群生，为行之元首。纵得禁止，假使拘罚，斯为无道矣。（吴康僧会译《六度集经·须大挐经》）

（41）假使有人自言："能吹须弥山王，令如碎末，是可信不？"（吴支谦译《菩萨本缘经·毗罗摩品》）

（42）假使生乎今世，养马不暇，岂办见知。（《宋书·杜骥传》）

（43）假使所非实是，则固应悛改；倘其不当，亦宜含容，又何罪焉？（《后汉书·孔僖传》）

（44）假使成王杀邵公，周公可得言不知邪？（《后汉书·杨震传附曾孙彪》）

【使】

"使"用作连词，表示假设关系，上古汉语已见使用，是由表示"使令"义的动词虚化而来，但用例较少，比如：

（45）人之所以善扁鹊者，为有臃肿也；使善扁鹊而无臃肿也，则人莫之为之也。（《战国策·韩策三》）

（46）使人不衣不食而不饥不寒，又不恶死，则无事上之意。（《韩非子·八说》）

中古时期连词"使"表示假设关系的用法比上古时期有所增加，但仍不及此时期其他同类的假设连词。比如：

（47）使太阳与万物同晖，臣下何以瞻仰？（《世说新语·宠礼》1）

（48）既去，郗公慨然曰："使嘉宾不死，鼠辈敢尔！"（《世说新语·简傲》15）

（49）使仆就此职，尚书能以郎见转不？（《南齐书·王僧虔传》）

（50）羌有献金马者，（张）奂召主簿张祁入，于羌前以酒酹地，曰："使马如羊，不以入厩，使金如粟，不以入怀。"尽还不受，威化大行。（《水经注·河水》）

（51）帝曰："善哉！使我得此人以自辅，岂有今日之劳乎！"（《三国志·蜀志·诸葛亮传》裴松之注引《汉晋春秋》）

【借使】

复合的假设连词"借使"始见于上古汉语末期，用于假设复句的前一小句句首，但用例很少，比如：

（52）借使秦王计上世之事，并殷周之迹，以制御其政，后虽有淫骄之主而未有倾危之患也。（西汉贾谊《过秦论》）

例（52）中的这段话后来被司马迁引用，《史记·秦始皇本纪太史公曰》中也有此句："借使秦王计上世之事，并殷周之迹，以制御其政，后虽有淫骄之主而未有倾危之患也。"司马迁并未将"借使"改作其他的假设连词，可见在西汉时，"借使"的确可用作表示假设关系的连词。魏晋南北朝时期，"借使"的用例略有增加，但主要见于文言性强的文献中，可见"借使"在此时期也是不太常用的假设连词。比如：

（53）是时，彭城王忠贤，且以懿亲辅政，借使世宗谅阴，恭己而修成王之业，则高祖之道庶几兴焉。（《魏书·天象志四》）

（54）袁氏据四州之地，带甲十万，绍以宽厚得众，借使二子和睦以守其成业，则天下之难未息也。（《三国志·魏志·荀攸传》）

（55）借使二媛生于上叶，则玉阶之赋，纨素之辞，未讵多也。（梁钟嵘《诗品》卷三）

（56）借使伊人颇览天道，知尽不可益，盈难久持，超然自引，高揖而退，则巍巍之盛，仰邈前贤，洋洋之风，俯冠来籍，而大欲不乏于身，至乐无怨乎旧，节弥效而德弥广，身逾逸而名逾劭。（《文选·陆机〈豪士赋序〉》）

【如】

"如"作假设连词，上古汉语已使用，但自上古至中古，单用"如"作假设连词的用例并不是很多。上古用例如：

（57）夫古今异俗，新故异备，如欲以宽缓之政，治急世之民，犹无辔策而御悍马，此不知之患也。（《韩非子·五蠹》）

（58）如耻之，莫若师文王。（《孟子·离娄上》）

中古汉语"如"作假设连词的用例如：

（59）如自知，虽逃富避贵，终不得离。（《论衡·命禄篇》）

（60）今乃释近而就远，如有一朝之急，遥望漠北之救，不亦难

乎！（《三国志·魏志·武帝纪》裴松之注引皇甫谧《逸士传》）

（61）如其忧危将及，非奔不免，则必逃死苟存，无希荣利矣，然则高位厚禄何为者哉？（《三国志·魏志·齐王芳纪》裴松之注）

（62）近侍先掌机衡者，皆谋猷所寄，且可任之，如有疑事，当时与论决。（《魏书·高祖纪下》）

（63）如故有违，绳之以法。（《南齐书·武帝纪》）

（64）若行遣水军，不足相抗；如有蹉跌，则彼气成而吾事败矣！（《宋书·武帝纪》）

自此后"如"作假设连词的用法一直沿用，但现代汉语只有书面语中才偶然使用单音节的连词"如"，口语中已很少使用"如"作假设连词了。

【如或】

复合的假设连词"如或"形成于魏晋南北朝时期，常用于简单的小句句首，但此时期用例不多，比如：

（65）为客设酒，无人传杯，杯自至前，如或不尽，杯不去也。（《搜神记》卷一）

（66）将军躬杀董卓，威震夷狄，端坐顾盼，远近自然畏服，不宜轻自出军；如或不捷，损名非小。（《三国志·魏志·吕布传附张邈》裴松之注引《英雄记》）

（67）纵有所获，犹不足以弱敌，而副国望也。如或邂逅，亏损非小。（《三国志·吴志·全琮传》）

（68）峤之所建，虽则乌茏，如或非妄，庶几可立。（《宋书·始兴王浚传》）

【脱】

"脱"是魏晋南北朝汉语新生的假设连词，柳士镇（1992：254）对此时期"脱"用作假设连词的用法进行了描写。徐朝红（2008：225～227）对此时期"脱"作假设连词的来源进行了详尽的探讨分析，指出

"脱"作假设连词的用法来源于它的副词用法，是意义较为虚化的词进一步语法化为纯粹起连接作用的语法功能词的结果。此时期用例如：

（69）其在外簇者，脱遇天寒，则全不作茧。（《齐民要术·种桑、柘》）

（70）脱有深赏君子者，览而揣之，傥或存焉。（《魏书·李谧传》）

（71）脱有先亡者，当于良辰美景，灵前饮宴。（《魏书·夏侯道迁传》）

（72）唯乞平心精检，若此言不虚，便宜肆诸市朝，以正风俗。脱其妄作，当赐思罔昧之由。（《宋书·王景文传》）

【如脱】

假设连词"如脱"是魏晋南北朝时期新生的复合连词，是由"如""脱"两个单音节的假设连词同义复合而成。由于"如""脱"在此时期都是使用频率较低的假设连词，因此复合的假设连词"如脱"自产生后也不常使用，用例极少。我们遍查了此时期中土各种文献及汉译本缘部佛经文献，只在《魏书》中找到了以下两个例子：

（73）若此行有果，则江右之地，斯为经略之基。如脱否也，非直后举难图，亦或居要生疾。（《魏书·南安王桢传》）

（74）如脱蒙允，求以旨判为始，其前来吏秩，悉年久不追。（《魏书·张普惠传》）

例（73）两个假设复句构成了对比，前面的假设复句使用的是单音节假设连词"若"，后面的假设复句使用的却是复合的假设连词"如脱"。例（74）中的"如脱"看作复合的假设连词也是完全符合句意的。

【如令】

"如令"作复合的假设连词，形成于中古汉语时期，东汉时期已见用例，但使用较少。比如：

（75）如令陇东不守，汧军败散，则二秦遂强，三辅危弱，国之右臂，于斯废矣。（《魏书·李苗传》）

（76）今府州郡县千有余狱，如令一狱岁枉一人，则一年之中，枉死千余矣。（《南齐书·孔稚珪传》）

（77）（释僧）含尝密谓峻曰："如令谶纬不虚者，京师寻有祸乱。"（《高僧传·释僧含》）

（78）如令甲勋少，乙功多，赏甲而舍乙，天下必有不劝矣；丙罪重，丁眚轻，罚丁而赦丙，天下必有不悛矣。（《南齐书·崔祖思传》）

以上例（75）～例（78）四例中的"如令"的凝固程度尚有一定差异，其中例（75）、例（76）两例中的"如令"虽然可以理解为复合的假设连词，但"令"还带有较弱的使令动词意义，而例（77）、例（78）两例中的"如令"凝固得要紧密些，"令"的动词意义已基本消失了。

【如其】

"如其"作复合的假设连词，产生于魏晋南北朝时期。比如：

（79）天下未宁，要须良臣以镇边境。如其无事，乃还鸣玉，未为后也。（《三国志·魏志·蒋济传》）

（80）若蒙所愿，愿赐一子，当以金银校饰天身，及以名香涂治神室。如其无验，当坏汝庙，屎涂汝身。（北魏慧觉等译《贤愚经·恒伽达品》）

（81）帝欲杀之，（东方）朔曰："杀朔若死，此为不验；如其有验，杀亦不死。"帝赦之。（《古小说钩沉·汉武故事》）

（82）若德允物望，夷貊犹可推心共处；如其失理乖道，金城汤池无所用也。（《南齐书·张敬儿传》）

（83）纵得广陵城，天子居深宫施号令，目明公为逆，何以避此？如其不胜，则应北走胡中，窃谓此非万全策也。（《南齐书·纪僧真传》）

（84）若毡多无人卧上者，预收柞柴、桑薪灰，入五月中，罗灰

遍着毡上，厚五寸许，卷束，于风凉之处阁置，虫亦不生。如其不尔，无不虫出。(《齐民要术·养羊》)

(85) 圣上明发爱恤，以道怀二州士民，若能审决安危，翻然革面，率其支党，归投军门者，当表言天台，随才叙用。如其迷心不悛，窜首巢穴，长围既周，临冲四至，虽欲壶浆厥篚，其可得乎。幸加三思，详择利害。(《宋书·索虏传》)

(86) 若被诛剪，自身当之。如其获全，则道有更振之期。(《高僧传·释僧周》)

【如使】

"如使"用作复合的假设连词，始于上古汉语，可译为现代汉语的假设连词"如果"，但在先秦至西汉时期用例都很少。比如：

(87) 如使予欲富，辞十万而受万，是为欲富乎？(《孟子·公孙丑下》)

(88) 如使人之所欲莫甚于生，则凡可以得生者，何不用也？(《孟子·告子上》)

(89) 马亲其正而爱其事，如使马能言，彼将必曰：乐哉！今日之驹也。(西汉《韩诗外传》卷二)

(90) 如使王者听其言，信其行，则唐虞之法，可得而观，颂声可得而听。(西汉《韩诗外传》卷五)

中古时期"如使"仍可继续用作复合的假设连词，但用例还是不多，比如：

(91)《书》曰"戎狄荒服"，言其来服，荒忽亡常。如使匈奴后嗣卒有鸟窜鼠伏，阙于朝享，不为畔臣。(《汉书·萧望之传》)

(92) 如使天命在三日之间，鲁平公比三日亦时弃臧仓之议，更用乐正子之言，往见孟子，孟子归之于天，何其早乎？如三日之间，公见孟子，孟子奈前言何乎？(《论衡·刺孟》)

（93）如使申生从子舆之言，必为太伯；卫伋听其弟之谋，无彰父之讥也。（《三国志·蜀志·刘封传》）

例（91）"如使匈奴后嗣卒有鸟窜鼠伏，阙于朝享，不为畔臣"，唐颜师古有这样的注释："'卒，终也'。师古曰：'本以客礼待之，若后不来，非叛臣。'"从颜师古对这个句子的串讲来看，将"如使"理解为一个复合的假设连词是完全符合句子原意的。例（92）中有两个假设复句，前一复句的假设连词用"如使"，后一复句的假设连词用"如"，可见"如使"在此也是复合的假设连词。例（93）中的"如使"同样也是复合的假设连词，因为此例中的"使"如果理解为使令动词，则句子意义迂曲难解，而将"如使"视为复合的假设连词，则文从字顺，毫无凝滞之感。

【若】

"若"作假设连词，上古汉语已常见，后一直沿用下来，现代汉语书面语中还经常使用。它可以用于表示假设前提的小句句首，也可以用于表示假设前提的小句主语之后，后面都必须有后续的表示结果的小句。上古汉语用例如：

（94）若敬行其礼，道之以文辞，以靖诸侯，兵可以弭。（《左传·襄公二十五年》）

（95）使以臣之言为可，则行而益利其道；若将弗行，则久留臣无为也。（《战国策·秦策三》）

（96）王若负人徒之众，仗兵甲之强，壹毁魏氏之威，而欲以力臣天下之主，臣恐有后患。（《战国策·秦策四》）

（97）夫天地之气，不失其序；若过其序，民乱之也。（《史记·周本纪》）

中古汉语"若"作假设连词仍极为常见，用法全同上古汉语，比如：

（98）若脉浮大者，气实血虚也。（东汉张机《伤寒论·辨脉法》）

（99）王寻立誓："若我至诚心无悔恨者，我今身体还复如故。"
作是语已，实时平复。（北魏慧觉等译《贤愚经·梵天请法六事品》）

（100）昔尸昆王仓库为火所烧，其中粳米燋然，至今犹在。若
服一粒，永无疟患。（《洛阳伽蓝记·城北·闻义里》）

（101）汝若为选官，当好料理此人。（《世说新语·德行》47）

（102）若水旱不调，宁燥不湿。（《齐民要术·耕田》）

（103）若得鲤鱼食之，其病即差，可以延寿。（《搜神记》卷
十一）

（104）晋军若不退者，便当遣铁骑长驱而进。（《宋书·武
帝纪》）

【若苟】

"若苟"用作复合的假设连词，是由作假设连词的"若"和"苟"
同义复合而成，上古汉语已见使用。比如：

（105）若苟上下不同义，赏誉不足以劝善，而刑罚不足以沮暴。
（《墨子·尚贤下》）

（106）若苟赏不当贤而罚不当暴，则是为贤者不劝而为暴者不
沮矣。（《墨子·尚贤上》）

（107）君若苟无四方之虞，则愿假宠以请于诸侯。（《左传·昭
公四年》）

中古时期"若苟"继续用作复合的假设连词。比如：

（108）若苟讳国恶，纤芥不贬，则董狐无贵于直笔，西汉贾谊
将受讥于过秦乎？（《抱朴子·外篇·吴失》）

（109）若苟行非礼，正可身死耳。（《魏书·列女传·泾州贞女
兕先氏》）

（110）然今我母怀妊，须待分身。若苟是女，入财不迟。（北魏
慧觉等译《贤愚经·长者无耳目舌品》）

（111）尔时大王告诸小王、太子、臣民："汝等若苟爱敬我者，慎勿伤害此婆罗门。"作此语已，共婆罗门入于后园。（北魏慧觉等译《贤愚经·月光王头施品》）

（112）若苟僭拟，干时而动，众之所弃，谁能兴之？（《三国志·魏志·张范传附弟承》）

【若或】

"若或"用作复合的假设连词，始于中古汉语时期，常直接用于谓词或谓词性短语前面，构成简单的四字小句，可译为现代汉语常用的假设连词"如果"。比如：

（113）凡作汤药，不可避晨夜，觉病须臾，即宜便治，不等早晚，则易愈矣。若或差迟，病即传变，虽欲除治，必难为力。（东汉张机《伤寒论·伤寒例》）

（114）时彼国法，若其命终，家无男儿，所有财物悉应入官。王遣大臣摄录其财，垂当入官。其女心念："我母怀妊，未知男女。若续是女，财应属官。若其是男，应为财主。"念已，往白王言："我父命终，以无男故，财应入王。然今我母怀妊，须待分身。若苟是女，入财不迟。若或是男，应为财主。"（北魏慧觉等译《贤愚经·长者无耳目舌品》）

（115）欲取饮者，皆洗心志，跪而挹之，则泉出如飞，多少足用。若或污漫，则泉止焉。（《搜神记》卷十三）

（116）若或成变，为难不测。因其狐疑，当令早决。（《三国志·魏志·赵俨传》）

（117）今渡江逆战，胜不可保，若或摧丧，则大事去矣。（《三国志·吴志·孙晧传》裴松之注引《襄阳记》）

（118）若或不然，即是圈中之物。（《魏书·崔浩传》）

（119）初，津为肆州，椿在京宅，每有四时嘉味，辄因使次附之，若或未寄，不先入口。（《魏书·杨播传》）

【若令】

"若令"用作复合的假设连词始于东汉,魏晋南北朝时期用例逐渐增多。比如:

(120) 夫小人愚不肖者,会聋暗不知道术,入凶门户,会当早居地下。若令不葬,久则为天地之害甚深,与之为治,则共乱天文地理。(《太平经·阳尊阴卑诀》)

(121) 若令我治能得差者,应先自治以除其患。(南朝齐求那毗地译《百喻经·治秃喻》)

(122) 若令满得四天下宝,劫尽之时理当消灭,复不得久。(北魏慧觉等译《贤愚经·波婆离品》)

(123) 臣隆得生到阙廷,受诛有司,此其大愿;若令没身寇手,以父母昆弟累陛下。(《后汉书·伏湛传附子隆》)

(124) 若令死者有知,汝何面目以行地下也。(《三国志·魏志·王凌传附令狐愚》裴松之注引《魏略》)

(125) 若令月中无物,当极明邪?(《世说新语·言语》2)

(126) 若令服食终日,则肉飞骨腾,导引改朔,则羽翮参差,则世间无不信道之民也。(《抱朴子·内篇·极言》)

【若使】

上古汉语"若使"已用作复合的假设连词,但用例极少。比如:

(127) 若使王伯之君诛暴而私之,则亦不可以为王伯矣!(《吕氏春秋·去私》)

(128) 若使古之王者毋知有死,自昔先君太公至今尚在,而君亦安得此国而哀之?(《晏子春秋·景公置酒泰山四望而泣晏子谏》)

(129) 若使君王弃其仪表,则无以临国。(西汉刘向《列女传·楚平伯嬴》)

魏晋南北朝时期"若使"用作复合的假设连词逐渐增多。比如:

（130）若使殷仲文读书半袁豹，才不减班固。（《世说新语·文学》99）

（131）若使中朝不乱，杨氏作公方未已。（《世说新语·赏誉》63）

（132）若使有人为出家者作诸留难，令不从志，其罪甚重。（北魏慧觉等译《贤愚经·出家功德尸利苾提品》）

（133）若使值见信之主，逢时来之运，岂其放情江海，取逸丘樊。（《宋书·隐逸传论》）

（134）若使士之易别，如鹤鹎之与鸿鹄，狐兔之与龙麟者，则四凶不得官于尧朝，管、蔡不得几危宗周，仲尼无澹台之失，延陵无捐金之恨，伊尹无七十之劳，项羽无嫌范之悔矣。（《抱朴子·外篇·行品》）

【脱或】

"脱或"用作复合的假设连词，形成于魏晋南北朝，也是不常用的假设连词，此时期文献中只有《魏书》中有 2 例。

（135）脱或必然，迁京甫尔，北人恋旧，南北纷扰，朕洛阳不立也。（《魏书·任城王云传》）

（136）若事不获已，应颁制诏，示其上下之仪，宰臣致书，讽以归顺之道。若听受忠诲，明我话言，则万乘之盛不失位于域中，天子之声必笼罩于无外。脱或未从，焉能损益？徐舞干戚以招之，敷文德而怀远。（《魏书·张衮传》）

假设连词"脱或"在唐代还可以见到用例。比如：

（137）脱或恒、冀连兵，事未如意，蔡州有衅，势可兴师，复以财力不赡而赦承宗，则恩威两废，不如早赐处分。（《全唐文·李绛〈论河北三镇及淮西事宜状〉》）

（138）某当效景纯散发衔剑之术，脱或为人窥，则福移祸至。（唐高彦休《唐阙史·薛氏子为左道所误》）

【脱若】

"脱若"和"脱或"一样,也是魏晋南北朝新生的复合假设连词,此时期文献中也只有《魏书》中能见到 3 个用例。

(139)汝等脱若万一蒙时主知遇,宜深慎言语,不可轻论人恶也。(《魏书·杨播传》)

(140)如其克也,得畅名绩,脱若不捷,命也在天。(《魏书·奚康生传》)

(141)汝等后世,脱若富贵于今日者,慎勿积金一斤,采帛百匹已上,用为富也。(《魏书·杨播传》)

同"脱或"一样,假设连词"脱若"在唐代还能见到少量用例。比如:

(142)脱若未到,见之宜传此意。(《全唐文·颜真卿〈与蔡明远帖二首〉》)

(143)傥若有利无害,承前久合行之;脱若诸道悉然,即是制度紊乱。(《全唐文·李绛〈论许遂振进奉请驿递送至上都状〉》)

假设连词"脱若"在宋代已不见使用。

【设】

假设连词"设"已见于上古汉语,但用例极少。比如:

(144)庄公死,子般弑,闵公弑,比三君死,旷年无君。设以齐取鲁,曾不兴师,徒以言而已矣。(《公羊传·闵公二年》)

(145)此特帝在,即录录,设百岁后,是属宁有可信者乎?(《史记·魏其武安侯列传》)

中古时期,"设"作假设连词用例渐多。比如:

（146）孔子，周之文人也，设生汉世，亦称汉之至德矣。（《论衡·须颂篇》）

（147）我设入水不能济者，一切闻知当见嗤笑。（吴支谦译《菩萨本缘经·鹿品》）

（148）设我不是应当呵责，云何乃出如是粗言。（吴支谦译《菩萨本缘经·一切持王子品》）

（149）设不犯恶，五戒十善，乃开化之。（西晋竺法护译《生经·佛说马喻经》）

（150）却后七日，与我相见。设不如是，吾当兴兵破汝国界。（北魏慧觉等译《贤愚经·大劫宾宁品》）

（151）设此六人生于上世，越古今而无俪，何但夔、牙同契哉！（《宋书·乐志一》）

（152）设有死罪而人能救之者，必不为之卑劳辱而惮卑辞也，必获生生之功也。（《抱朴子·内篇·勤求》）

（153）然前六饼，唐自捐弃，设知半饼能充足者，应先食之。（南朝齐求那毗地译《百喻经·欲食半饼喻》）

【设使₁】

复合连词"设使"表示假设关系的用法西汉时已见，用例很少。比如：

（154）设使食肉者一旦失计于庙堂之上，若臣等藿食者，宁得无肝胆涂地于中原之野与？其祸亦及臣之身。（西汉刘向《说苑·善说》）

中古时期，"设使"表示假设关系的用例逐渐增多，都是用于表示假设的前提的小句句首。比如：

（155）设使不闻是像经，其功德福为薄少。若有菩萨求众德，当讲奉行是三昧。（东汉支娄迦谶译《般舟三昧经·四事品》）

（156）设使恶寒者，必欲呕也；腹内痛者，必欲利也。（东汉张机《伤寒论·辨脉法》）

（157）王子菩萨常行布施，日日不绝。设使一日无人来乞，颜色憔悴心为愁戚，犹如初月烟雾所覆无有光明。（吴支谦译《菩萨本缘经·毗罗摩品》）

（158）设使我身在此命终，尸弃旷野，草木无异。（吴支谦译《菩萨本缘经·毗罗摩品》）

（159）设使亮保国祚，休不早死，则皓不得立。（《三国志·吴志·孙权传》裴松之注）

（160）设使遂其虐志，诸君欲安坐得乎！（《宋书·桂阳王休范传》）

【设令₁】

复合连词"设令"表示假设关系的用法在东汉时期才见使用，比复合连词"设使"表示假设关系的用法要晚一些，也是用于表示假设的前提的小句句首。比如：

（161）设令脉自和，处言汝病大重，当须服吐下药，针灸数十百处，乃愈。（东汉张机《伤寒论·平脉法》）

（162）设令贼二万人断沔水，三万人与沔南诸军相持，万人陆钞祖中，君将何以救之？（《三国志·魏志·齐王芳传》裴松之注引习凿齿《汉晋春秋》）

（163）设令有人问我，使自比古人，及同时令我自求辈，则我实不能自知，可与谁为匹也。（《抱朴子·自叙》）

（164）其母尝须野肉，令跋摩办之。跋摩启曰："有命之类莫不贪生，天彼之命非仁人矣。"母怒曰："设令得罪，吾当代汝。"（《高僧传·求那跋摩》）

（165）设令臣等数人纵横狼藉复如此，不审当复云何处之。（《宋书·庾登之传附弟炳之》）

（166）臣镇去沃野八百里，道多深沙，轻车来往，犹以为难，

设令载谷，不过二十石，每涉深沙，必致滞陷。（《魏书·刁雍传》）

【傥】

"傥"用作表示假设关系的连词产生于上古汉语末期，用例极少。比如：

（167）君乐治海上而六月不归，彼傥有治国者，君且安得乐此海也！（西汉刘向《说苑·正谏》）

（168）乳母傥言之，则可以得千金。（西汉刘向《列女传·魏节乳母》）

魏晋南北朝时期"傥"作假设连词的用例逐渐增多，可以用于表示假设前提的小句句首，也可以用于表示假设前提的小句主语后面。比如：

（169）但欲使孙左右持刀儿视之者，此可用尔，傥令张子布见此，大辱人也。（《抱朴子·外篇·弹祢》）

（170）傥有此，东西数百里，必有作逆者。（《搜神记》卷七）

（171）傥遭不世明达君子，安可不攀附景仰之乎？（《颜氏家训·慕贤》）

（172）法师傥能还俗，当以别驾相处。（《高僧传·释道温》）

（173）傥杀斯生王不获升天，吾等戮尸于市朝。（吴康僧会译《六度集经·明度无极章第六（八三）》）

（174）王闻此语而自念言："今弟共往险厄之中，傥能济要，胜于他人。"（北魏慧觉等译《贤愚经·善事太子入海品》）

（175）傥不如意，是为结怨失信也。（《三国志·魏志·蒋济传》裴松之注引司马彪《战略》）

（176）所牧何物？殆非真猪。傥遇风云，为我龙摅。（《世说新语·轻诋》15）

（177）傥能降明诏，笕枉道，使往王得洗谤议，拯冥魂，赐以

王礼反葬，则民之从义，犹若回风之卷草也。（《宋书·建平宣简王宏传》）

【傥或】

"傥或"在魏晋南北朝时期主要用作副词，但也产生了假设连词的用法，用例很少，只在此时期的史书中有少数例子。比如：

（178）臣之瞽言，傥或可采，比及三年，可以有成。（《魏书·李彪传》）

（179）傥或浅陋，不回睿赏，乞藏秘阁，以广异家。（《魏书·崔光传》）

（180）傥或有知，庶共歆响。（《魏书·夏侯道迁传》）

（181）人之将死，其言也善，傥或可采，瑜死不朽矣。（《三国志·吴志·周瑜传》裴松之注引《江表传》）

（182）冀幽诚丹款，傥或昭然，虽复身膏草土，九泉无恨。（《宋书·徐湛之传》）

【傥若】

假设连词"傥若"是由两个同义的单音节假设连词复合而成的，产生于魏晋南北朝时期，但使用极少。比如：

（183）傥若果归言，共陶暮暮时。（《文选·谢灵运〈酬从弟惠连〉》）

（184）傥若神而有灵，几悲伤而留顾。（《文苑英华·隋炀帝〈隋秦孝王诔〉》）

"傥若"在近代汉语前期使用逐渐增多，在宋以后逐渐减少，清代就见不到用例了。假设连词"傥若"在近代汉语中的用例如：

（185）我当度汝，令得出家。傥若获果，愿当相报。（唐义净译

《根本说一切有部毗奈耶出家事》卷二)

　　(186) 傥若今夜逢项羽，斩首将来献我王。(《敦煌变文集·汉将王陵变》)

　　(187) 傥若在后得高迁，唯赠百金相殡葬！(《敦煌变文集·伍子胥变文》)

　　(188) 傥若玉京朝会去，愿随鸾鹤入青冥。(《全唐诗·裴航〈赠樊夫人诗〉》)

　　(189) 读书与磨剑，旦夕但忘疲。傥若功名立，那愁变化迟。(《全唐诗·李中〈勉同志〉》)

　　(190) 顷刻之间，追汝诸人作证见也。且各请依实供通，切忌回避。傥若不实，丧汝性命。(《五灯会元·天童昙华禅师》)

　　(191) 我今稀年，又一老景侵寻，傥若朝廷容侍亲，则上章求归，父子相见，以尽余年。(明叶盛《水东日记》卷三)

　　(192) 如是存得一人性命，献出淫妇奸夫，吾无多求；傥若故伤羽翼，屈坏股肱，便当拔寨兴师，同心雪恨！(《水浒传》第六十二回)

【向使】

复合的假设连词"向使"也产生于魏晋南北朝时期，用法与复合假设连词"向令"相同，用例比"向令"略多些。比如：

　　(193) 向使三贤都不晓画，直运素业，岂见此耻乎？(《颜氏家训·杂艺》)

　　(194) 向使非汉武之世，则朱买臣、严助之属，亦未必读书也。(《抱朴子·外篇·审举》)

　　(195) 向使时无谷塘之祸，民无鼎湖之思；北可焚穹庐，收服匿削引弓之左衽，苑龙荒以牧马；南则巢龟鼋，暴鲸鲵，变水处之文身，化鸟言于人俗矣。(《魏书·匈奴刘聪传》)

　　(196) 绍军之败也。土崩奔走，徒众略尽，军将皆扶膝啼泣曰："向使田丰在此，不至于是。"(《后汉书·袁绍传》)

【向令】

复合的假设连词"向令"产生于魏晋南北朝时期，主要用于表示假设前提的小句句首，但此时期用例还很少。比如：

　　（197）向令田丰在此，不至于是也。（《三国志·魏志·袁绍传》）裴松之注引《先贤行状》）

　　（198）向令坟、典具存，行事详备，亦岂有异同之论哉？（《三国志·魏志·三少帝纪》裴松之注引《魏氏春秋》）

　　（199）向令贾后抚爱愍怀，岂当纵其妒悍，自毙其子。（《世说新语·惑溺》3 刘孝标注）

【忽】

"忽"在魏晋南北朝时期可以作表示假设关系的连词，最早由蒋礼鸿（1959/1997：397～403）发现并进行了解释。他在解释敦煌变文中"忽若、忽然、忽尔、忽而"等表示假设关系的连词时，对"忽"作假设连词的最早出现时代及来源进行了论述，认为"忽"作假设连词在中古时期已经产生，并举了魏晋南北朝时期的例子，比如：

　　（200）殷中军虽思虑通长，然于才性偏精。忽言及四本，便若汤池铁城，无可攻之势。（《世说新语·文学》34）

　　（201）杨颙，字子昭，杨仪宗人也。入蜀，为巴郡太守，丞相诸葛亮主簿。亮尝自校簿书，颙直入谏曰："为治有体，上下不可相侵，请为明公以作家譬之。今有人使奴执耕稼，婢典炊爨，鸡主司晨，犬主吠盗，牛负重载，马涉远路，私业无旷，所求皆足，雍容高枕，饮食而已。忽一旦尽欲以身亲其役，不复付任，劳其体力，为此碎务，形疲神困，终无一成。"（《三国志·蜀志·杨戏传》裴松之注引《襄阳记》）

　　（202）今若缓兵相守，彼将知人虚实，涪军忽并来力距我，人情既安，良将又集，此求战不获，军食无资，当为蜀子房耳。（《宋书·刘钟传》）

（203）（晋成）帝尝在后前，乃曰："阿舅何谓云人作贼，辄杀之？人忽言阿舅作贼，当复云何？"（宋人晁载之《续谈助》卷四载南朝梁殷芸《小说》）

但是，"忽"作表示假设关系的连词在魏晋南北朝时期还只有零星的用例，表明它并不是此时期常用的假设连词。

第四节　让步连词

让步连词是指用于连接表示让步关系意义的小句的连词。在话语交际中，有时说话人为了更好地表达自己的真实意图，常在先行的小句中特意提出某种既成事实或假设情况作为陪衬，然后在后续的小句中表达出与这种既成事实或假设情况相反的结果。因此，前一小句相对于后一小句来说是一种让步的说法，而用于连接前一小句的连词主要是为了突出显示这种让步的关系意义，这样的连词就是让步连词。表示让步关系意义的小句常和后续的表示结果的小句共同构成一个偏正复句，前者是偏句，后者是正句。后一小句也常用关联副词或连词与前一小句的让步连词搭配使用。紧接表示让步意义的后续小句有时和前一小句在意义上形成了鲜明的对立，后一小句表达的意义常是在前一小句意义上的明显转折，为了突出显示这种意义上的转折，说话人往往也会使用转折连词来连接后一小句，这样就构成了一个让步连词和转折连词搭配使用的复句。现代汉语中常用的让步连词有"虽然""即使"，而与"虽然"搭配使用的常是转折连词"但是"，与"即使"搭配使用的常是关联副词"也"。

汉语很早就开始使用让步连词了，上古汉语时期"虽""纵"这样的让步连词就已广泛使用。到了魏晋南北朝时期，汉语中让步连词的数量比上古汉语时期更多，使用也更为频繁。此时期用作连词只表让步关系的有"虽、虽复、虽使、虽则、虽然、便、就、就使、就令、正、正使、正令、正复、纵、纵令、纵使、纵复、设复"等，用作连词兼表让步关系和假设关系的有"假、假令、假使、设使、设令"等。

【虽】

让步连词"虽"上古汉语已常用，其位置可以在小句句首，也可以在小句的主语后面，后一小句表示的意义常与前一小句暗含的预期意义相反，因此常是表示反问或否定的小句，或是用转折连词连接的表示意义相反的小句，但后一小句使用关联副词或转折连词与让步连词"虽"相呼应的例子上古汉语中还不是很多。比如：

（1）今民各有心，而鬼神乏主；君虽独丰，其何福之有？（《左传·桓公六年》）

（2）夫虽无四方之忧，然谋臣与爪牙之士，不可不养而择也。（《国语·越语上》）

（3）我军虽烦扰，然虏亦不得犯我。（《史记·李将军列传》）

（4）夫秦常积众暴兵数十万人，虽有覆军杀将系虏单于之功，亦适足以结怨深仇，不足以偿天下之费。（《史记·平津侯主父列传》）

中古汉语时期"虽"仍然是常用的让步连词，且后一小句更多地使用关联副词或转折连词与"虽"搭配，这反映出汉语发展到中古时期，复句更倾向于用有标记作用的语法功能词来表示小句与小句间的语义关系，句法的严密性得以进一步增强。与让步连词"虽"搭配使用的后一小句的关联副词常用"亦""犹"，而与"虽"搭配使用的后一小句的转折连词常用"而""然""然而"。比如：

（5）我虽生处天上，亦常忧苦。（北魏吉迦夜共昙曜译《杂宝藏经·八天次第问法缘》）

（6）苟心所不信，虽令赤松、王乔言提其耳，亦当同以为妖讹。然时颇有识信者，复患于不能勤求明师。（《抱朴子·内篇·勤求》）

（7）形体虽死，精神犹存。（《颜氏家训·归心》）

（8）故里谚曰："得绥山一桃，虽不能仙，亦足以豪。"（《搜神

记》卷一）

（9）张天锡世雄凉州，以力弱诣京师，虽远方殊类，亦边人之桀也。（《世说新语·赏誉》152）

（10）王戎虽不备礼，而哀毁骨立。（《世说新语·德行》17）

（11）鸡栖，宜据地为笼，笼内着栈。虽鸣声不朗，而安稳易肥，又免狐狸之患。（《齐民要术·养鸡》）

（12）虽年谷亟登，而饥馑代有。（《南齐书·武帝纪》）

（13）虽连战克胜，然众寡不敌，高祖独深虑之。（《宋书·武帝纪上》）

（14）虽是圣人，然年老治事，转不及少壮时。（《抱朴子·内篇·祛惑》）

（15）夫天道虽无声无臭，然而应若影响，天人之验，理不可诬。（《宋书·五行志一》）

【虽然】

"虽然"是现代汉语常用的表示让步关系的复合连词，社科院编《古代汉语虚词词典》（1999：558）解释"虽然"分为"虽然₁"和"虽然₂"两个词条，将"虽然₂"看成复合的让步连词，解释为："复合虚词，受汉语词汇由单音节向双音节发展的影响，连词'虽'的后面缀以助词'然'，构成复合虚词。其意义与'虽'单用时相同。用例约始见于唐代，后一直沿用至今。"而据我们对魏晋南北朝汉语中的"虽然"用例的调查，表示让步关系的复合连词"虽然"并非始见于唐代，此时期实已产生，其用法和现代汉语的让步连词"虽然"已没有什么差异，只是用例尚不多见。比如：

（16）虽然贫苦孤微，然为儿童便好俎豆之事。（《抱朴子·内篇·祛惑》）

（17）芥末辛气，入估客鼻。虽然自持，不能禁制。（北魏吉迦夜共昙曜译《杂宝藏经·长者请舍利弗摩诃罗缘》）

（18）河北文士，率晓兵射，非直葛洪一箭，已解追兵，三九宴

集，常縻荣赐。虽然要轻禽，截狡兽，不愿汝辈为之。（《颜氏家训·杂艺》）①

（19）虽然仲儒私曾考验，但前却中柱，使入准常尺分之内，则相生之韵已自应合。（《魏书·乐志》）

从以上例（16）～例（19）各例可以看出，复合的让步连词"虽然"已散见于魏晋南北朝时期口语性程度不同的各类文献中，并开始跟表示转折关系的连词"然""但"等搭配使用，只是使用频率尚不及沿用自上古汉语的单音节同义连词"虽"。因此，可以肯定地说现代汉语的让步连词"虽然"实则是产生于中古汉语时期。

由于"虽然"作为复合的让步连词是此时期新生的，使用还不太普遍，因此，上古汉语由连词"虽"和代词"然"相邻出现的同形的"虽然"并没有完全退出使用，这样，新生的复合让步连词"虽然"和与之同形但实为两词的"虽然"就处于同时并存的状态，但两者的区别还是很明显的。比如：

（20）以此观之，慎勿以书自命。虽然，厮猥之人，以能书拔擢者多矣。故道不同不相为谋也。（《颜氏家训·杂艺》）

（21）今者土广民稀，中地未垦；虽然，犹当限以大家，勿令过制。（《后汉书·仲长统传》）

（22）早栽者，叶晚出。虽然，大率宁早为佳，不可晚也。（《齐民要术·栽树》）

徐朝红（2008：230～237）也曾指出中古汉译本缘部佛经中已见使用复合的让步连词"虽然"，并详细分析了它的产生过程及形成的原因、机制，但他对同期中土文献中使用的复合的让步连词"虽然"尚未给予足够关注。我们在此补充魏晋南北朝时期复合的让步连词"虽然"的用

---

① 此句王利器《颜氏家训集解》（1993：581）在"虽然"后加逗号点断，从上下文意来看，我们认为不好理解。如果将"虽然"理解为表示让步关系的复合连词，句意更为通畅，因此我们认为"虽然"后不宜点断。

例，可以为准确探讨现代汉语的让步连词"虽然"的产生时代提供更多的有力证据。

【虽复】

"虽复"用作复合的让步连词，产生于中古汉语时期。"复"失去了"再、又"的词义，演变成了一个能表明词性作用具有构词功能的词缀，附着在单音节的让步连词"虽"上面构成了同义的复合连词。复合的让步连词"虽复"常与表示转折关系的连词"然""而""但"等搭配使用。比如：

（23）佛告长者："宿命善行，乃得见佛。虽复尊豪，然不通道者，譬如狂华，落不成实。"（东汉昙果共康孟详译《中本起经·尼捷问疑品》）

（24）是时父王每诣佛所，见迦叶等千人形体至陋，每心不平："此等比丘虽复心精，无表容貌。"（东汉昙果共康孟详译《中本起经·还至父国品》）

（25）王丞相见卫洗马，曰："居然有羸形，虽复终日调畅，若不堪罗绮。"（《世说新语·容止》16）

（26）其胶势力，虽复相似，但驴、马皮薄毛多，胶少，倍费樵薪。（《齐民要术·煮胶》）

（27）主上虽复狂衅，虐加万民，而累世皇基，犹固盘石。（《南齐书·纪僧真传》）

（28）（陆）澄曰："仆年少来无事，唯以读书为业。且年已倍令君，令君少便鞅掌王务，虽复一览便谙，然见卷轴未必多仆。"（《南齐书·陆澄传》）

（29）汉氏载祀四百，比胙隆周，虽复四海横溃，而民系刘氏，慄慄黔首，未有迁奉之心。（《宋书·武帝纪下论》）

【虽使】

"虽使"作复合的让步连词，上古汉语已见使用。比如：

（30）今执厚葬久丧者之言曰："厚葬久丧，虽使不可以富贫、众寡、定危、治乱，然此圣王之道也。"（《墨子·节葬下》）

（31）虽使鬼神请亡，此犹可以合欢聚众，取亲于乡里。（《墨子·明鬼下》）

例（30）中的"虽使"可以译为现代汉语常用的让步连词"虽然"，后一小句用转折连词"然"与它搭配使用，构成了有明显标记词的让步转折复句。例（31）中的"虽使"可以译为现代汉语常用的让步连词"即使"。中古汉语时期，复合的让步连词"虽使"用例逐渐增多，连接的小句常常表示假设的事实，可以译为现代汉语的让步连词"即使"。比如：

（32）臣谨稽之天地，验之往古，案之当今之务，日夜念此至孰也，虽使禹舜复生，为陛下计，亡以易此。（《汉书·贾谊传》）

（33）方外内乡，百蛮宾服，殊俗慕义，八州怀德，虽使其怀挟邪意，犹不足忧，又况其无乎？（《汉书·外戚传下》）

（34）人不畏死，不可以惧罪。人不乐生，不可劝以善。虽使契布五教，皋陶作士，政不行焉。（《后汉书·荀淑传附子爽、孙悦》）

（35）斯贾谊所以见悲于上世也，虽使稷、契复存，犹不能行其志，而况下斯者乎？（袁宏《后汉纪·孝桓皇帝纪上》）

（36）虽使诸葛亮在，不能辅之久全，而况姜维邪？（《三国志·蜀志·后主传》裴松之注引《汉晋春秋》）

（37）小人不明理道，所见既浅，虽使竭情尽节，犹不足任。（《三国志·吴志·陆逊传附子抗》）

【虽则】

"虽则"也是上古汉语中已见使用的复合让步连词，但是用例极少。比如：

（38）出其东门，有女如云。虽则如云，匪我思存。（《诗经·郑风·出其东门》）

中古时期复合的让步连词"虽则"仍然继续使用，但用例还是不多。比如：

（39）虽则不宁，而时雨自降。由此言之，天之应人，敏于景响。（《后汉书·郎颛传》）

（40）融昔称幼学，早训家风，虽则不敏，率以成性。（《南齐书·张融传》）

（41）臣虽在外官，窃慕古人举善之议，愚意所及，不能自已，虽则越分，志在补益，愿不以言废人。（《魏书·律历志上》）

（42）三年之丧，虽则自古，然中代已后，未之能行。（《魏书·礼志三》）

【假₂】

"假"用作连词时，在魏晋南北朝时期还可以表示让步关系，这是此时期新生的用法。比如：

（43）若不作栅，假有千车茭，掷与十口羊，亦不得饱：群羊践蹋而已，不得一茎入口。（《齐民要术·养羊》）

（44）假萧衍军入应，水路不通，粮运不继，亦成擒耳，不能为害也。（《魏书·邢峦传》）

（45）公庭论议，常引纲纪，或有言事者，孝伯恣其所陈，假有是非，终不抑折。（《魏书·李孝伯传》）

（46）脱军克涪城，渊藻复何宜城中坐而受困？若其出斗，庸蜀之卒唯便刀槊，弓箭至少，假有遥射，弗至伤人，五可图也。（《魏书·邢峦传》）

（47）假有死罪，不立煞（杀）刑，唯徙空山，任其饮啄。（《洛阳伽蓝记·城北·闻义里》）

【假令₂】

复合连词"假令"是兼表假设和让步关系的多义连词，表示让步关系的用法产生于魏晋南北朝时期，相当于现代汉语中的让步连词"即使"。此时期用例如：

（48）崔离浮图南五十步有一石塔，其形正圆，高二丈，甚有神变，能与世人表吉凶，触之，若吉者，金铃鸣应；若凶者，假令人摇撼，亦不肯鸣。（《洛阳伽蓝记·城北·闻义里》）

（49）是以京师谣语云："狱中无系囚，舍内无青州，假令家道恶，腹中不怀愁。"（《洛阳伽蓝记·城东·庄严寺》）

（50）江南朝士，因晋中兴，南渡江，卒为羁旅，至今八九世，未有力田，悉资俸禄而食耳。假令有者，皆信僮仆为之，未尝目观起一垅土，耘一株苗；不知几月当下，几月当收，安识世间余务乎？（《颜氏家训·涉务》）

（51）夫拥数千乌合，抗天下之兵，倾覆之状，岂不易晓。假令六薮之人，犹当不为其事，况复足下少祖名教，疾没世无称者邪。（《宋书·殷琰传》）

（52）然则绝祀之罪，重莫甚焉。安得轻纵背礼之情，而肆其向法之意也？正使佛道，亦不应然；假令听然，犹须裁之以礼。（《魏书·李孝伯传》）

【假使₂】

复合连词"假使"和"假令"一样，也是兼表假设和让步关系的多义连词，表示让步关系的用法同样产生于魏晋南北朝，向熹（1993）已指出了复合连词"假使"在中古汉语时期有表示让步关系的用法，但六朝用例只举了《百喻经》中一例："汝大愚痴，无有智慧。此驴今者适可能破，假使百年，不能成一。"（《百喻经·雇倩瓦师喻》）复合连词"假使"的这种用法在此时期的汉译佛经中使用较多，而中土文献中使用较少。比如：

（53）假使有人起七宝塔，高至三十三天，所得功德不如出家。（北魏慧觉等译《贤愚经·出家功德尸利苾提品》）

（54）假使有人得百车珍宝，计其福利，不如请一净戒沙门就舍供养，得利弘多。（北魏慧觉等译《贤愚经·波婆离品》）

（55）得见日月，生活所作，父母之力。假使左肩担父，右肩担母，行至百年复种种供养，犹不能报父母之恩。（北魏吉迦夜共昙曜译《杂宝藏经·波罗奈国有一长者子共天神感王行孝缘》）

（56）时长者子白王言："王所约敕，假使是狗，犹尚不辞，何况王女，而不可也。"（北魏吉迦夜共昙曜译《杂宝藏经·波斯匿王丑女赖提缘》）

（57）汝今不应生怖畏心，我今入水犹如草木。假使身灭，要当相救。（吴支谦译《菩萨本缘经·兔品》）

（58）鹿王见已，即作是念："水急驶疾，假使大鱼亦不能度，我今身小力亦微末，竟知当能度是人不。宁令我身与彼俱死，实不忍见彼独受苦。"（吴支谦译《菩萨本缘经·兔品》）

（59）（谢）朓叹曰："假使班、马复生，无以过此。"（《南齐书·崔慰祖传》）

【设使₂】

复合连词"设使"也是兼表假设和让步关系的多义连词，表示让步关系的用法产生于魏晋南北朝时期，但用例极少，主要见于此时期史书文献中。比如：

（60）设使成帝复生，天下不可得，况诈子舆者乎！（《后汉书·王昌传》）

（61）家本贫馁，至于恶衣蔬食，设使盗跖居此，亦不能两展其足，妄意珍藏也。（《宋书·王微传》）

（62）计千家之资，不下五百耦牛，为车伍伯两。参合钩连，以卫其众，设使城不可固，平行趋险，贼所不能干。（《宋书·何承天传》）

（63）设使当时忽遽，不得携将，及其来后，家赀产业应见簿敛，尊卑口累亦当从法。（《魏书·源贺传》）

【设令₂】

复合连词"设令"同"设使"一样，也是兼表假设和让步关系的多义连词，表示让步关系的用法比"设使"产生得要早，东汉时期已可见到用例，在魏晋南北朝时期的用例也要多于表示让步关系的"设使"。比如：

（64）设令时命不成，死国埋名，犹可以不惭于先帝。（《汉书·翟方进传附子宣、子义》）

（65）设令无雨，蓬蒿箕亦良。（《齐民要术·种桑、柘》）

（66）设令此言出于旧史，犹将莫之或信，况底下之书乎！（《三国志·魏志·何晏传》裴松之注）

（67）若一旦迁动，便自瓦解土崩，江北亦岂可得至！设令得至，不过延日月耳。（《宋书·武帝纪上》）

（68）设令十人共一官，犹无官可授，况一人望一官，何由可不怨哉？（《魏书·崔亮传》）

（69）时乔陈如寻即说言："假使有人得百车珍宝，计其福利，不如请一净戒沙门就舍供养，得利弘多。"舍利弗言："设令有人得一阎浮提满中珍宝，犹不如请一净戒者就舍供养，获利弥多。"目犍连言："正使有人得二天下满中七宝，实不如请一清净沙门于舍供养，得利极多。"（北魏慧觉等译《贤愚经·波婆离品》）

【设复】

表示让步关系的复合连词"设复"产生于魏晋南北朝时期，"复"也是构成复合词的词缀，但用例极少，在此时期中土文献和汉译本缘部佛经文献中，我们只找到了如下3个用例：

（70）设复有人得十万车金，亦不如以一钵之食施持戒者，况复听法欢喜，经于时节。（北魏吉迦夜共昙曜译《杂宝藏经·大爱道施佛金缕织成衣并穿珠师缘》）

（71）佛即为说镇志过恶，愚疑烦恼，烧灭善根，增长众恶。后受果报，堕在地狱，备受苦痛，不可称计。设复得脱，或作龙蛇罗刹

鬼神，心常含毒，更相残害。（吴支谦译《撰集百缘经·须菩提恶性缘》）

（72）晦自知而纳善不周，设复功济三才，终亦以此为恨。（《宋书·谢弘微传》）

【正】

"正"用作表示让步关系的连词，是中古汉语新生的用法。柳士镇（1992）指出："'正'字东汉即已产生让步连词用法，此期常以'正复、正使'的形式出现，单用者较少。例如：非但能言人不可得，正索解人亦不可得！（《世说新语·文学》）"社科院编《古代汉语虚词词典》也解释了"正"用作让步连词的用法，引了三个中古汉语的例子，有两例出自《汉书》，有一例出自《世说新语》，与柳士镇（1992）引例相同。《汉书》中的两例是：（1）"且盐铁郡有余臧，正二国废，国家不足以为利害。"（《汉书·终军传》）（2）"貉人犯法，不从驹起，正有它心，宜令州郡且慰安之。"（《汉书·王莽传中》）董志翘、蔡镜浩（1994）也解释了中古汉语"正"用作让步连词的用法，举了两个用例，有一例出自《世说新语》，与柳士镇（1992）引例相同。还有一例是出自陶渊明诗歌："岂期过满腹，但愿饱粳粮。御冬足大布，粗以绤应阳。正尔不能得，哀哉亦可伤！"（晋陶渊明《杂诗》十二首之八）可见，"正"作让步连词的用法是中古时期新产生的，早已引起学者们的关注。但是中古新生的让步连词"正"在当时使用还不太多，因此用例极少。我们再补充3例：

（73）吏卒部民，堑道作坎，榜驱内于堑坎，把蝗积聚以千斛数。正攻蝗之身，蝗犹不止。况徒攻阴之类，雨安肯霁？（《论衡·变动篇》）

（74）盛夏之时，当风而立；隆冬之月，向日而坐。其夏欲得寒，而冬欲得温也，至诚极矣。欲之甚者，至或当风鼓箑，向日燃炉，而天终不为冬夏易气，寒暑有节，不为人变改也。夫正欲得之而犹不能致，况以刑赏喜怒而欲求寒温乎！（《论衡·变动篇》）

（75）正使之为旬月之斋，数日闲居，犹将不能，况乎内弃婉娈

之宠，外捐赫奕之尊，口断甘肴，心绝所欲，背荣华而独往，求神仙于幽漠，岂所堪哉？（《抱朴子·内篇·论仙》）

"正"作让步连词的用法并未延续到近代汉语时期，在唐代文献中已不见使用。

【正使】

"正使"是中古汉语新生的表示让步关系的复合连词，江蓝生（1988：268），柳士镇（1992：258），董志翘、蔡镜浩（1994：646）都描写了复合连词"正使"表示让步关系的用法，徐朝红（2008：215～220）也对让步连词"正使"的形成及发展演变进行了详尽的描写分析。我们再补充数例如下：

（76）正使是菩萨如恒中沙劫，布施求色，持戒忍辱精进求色，禅亦不入空。（东汉支谶译《道行般若经·本无品》）

（77）正使有神文言，天乃未深见其情实也。（《太平经·三光蚀诀》）

（78）室因人故，粟以屡庐易之，正使盗之所树筑，已不闻知。（《论衡·非韩篇》）

（79）正使其人未得道者，未来果报亦复无量。（北魏慧觉等译《贤愚经·金财因缘品》）

（80）佛见目连欲灭此灯，语目连曰："今此灯者，非汝声闻所能倾动。正使汝注四大海水，以用灌之，随岚风吹。亦不能灭。所以尔者，此是广济发大心人所施之物。"（北魏慧觉等译《贤愚经·贫女难陀品》）

（81）众佑又曰："群生处世，正使天帝仙圣巧黠之智，不睹斯经，不获四弃之定者，犹为愚蒙也。"（吴康僧会译《六度集经·禅度无极章（七四）》）

（82）正使佛道，亦不应然，假令听然，犹须裁之以礼。（《魏书·李孝伯传》）

可见在中古时期，复合的让步连词"正使"在中土各类文献及汉译佛经中都广泛使用，是比较常用的让步连词之一。

【正令】

"正令"也是中古汉语新生的表示让步关系的复合连词，但是用例极少。比如：

（83）我身会当弃捐。正令我为贼所杀。我不当有镇恚。（东汉支娄迦谶译《道行般若经·怛竭优婆夷品》）

（84）正令得满四天下宝，其利犹复不如请一清净沙门诣舍供养，得利殊倍。（北魏慧觉等译《贤愚经·波婆离品》）

（85）正令选官设作此举，于吾亦无剑戟之伤，所以勤勤畏人之多言也。（《宋书·王微传》）

【正复】

"正复"用作复合的让步连词产生于魏晋南北朝时期，是由单音节的让步连词"正"附加词缀"复"构成的。江蓝生（1988：268）在解释表示让步关系的连词"正"时，亦解释了复合的让步连词"正使""正复"，认为"正复"的"复"为语助，不为义，"正"义为"即使"，举了一个例子："贫人以少花投中便满，富人以多花供养，正复百千万斛，终亦不满。"（《水经注·河水二》）柳士镇（1992：261~262）也描写了复合的让步连词"正复"的用法，认为它是由"正"附加词缀"复"构成的复合连词，举了三例："正复不克捷，缓步西归，亦无所虑。"（《三国志·吴志·张昭传》裴松之注引《吴历》）"正复杀君等数百，何损于时！"（《世说新语·规箴》注引《晋阳秋》）"正复违诏济事，亦无嫌也。"（《宋书·沈庆之传》）董志翘、蔡镜浩（1994：646）也解释了复合的让步连词"正复"，"复"为语助，无义，"正复"亦"即使""纵使"义，并举了三例来说明："善属文，举笔便成，无所改定，时人常以为宿构，然正复精意覃思，亦不能加也。"（《三国志·魏志·王粲传》）"鉴乃大会僚佐，责纳曰：'吾蒙先帝厚顾，荷托付之重，正复捐躯九泉不足以报。'"（《晋书·郗鉴传》）"卿在左右久，偏解我意，正复违诏济事，亦无嫌也。"（《宋书·沈庆之传》）可见，"正复"是附加式复合词，在魏晋南北朝时期用作表示让步关系的连词，用例除了上述诸家已举过的外，其实已经不多见了，我们再补充 2 例如下：

（86）正复不老，皆使年壮，备有不虞，检校乘城，顾不足以自救，况皆复耄耋罢曳乎？（《三国志·魏志·陈思王植传》裴松之注引《魏略》）

（87）我任城可谓社稷臣也，寻其罪案，正复皋陶断狱，岂能过之？（《魏书·任城王云传》）

【纵】

"纵"用作让步连词，上古汉语已经常用。比如：

（88）生不能事，死又离之，以自旌也。纵子忍之，后必或耻之。（《左传·定公元年》）

（89）青青子衿，悠悠我心。纵我不往，子宁不嗣音？（《诗经·郑风·子衿》）

（90）纵韩为不能听我，韩必德王也，必不为雁行以来。（《战国策·韩策一》）

（91）且籍与江东子弟八千人渡江而西，今无一人还，纵江东父兄怜而王我，我何面目见之？（《史记·项羽本纪》）

中古时期让步连词"纵"仍然继续使用。比如：

（92）今高帝崩，太后女主，欲王吕氏，诸君纵欲阿意背约，何面目见高帝于地下乎！（《汉书·王陵传》）

（93）纵未熟，且与一杯，得否？（《搜神记》卷十九）

（94）夫明六经之指，涉百家之书，纵不能增益德行，敦厉风俗，犹为一艺，得以自资。（《颜氏家训·勉学》）

（95）又我和上神通玄鉴，我纵妄语，亦自知之。（北魏慧觉等

译《贤愚经·出家功德尸利苾提品》）

（96）纵得广陵城，天子居深宫施号令，目明公为逆，何以避此？（《南齐书·纪僧真传》）

【纵复】

"纵复"用作复合的让步连词，产生于魏晋南北朝时期，也是由单音节的让步连词"纵"附加词缀"复"构成的复合连词。此时期用例如：

（97）铜价至贱五十有余，其中人功、食料、锡炭、铅沙，纵复私营，不能自润。（《魏书·高崇传》）

（98）臣松之以为蔡邕虽为卓所亲任，情必不党。宁不知卓之奸凶，为天下所毒，闻其死亡，理无叹惜。纵复令然，不应反言于王允之坐。斯殆谢承之妄记也。（《三国志·魏志·董卓传》裴松之注）

（99）渊源思致渊富，既未易为敌，且己所不解，上人未必能通。纵复服从，亦名不益高。（《世说新语·文学》43刘孝标注）

（100）夫行陈之义，取于陈列耳，此六书为假借也，苍、雅及近世字书，皆无别字；唯王羲之《小学章》，独阜傍作车，纵复俗行，不宜追改《六韬》《论语》《左传》也。（《颜氏家训·书证》）

【纵使】

"纵使"是魏晋南北朝时期新生的表示让步关系的复合连词，用例尚不是很多。比如：

（101）考之内教，纵使得仙，终当有死，不能出世，不愿汝曹专精于此。（《颜氏家训·养生》）

（102）纵使相如天才鄙拙，强为此语，则下句当云"麟双觡共抵之兽"，不得云牺也。（《颜氏家训·书证》）

（103）纵使失诸比丘衣物，我饶财宝，足有可偿。（北魏吉迦夜共昙曜译《杂宝藏经·佛弟难陀为佛所逼出家得道缘》）

（104）主上幼年微过易改，伊、霍之事，非季代所行，纵使功

成，亦终无全地。(《南齐书·褚渊传》)

(105) 纵使二三子多逞苏、张诡靡之说，奉进雟兜滔天之辞，欲以诬毁唐帝，讽解禹、稷，所谓徒丧文藻烦劳翰墨者矣。(《三国志·蜀志·诸葛亮传》裴松之注引《诸葛亮集》)

(106) 纵使裕得关中，县远难守，彼不能守，终为我物。(《魏书·崔浩传》)

【纵令】

"纵令"也是魏晋南北朝新生的复合让步连词，用例较少。比如：

(107) 纵令胡国信多恶逆，以暴易暴，又非权通之旨也。(《弘明集》卷一)

(108) 纵令校事有益于国，以礼义言之，尚伤大臣之心，况奸回暴露，而复不罢，是衮阙不补，迷而不返也。(《三国志·魏志·程昱传附孙晓》)

(109) 纵令陛下一身得安，百姓愁劳，何以用治？(《三国志·吴志·陆凯传附弟胤》)

(110) 休宾纵令不畏攻围，岂不怜其妻子也！(《魏书·刘休宾传》)

(111) 纵令谋杀之与强盗，俱得为例，而似从轻。其义安在？(《魏书·刑罚志》)

(112) 斯那复言："若遣老人，乘于瘦马，复无粮食，为可达不？"王言："纵令贵粮，由恐不达，况无粮也？"(北魏吉迦夜共昙曜译《杂宝藏经·难陀王与那伽斯那共论缘》)

【就】

"就"用作表示让步关系的连词，是中古汉语新生的用法。柳士镇(1992：255)指出"就"字从东汉开始产生让步连词的用法，魏晋南北朝时期运用普遍。但并没有举东汉时期"就"用作让步连词的用例。据我们考察东汉时期的文献，"就"确有用为让步连词的用例，但数量极少。比如：

（113）僬侥桂荜，产于异俗，就有仙人，亦殊类矣。（东汉荀悦《申鉴·俗嫌》）

（114）远荐功曹，策名委质，就有不合，当徐告退。（东汉应劭《风俗通义·过誉》）

（115）杜密婆娑府县，干与王政，就若所云，犹有公私。（东汉应劭《风俗通义·十反》）

魏晋南北朝时期让步连词"就"的用例略有增加，但是运用并不普遍，此时期口语性较强的文献如《世说新语》《齐民要术》《颜氏家训》及汉译佛经中都不见用例，只有此时期的史书中有少量用例，比如柳士镇（1992）曾举《三国志》5例、《魏书》1例、《后汉书》1例。除此之外，我们能找到的此时期让步连词"就"的例子还有：

（116）就如议者，静所言是祭社位向仍汉旧法，汉又袭周成规，因而不改者，则社稷三座，并应南向，今何改帝社南向，泰社及稷并东向邪？（《南齐书·礼志上》）

（117）就如始说，冬至日度在斗二十二，则火星之中，当在大暑之前，岂邻建申之限。（《宋书·历志下》）

（118）就使当今沙砾化为南金，瓦石变为和玉，使百姓渴无所饮，饥无所食，虽皇羲之纯德，唐虞之文明，犹不能以保萧墙之内也。（《后汉书·刘陶传》）

例（118）中的两个"使"都是使令动词，表示让步关系的连词是"就"，而不是"就使"。总的说来，"就"的让步连词用法在此时期使用仍然不多，"就"主要用作动词和副词。

【就使】

柳士镇（1992）说"就使"是魏晋南北朝时期新生的复合连词，是新旧连词的同义复用，举的例子是："就使能来，待其劳倦，……胜必可克。"(《魏书·崔浩传》)但据我们的考察,"就使"作复合的让步连词实际上在东汉时期已经使用,只是在整个中古时期它都不是一个常用的连词,魏晋南北朝时期也只有少量用例。比如:

(119)又伥年且九十,足以惛愦,义当自引,以避贤路,就使有枉,欣以俟命耳,何能乃发忿,欲自提理。(东汉应劭《风俗通义·十反》)

(120)和既正位,适庶分定,就使才德不殊,犹将义不党庶,况霸实无闻,而和为令嗣乎?(《三国志·吴志·孙和传》裴松之注)

(121)至于官长以上,荷蒙禄荣,付以局任,当正己明宪,检下防非,而亲犯科律,乱法冒利,五匹乃已为弘矣,士人无私相偷四十匹理,就使至此,致以明罚,固其宜耳,并何容复加哀矜?(《宋书·王弘传》)

(122)裴頠又云:"汉氏作四维之个,不能令各处其辰,就使其像可图,莫能通其居用之礼,此为设虚器也。"(《魏书·袁翻传》)

(123)就使能来,若不先灭蠕蠕,便是坐待寇至,腹背受敌,非上策也。(《魏书·蠕蠕传》)

【就令】

"就令"作复合的让步连词,柳士镇(1992)曾指出它产生于魏晋南北朝时期,并举了一个例子:"就令知之,亦无一信者。"(《抱朴子·黄白》)据我们考察文献,"就令"的确比复合的让步连词"就使"出现得要晚,魏晋南北朝汉语中才见到少量用例,也是此时期不常使用的一个复合连词。比如:

(124)就令足下处偏平之地,依德义之主,居有泰山之固,身为乔松之偶,以义言之,犹宜背彼向此,舍民趣父也。(《三国志·魏志·董昭传》)

(125)就令羽请杀超,超不应闻,但见二子立直,何由便知

以呼字之故，云几为关、张所杀乎？（《三国志·蜀志·马超传》裴松之注）

（126）有积金盈柜，聚钱如山者，复不知有此不死之法。就令闻之，亦万无一信。（《抱朴子·内篇·金丹》）

（127）就令必宜废祭，则应三年永阙。（《南齐书·礼志上》）

（128）今群儒纷纠，互相掎摭，就令其像可得而图，其所以居用之礼，莫能通也，为设虚器耳。（《魏书·李谧传》）

（129）此儿前后欲有所作，要令成办，未曾中退。就令入海，犹望还期。（北魏慧觉等译《贤愚经·大施抒海品》）

【便】

"便"字是魏晋南北朝时期新生的让步连词，柳士镇（1992：255）曾指出"便"的这一用法，举了两个例子："便如此，不当匆匆邪？"（《魏书·萧昭业传》）"求乞小弟一命，便死不朽也。"（《魏书·杨昱传》但"便"作让步连词在此时期用例并不多见，除了这两例外，我们在此时期文献中只找到了一个例子：

（130）穆之乃曰："便纵笔为大字，一字径尺，无嫌。大既足有所包，且其势亦美。"（《宋书·刘穆之传》）

因此，"便"作让步连词其实是此时期连词范畴中使用极少的边缘成员。

第五节　条件连词

复句的前后两个小句从逻辑关系上看有时是条件和结果的关系，这种关系常常不需要连词加以标记显示，可以通过上下文语境得以体现，这在古代汉语和现代汉语中均如此。因此，表示条件关系的连词在汉语史各个发展阶段的连词范畴里总是数量较少的次类。但是当汉语发展到中古时期，汉语的句法开始趋向于严密化，各种体现语法单位间逻辑语义关系的显性连接手段开始充分运用,有时为了鲜明直观地体现小句与小句间存在的条件和结果的关系,人们开始在表示条件的小句前面使用具有连接作用的语法功能词,这样的语法功能词就是表示条件关系的连词。魏晋南北朝汉语中的条件连词数量不多,发展还不是很成熟,主要有只表条件关系的复合连词"但使""但令"和兼表条件、转折关系的单音节连词"但"等。

【但₂】

中古时期"但"用作连词,可以表示转折关系,也可以表示条件关系。表示转折关系的"但"用于复句的后一小句,而表示条件关系的"但"是用于复句的前一小句。据考察文献中"但"的用例,连词"但"表示条件关系的用法始于东汉,用例极少,至魏晋南北朝时期用例才逐渐增多。比如:

(1) 子但急传吾书道,使天下人得行之,俱思其身定精,念合于大道,且自知过失所从来也,即承负之责除矣。(《太平经·努力为善法》)

(2) 但心意欲内怀以刑,治其士众,辄日为其衰少也。(《太平经·案书明刑德法》)

(3) 但候曲香沫起,便下酿。(《齐民要术·造神曲并酒》)

(4) 今世士大夫,但不读书,即称武夫儿,乃饭囊酒瓮也。(《颜氏家训·诫兵》)

(5) 王闻欢喜答言:"但令前人得善福者,甘心受苦,不以为恨。"(北魏慧觉等译《贤愚经·降六师品》)

(6)(穆寿)谓其子师曰:"但令吾儿及我,亦足胜人,不须苦教之。"(《魏书·穆崇传》)

(7) 但令一人擎钵舫前一人正拖,自安隐至也。期如所教,果获全济。(《高僧传·杯度》)

(8) 汝若有疑,可与王俭诸人量衷,但令人臣之仪无失便行也。(《南齐书·豫章文献王传》)

以上例（5）～例（8）各例中的条件连词"但"后都紧接着一个"令"字，从句意来看，"令"是一个表示使令意义的动词，并未和"但"融合成为复合的条件连词。

【但令】

表示条件关系的复合连词"但令"产生于魏晋南北朝时期，用例很少。比如：

（9）主曰："妇人何能？"永曰："能织。"主曰："必尔者，但令君妇为我织缣百足。"（《搜神记》卷一）

（10）吴北寺终祚道人卧斋中，鼠从坎出，言终祚后数日必当死。终祚呼奴令买犬，鼠云："亦不畏此也。但令犬入此户，必死。"（《古小说钩沉·幽明录》）

（11）若无君子也，但令有光国之誉，虽复非理见罪，亦复何嫌。（《魏书·成淹传》）

（12）超将公孙五楼劝超拒之于大岘，超曰："但令度岘，我以铁骑践之，此成擒也。"（《魏书·铁弗刘虎传》）

【但使】

"但使"也是魏晋南北朝时期新产生的复合条件连词，此时期用例也不多。比如：

（13）自古执笔为文者，何可胜言。然至于宏丽精华，不过数十篇耳。但使不失体裁，辞意可观，便称才士；要须动俗盖世，亦俟河之清乎！（《颜氏家训·文章》）

（14）假令不能决意，信命之可延，仙之可得，亦何惜于试之。试之小效，但使得二三百岁，不犹愈于凡人之少夭乎？（《抱朴子·内篇·金丹》）

（15）婆罗门闻，欢喜无量，而作是言："但使有儿，学道何苦。"时因请佛及比丘僧明日舍食。（北魏慧觉等译《贤愚经·师质子摩头罗世质品》）

（16）夫人闻已而作是言："但使王身平安无患，妾之贱身岂足道耶？"（北魏吉迦夜共昙曜译《杂宝藏经·迦栴延为恶生王解八梦缘》）

（17）今但使募制明信，满复有期，民无径路，则坊可立表而盈矣。（《南齐书·虞玩之传》）

第五章　魏晋南北朝汉语新生连词的个案研究

第一节　魏晋南北朝汉语新生连词概况

魏晋南北朝汉语是中古汉语的主体部分，此时期使用的连词基本能够反映中古汉语的连词面貌。我们在上文中根据适度从严的确定连词的原则，通过广泛考察既定的各种文献，确定此时期使用的连词为104个，其中单义连词为91个，多义连词为13个。从产生的时代来看，这些连词有的在上古汉语时期已经产生，并在中古时期继续沿用，用法基本上没有什么变化；有的是中古时期新产生的；还有个别连词在上古汉语时期已经产生，同样沿用至中古汉语，但在中古时期又增加了新的连词用法，由单义连词发展成为多义连词。其中，中古汉语时期新生的单义连词有：并、将、共、逮、而且、于此、非唯、岂况、加、加以、加复、况复、非但、非直、不但、或、缘、因而、因尔、由、由于、由是、坐、因此、要、假如、如或、若令、若或、脱、如脱、如令、如其、脱或、脱若、忽、傥或、傥若、向令、向使、虽复、正、正使、正令、就、就使、虽然、设复、正复、纵复、纵使、纵令、就令、便、但令、但使，共56个。新生的多义连词有"但""设令"2个。沿用自上古汉语的单义连词新增义项成为多义连词的有"为""假""假令""假使""设使"5个。如果将新生的连词和此时期使用的连词总数进行对比的话，那么新生的58个连词占此时期连词总数的55.8%；如果以义项为单位来计算的话，则新生的连词的义项（65个）共占此时期使用的连词总的义项数目（119个）的54.6%。可见，中古汉语时期的连词相对于上古汉语时期来说变化是巨大的，新产生的连词和沿用的连词大体上为一比一。中古时期新生的连词现代汉语仍在使用的有：并、而且、加以、非但、不但、或、因而、由于、因此、假如、如其、就、就使、虽然、纵使、纵令、就令、便，共 18 个①，占中古新生连词的 31%。

而在中古汉语新生的连词中，产生于魏晋南北朝时期的连词又占了绝大多数。据我们前面第三、第四两章的考察分析，中古新生的单义连词在东汉时期已经产生的有：而且、非唯、岂况、加以、或、缘、因而、因尔、由是、假如、如或、若令、忽、如令、若或、虽复、正、正使、正令、就、就使，共占此时期新生的单义连词的 37.5%，其余的中古新生单义连词都是魏晋南北朝时期才产生的，共占中古新生的单义连词的 62.5%。此外，还有一些连词在魏晋南北朝时期增加了新的用法，如"为、但、假令、假使、设使、设令、假"等，由原来的单义连词演变成了多义连词。

第二节　魏晋南北朝汉语新生连词的来源途径

魏晋南北朝汉语新生的单义连词有 35 个，占此时期使用的连词总数的 33.7%，还有 5 个沿用自上古汉语的连词增加了新的用法，2 个东汉时期产生的连词也增加了新的用法，都由原来的单义连词变成了多义连词。如果以新生的连词义项数与此时期使用的连词义项数比较，此时期新生的连词义项数（42 个）也占到了使用的连词义项数（119 个）的 35.3%。此时期新生的连词在现代汉语仍然使用的有：并、非但、不但、由于、因此、如其、虽然、纵使、纵令、就令、便，共有 11 个，占魏晋南北朝汉语新生单义连词的 31.4%。也就是说，魏晋南北朝汉语新生的连词中约有 1/3 的连词一直沿用至现代汉语，有些还是现代汉语连词范畴中的中心成员，使用频率极高，如"不但、由于、因此、虽然"就是极为常用的现代汉语连词。这些新生连词从来源途径上来看主要有：（1）由属于其

---

① 我们把这 18 个连词定为现代汉语仍然还在使用的连词，是用中古汉语新生的连词跟侯学超编的《现代汉语虚词词典》和张斌主编的《现代汉语虚词词典》综合对比得出的结果。

他词类的单音节词语法化为单音节连词。（2）由两个同属相同次类的连词复合形成新的同义连词，这是在汉语词汇复音化趋势的推动下，运用同义复用的方法构成的新的复合连词。比如假设连词次类中新生的"假如、如脱、脱若、傥若"等就是由两个单音节的假设连词经同义复合而构成的。（3）由短语词汇化为复合词后，又因为受使用环境及构词语素的双重影响形成新的复合连词。这些新生的连词原来基本上都是介宾短语，比如此时期新生的复合连词"于此""因此"就是由介宾短语演变成复合连词的。（4）两个不具有直接组合关系的词因经常相邻同现而逐渐凝固，并融合成复合连词。由此途径产生的绝大部分复合连词，它们的构词语素中常有一个在单用时就是连词，比如此时期新生的假设连词"如其""虽然""加以"。（5）语言使用者受创新动机的驱使，以类推的方式替换已有复合连词中的某一语素，从而形成同义的新的复合连词。比如此时期新产生的递进连词"岂况"，就是以类推的方式对已有的常用复合连词"何况"加以改造而形成的。新生的连词保留了作为类推的参照对象的核心语素"况"，而以同义的表示反问的副词"岂"置换了"何"，这样就形成了"岂况"与"何况"在此时期并行使用的格局。（6）由单音节的连词附加已定型的连词词缀"复"构成同义的复合连词。比如此时期新生的复合连词"设复""正复""纵复"等就是以此种方式构成的。

第三节 魏晋南北朝汉语新生连词例析

由前文的分析论述可知，魏晋南北朝时期新生的连词数量还是比较多的，来源途径也很复杂，并不能用"语法化""短语凝固"①"同义复合"等方式囊括无遗地加以解释。如果从历时发展的角度来看此时期某些新生的复合连词，我们就会发现，它们并非完全如人们想的那样是由两个同义的单音节连词复合而成。下面我们将以此时期新生的连词"如或、傥或、忽、如令、将、于此、但、虽复"等为例，重点分析这些连

---

① 有的学者称为"词组凝定"（柳士镇，1992：258），这里我们采用结构主义句法分析中常用的术语"短语"来代替"词组"这个语法单位名称。

词的产生及演变过程，并试图找到此时期新生连词产生及演变的某些规律。

【如或】

复合的假设连词"如或"产生于魏晋南北朝时期，前面第四章第二节中我们对此连词已有所阐述。关于"如或"用作复合的假设连词，学界早已论及。向熹（1993：306）明确指出"如或"用作复合的假设连词，产生于六朝，相当于"假如""如果"，并举六朝文献中一例为证："唯仲秋西郊，顺时讲武，杀禽助祭，以敦孝敬，如或违此，则为肆纵。"（《后汉书·陈藩传》）但他并未解释"如或"用作复合的假设连词的来源。社科院编《古代汉语虚词词典》（1999：464）收录了"如或"，解释为："复合虚词，由连词'如'和'或'构成。'如'和'或'都可表示假设，二者连用为词，与单用时义同。"然后又进一步解释说："连词，用于复句的前一分句，表示假设的情况或条件，以引起下文的论述。可译为'如果'、'假如'等。"举的例证最早的是："居则曰：'不吾知也！'如或知尔，则何以哉？"（《论语·先进》）由此可见，该词典的编者认为"如或"用作复合的假设连词产生于上古汉语时期，是由两个单音节的假设连词"如""或"同义复合而构成的。徐朝红（2008）也探讨了假设连词"如或"的产生和发展，认为"如或"是由新旧连词同义复合而成的中古新生双音节假设连词。本书中我们赞同向熹（1993）提出的复合的假设连词"如或"产生于六朝时期的观点，而事实上社科院《古代汉语虚词词典》只举出了《论语》中一例来证明复合的假设连词"如或"产生于上古汉语时期，其实这一例中的"如或"还不是一个复合词，向熹（1993）曾在论述"如或"用作复合的假设连词时加了一个脚注："《论语·先进》：'如或知尔，则何以哉？'这里的'如或'是'如果有人'，不是假设连词。"此脚注的例子和社科院《古代汉语虚词词典》举的例子是一致的，我们认为前者的解释更准确。

关于复合的假设连词"如或"的来源，目前学界还只有同义复合这样一种解释。我们对这样的解释存在如下疑问：（1）"或"在上古汉语时期主要作代词，稍后又产生了副词的用法，而用作假设连词是极少见的。到中古时期，"或"除继续作代词、副词外，又新生出选择连词的用法，也基本上未见"或"单独作假设连词的用例，这样的同义复合是否可能发生？（2）魏晋南北朝时期由同义复合构成的复合词，其构成语素的位置有很多都是不确定的，同一个单音节词在与别的单音节同义词构成同义复合词时，有时是前一语素，有时是后一语素，比如此时期新生的单音节假设连词"脱"与别的单音节假设连词通过同义复合的途径构成复合词时，语素"脱"的位置就是可前可后的，既有复合的假设连词"如脱"，也有复合的假设连词"脱若"。此时期有语素"或"参与构成的复合假设连词，除"如或"外，还有"若或"与"脱或"，但据我们考察中古时期的文献，并未发现有"或如""或若""或脱"作复合假设连词的用例，可见这三个复合的假设连词中语素"或"的位置都是固定的。为何此三个复合假设连词都没有同素异序的复合词形式呢？因此，我们在质疑的同时，重新考察了复合的假设连词"如或"的来源，发现它并不是由同义复合的途径产生的，而是由两个并不具有直接组合关系的相邻同现的词在句法环境的作用下逐渐凝固，并最终融合成一个复合词的。这是一个较长时期的变化过程。上古汉语时期，"如"和"或"已有相邻同现的用例，当然这只是语言使用者根据语法规则对两个独立的词的自由运用。比如：

（1）卜筮视日、斋戒、修涂、几筵、馈荐、告祝，如或飨之。物取而皆祭之，如或尝之。毋利举爵，主人有尊，如或觞之。宾出，主人拜送，反易服，即位而哭，如或去之。哀夫！敬夫！事死如事生，事亡如事存，状乎无形影，然而成文。（《荀子·礼论》）

（2）国于是乎蒸尝，家于是乎尝祀，百姓夫妇择其令辰，奉其牺牲，敬其粢盛，洁其粪除，慎其采服，禋其酒醴，帅其子姓，从其时享，虔其宗祝，道其顺辞，以昭祀其先祖，肃肃济济，如或临之。（《国语·楚语下》）

（3）三年之丧，如或遗之酒肉，则受之必三辞。主人衰绖而受之。如君命，则不敢辞，受而荐之。（《礼记·杂记下》）

（4）子曰："以吾一日长乎尔，毋吾以也！居则曰：'不吾知也！'如或知尔，则何以哉？"（《论语·先进》）

以上四例中，"如"有两种用法，例（1）、例（2）中的"如"是动词，表示比况譬喻的意义，相当于现代汉语中的"好像"；例（3）、例（4）中的"如"是假设连词，可译为"如果"。但四例中的"或"都是表无确定指称对象的代词，可译为"有人"。此时假设连词"如"和无定指代词"或"相邻同现只是语言使用中根据表达意义的需要随意而自由地运用，但假设连词"如"一般是用于小句句首，而作小句主语的"或"则位于连词之后。我们在上古汉语里同时还见到假设连词"若"与代词"或"相邻同现的两个用例：

（5）令各执罚尽杀，有司见有罪而不诛，同罚，若或逃之，亦杀。（《墨子·号令》）

（6）乃命有司趣民，收敛畜采，多积聚，劝种宿麦。若或失时，行罪无疑。（《淮南子·时则训》）

以上例（5）、例（6）两例中的"若或"，我们认为尚不能看成一个复合词，因为"或"在句子中还具有明显的指代性，将"或"当成上古时期常用的无定指代词更符合句意。因此，此两例中的"若"和"或"只是相邻同现的两个彼此独立并不具有直接组合关系的词。

东汉时期，"如""或"相邻同现的用例也不多见，只有《汉书》和《论衡》中有少量例子。比如：

（7）月令祭户以春，祭门以秋，各宜其时。如或祭门以秋，谓之祭户，论者肯然之乎？（《论衡·祭意篇》）

（8）恒女之手，纺绩织经；如或奇能，织锦刺绣，名曰卓殊，不复与恒女科矣。（《论衡·量知篇》）

（9）谗邪之所以并进者，由上多疑心，既已用贤人而行善政，如或谮之，则贤人退而善政还。（《汉书·刘向传》）

（10）凡典枢机十余年，守法度，修故事。上有所问，据经法以心所安而对，不希指苟合；如或不从，不敢强谏争，以是久而安。（《汉书·孔光传》）

以上例（7）～例（10）各例中的"如"仍是假设连词，"或"仍可理解为无定指代词。但是例（7）中的"或"的指代性比例（8）中的"或"要弱一些，例（10）中的"或"的指代性比例（9）中的"或"也要弱一些。因此，表示假设前提的小句的主语如果是无定代词"或"，由于它作代词本身具有无定指的特性，而有时又运用于指代对象极不明确的语境中，这样在理解时它的指代性就极容易被听话者忽视，它作为独立的词的地位就开始动摇了。比如例（7）和例（10）中的"或"的指代性就已经有弱化的倾向了。在复合词迅速产生的魏晋南北朝时期，听话者就极有可能将这种失去了明显指代性的"或"和单音节假设连词"如"结合成语流中的一个音步，并进而将"如或"当成一个整体的语法功能词加以理解，导致了"如/或→如或"这样的重新分析（reanalysis）。由于这样的理解并未对正确理解说话人表达的意义造成不利影响，因此将"如或"当成一个复合词就会得到交际双方的认可，并开始被作为一种创新的用法更多地使用到实际的语言交际中。我们在魏晋南北朝的文献中已经能见到"如或"用作复合假设连词的用例了，比如：

（11）为客设酒，无人传杯，杯自至前，如或不尽，杯不去也。（《搜神记》卷一）

（12）将军躬杀董卓，威震夷狄，端坐顾盼，远近自然畏服，不宜轻自出军；如或不捷，损名非小。（《三国志·魏志·吕布传附张邈》裴松之注引《英雄记》）

（13）峤之所建，虽则刍荛，如或非妄，庶几可立。（《宋书·始兴王浚传》）

（14）愚谓应恒与冠同色，不宜随节变彩。土令在近，谨以上闻。如或可采，乞付外详议。（《宋书·礼志二》）

如果将例（11）～例（14）中的"或"和例（1）～例（4）中的"或"比较，可以看出例（11）～例（14）中的"或"已经完全丧失了指代性，因此它和"如"的语义边界已经消失了，只能看成"如或"这个复合假设连词的构成语素，而不能再将"或"当作独立的词来理解了。

"若或"发展成复合的假设连词，经历了与"如或"完全相同的演变历程，但据考察相同的文献来看，"若或"用作复合假设连词比"如或"略早，东汉时期已经能见到一个例子：

(15) 凡作汤药，不可避晨夜，觉病须臾，即宜便治，不等早晚，则易愈矣。若或差迟，病即传变，虽欲除治，必难为力。（东汉张机《伤寒论·伤寒例第三》）

例（15）中的"或"已经丧失了指代性，和"若"融合成了一个复合的假设连词，相当于现代汉语的"如果"。但东汉时期"若"和"或"相邻同现时仍为两个独立的词的用例也同时并存，比如：

(16) 吉人举事，无不利者。人徒不召而至，瑞物不招而来，黯然谐合，若或使之。（《论衡·初禀篇》）

例（16）中的"若"显然是表示比况的动词，"或"仍然是表示无定指的代词。到了魏晋南北朝时期，"若或"用作复合假设连词开始逐渐增多。比如：

(17) 我父命终，以无男故，财应入王。然今我母怀妊，须待分身。若苟是女，入财不迟。若或是男，应为财主。（北魏慧觉等译《贤愚经·长者无耳目舌品》）

(18) 欲取饮者，皆洗心志，跪而挹之，则泉出如飞，多少足用，若或污漫，则泉止焉。（《搜神记》卷十三）

(19) 若或成变，为难不测。因其狐疑，当令早决。（《三国志·魏志·赵俨传》）

(20) 初，津为肆州，椿在京宅，每有四时嘉味，辄因使次附之，若或未寄，不先入口。（《魏书·杨播传》）

例（17）中"若或"为复合的假设连词是显而易见的，因为此例中有同样的两个假设复句，分别用了不同的假设连词，其中"若苟"显然是复合的假设连词，所以与之构成对文的"若或"自然也应是复合的假设连词。例（18）~例（20）三例中的"若或"从句意来看，显然也不宜分开理解作两个词，因为"或"已经完全失去了指代性，已完全和"若"融合成一个复合连词了。

"若"和"如"都是上古汉语常用的假设连词，"若"和"或"，"如"和"或"由偶然的相邻同现到逐渐凝固演变成复合的假设连词，经历了完全一致的演变过程，它们在产生的过程中应该有彼此互相推动、平行发展的作用。但是这两个复合的假设连词的出现还是略有先后，"若或"产生略早，并且在魏晋南北朝时期"若或"用作复合的假设连词比"如或"更为普遍，因此，我们认为复合的假设连词"若或"对"如或"的形成应该施加了潜在的类推影响力。

近代汉语时期，复合的假设连词"若或"仍然使用，明清时用例逐渐减少，现代汉语中已不再使用"若或"作为假设连词了。近代汉语中复合的假设连词"若或"的用例如：

（21）人有四百四病，皆属四大主持，若或一脉不调，百一病起。（《敦煌变文集·维摩诘经讲经文（三）》）

（22）其音若或在，蹈海吾将学。（《全唐诗·元结〈系乐府十二首·颂东夷〉》）

（23）若或兆民愁苦，则陛下虽处瑶台琼室，岂得为安乎？（《全唐文·薛融〈请停营作疏〉》）

（24）若或出军击贼，远救城寨，须要粮草随行，虽有重费，不可辞劳。（宋司马光《涑水记闻》卷十二）

（25）若或父母坚不从所谏，甚至怒而挞之流血，可谓劳苦，亦不敢疾怨，愈当起敬起孝。（《朱子语类》卷二十七）

（26）若或事情疑似，赃仗已明，而隐讳不招，须与连职官员立案同署，依法拷问。（《元典章·刑部·鞫狱》）

（27）若或泄漏风声，必是汝等需索地方常例，诈害民财。（《警世通言》卷四）

（28）若或迟疑而使彼得为计，未可知也。臣请先行，誓不与贼俱生。（明许浩《复斋日记》）

（29）若不堪时，便就烧了；若或可改，即请改正改正。（《红楼梦》第七十六回）

（30）只因当时发了一个痴念，要求工容言德之配，若或不遇，情愿终身不娶。所以蹉跎至今，未谐伉俪。（清白云道人《赛花铃》第六回）

"如或"在近代汉语中也继续用作复合的假设连词，发展趋势和同义的"若或"相同，明清时用例逐渐减少，现代汉语中也不再使用"如或"作为假设连词了。近代汉语中复合假设连词"如或"的用例如：

（31）如或纵肆小忿，轻动干戈，使敌人怨结，师出无名，非惟不胜，乃自危之道也。（《旧唐书·萧俛传》）

（32）斯言如不忘，别更无光辉。斯言如或忘，即安用人为。（《全唐诗·贯休〈白雪曲〉》）

（33）如或世尊不信，应须一一分疏，不言有似暗含，未说直如谦退。（《敦煌变文集·维摩诘经讲经文（四）》）

（34）如或牛羊啮之，斧斤伐之，则将憔悴惨淡无生姿，或枯槁而死矣，又安能有干霄拂云之势邪？（元刘祁《归潜志》卷十二）

（35）如或违限遭点，定断不恕，所以人怕。（《朱子语类》卷一百六）

（36）如或三限不获，拘该捕盗官兵已有责罚通例。（《元典章·刑部·失盗》）

（37）如或不然，掀翻你窝巢，教你群精都化为脓血！（《西游记》第九十一回）

（38）主上若能用之，破蜀必矣。如或有失，臣愿与同罪。（《三国演义》第八十三回）

（39）你勿得强辩。着原差押下去，限你一月为期，如或抗违迟误，定行详革治罪。（清烟霞主人《幻中游》第五回）

（40）今老身此来，乃奉两小姐之命，欲求昔日所寄原诗札以还，以实其事。相公如或收藏，即求速速付与。（清李修行《梦中缘》第十三回）

魏晋南北朝时期还有一个有语素"或"参与构成的复合连词"脱或"，但它是极不常用的复合连词，我们只在《魏书》中找到了两个例子：

（41）脱或必然，迁京甫尔，北人恋旧，南北纷扰，朕洛阳不立也。（《魏书·任城王传》）

（42）若事不获已，应颁制诏，示其上下之仪，宰臣致书，讽以归顺之道。若听受忠诲，明我话言，则万乘之盛不失位于域中，天子之声必笼罩于无外。脱或未从，焉能损益？徐舞干戚以招之，敷文德而怀远。（《魏书·张衮传》）

由于"脱"也是此时期新生的单音节假设连词，"脱或"用作复合的假设连词又不多见，因此如果说"脱或"的形成经历了复合假设连词"若或""如或"那样的演变历程，显然不符合语言事实。我们认为比较合理的解释是此时期的某些人受语言运用创新动机的驱使，在已经产生并扩大使用范围的复合假设连词"若或""如或"的影响下，以类推的方式用新生的单音节假设连词"脱"替换"若或""如或"中的核心语素"若""如"，而构成新的同义的复合假设连词"脱或"。但是语言中的创新能否形成气候，并在同类成员中巩固其地位，还得取决于当时语言社团对这种创新的认可度。"脱"用作假设连词，本身就是新生成员，尚未扩大其在语言中的使用，也没能冲击到"若""如"作为假设连词在同类中的优势地位，因此相应而生的创新产物复合假设连词"脱或"自然也未能在魏晋南北朝时期形成太大影响，它只能作为此时期连词范畴的边缘成员在语言中偶尔使用。但是复合的假设连词"脱或"在近代汉语时期仍然使用，用例还是不多，远不及复合的假设连词"若或""如或"使用广泛，在清代已不见使用。比如：

（43）（左道）命二子拜祝讫，亟令返第，封门而俟，且诫无得窥隙："某当效景纯散发衔剑之术，脱或为人窥，则福移祸至。（唐高彦休《唐阙史·薛氏子为左道所误》）

（44）脱或已作潢污行潦，犹征青苗地头，不惟损邦国风化，兼恐伤天地和气。（《全唐文·于峤〈请蠲减租税疏〉》）

（45）设垂慈苦口，且不可呼昼作夜。更饶善巧，终不能指东为西。脱或能尔，自是神通作怪，非干我事。（《五灯会元·瑞龙幼璋禅师》）

（46）脱或不敌而陷于贼，岂非公卖我乎？（明许浩《复斋日记》上卷）

（47）脱或怀诈，吾二人命不足惜，如此城何？（明许浩《复斋日记》上卷）

（48）贵梅也垂泪道："官人，你自宽心将息，还有好日。脱或不好，我断不作失节妇人。"（《型世言》第六回）

【傥或】

"傥或"用作复合的假设连词，在魏晋南北朝汉语中始见，但用例极少。社科院编《古代汉语虚词词典》（1999：571）解释了"傥或"：复合虚词，"傥"和"或"既可作连词，也可作副词。"傥或"连用是同义并列复合词，同样既可作连词，也可作副词。作连词的"傥或"举了三个中古时期的用例：（1）"傥或皇天欲令微臣觉悟陛下，陛下宜熟察臣言，怜赦臣死。"（《后汉书·李固传》）（2）"人之将死，其言也善，傥或可采，瑜死不朽矣。"（《三国志·吴书·周瑜传》注引《江表传》）（3）"有先亡者，当于良辰美景，灵前饮宴。傥或有知，庶共歆响。"（《魏书·夏侯道迁传》）

"傥或"作为复合的假设连词，也有"或"这个语素，因此词典的编者也说是同义并列复合词。但从我们对复合的假设连词"若或""如或"的分析中可以看出，中古时期的"或"其实已基本上不再作单音节的假设连词，因此说假设连词"傥或"是两个单音节假设连词的同义复合事实上已很牵强。但是假设连词"傥或"的形成与"若或""如或"的确有不同，因为作副词的"傥或"和作连词的"傥或"几乎是同时产生的，作连词用的"傥或"并没有经历像"若或""如或"那样由两个独立的词逐渐凝固融合成一个复合词的发展演变过程。因此，连词"傥或"的产生只能从另外的途径寻找原因。我们认为，"傥或"作假设连词是受到同义的"傥"的影响因类推（analogy）而产生的。它的产生是在复合的副词"傥或"形成之后。中古汉语时期，单音节词"傥"和"或"都可用作副词，修饰动词，表示对动作行为的推测，可以理解成现代汉语中的副词"或许"。"傥"在中古时期作副词的用例如：

（49）自古宏才博学，用事误者有矣。百家杂说，或有不同，书傥湮灭，后人不见，故未敢轻议之。（《颜氏家训·文章》）

（50）晋初，尝有一人，误堕穴中，同辈冀其傥不死，投食于穴中。坠者得之，为寻穴而行，计可十余日。（《搜神后记》卷一）

例（49）从句子意义看，小句"或有不同"中的"或"和"书傥湮灭"中的"傥"实为同义词，都作表示推测的语气副词，表示"或许"的意思。作者为了使行文富于变化，当需要在相邻的小句中同时使用表示"或许"义的副词时，就选择了两个同义的副词"或"和"傥"。例（50）中的"傥"根据语境也可以看出是表示推测的语气副词，可以理解成现代汉语的"或许"。但是，"傥"在中古时期用作语气副词比"傥"作假设连词的用例要少得多，可见假设连词"傥"相对于同形的语气副词"傥"而言，具有较强的优势。"或"在中古汉语用作语气副词，表示"或许"义的用例如：

（51）边、韩城中无宿谷，当于外运，畏慎大兵，不敢轻与坚战。而坚兵，足以断其运道。儿曹用必还羌谷中，凉州或能定也。（《三国志·吴志·孙坚传》裴松之注引《山阳公载记》）

（52）孔、老、释迦，其人或同，观方设教，其道必异。（《南齐书·顾欢传》）

（53）（沈）演之曰："身昔为州职，诣领军谢晦，宾主坐处，政

如今日，卿将来或复如此也。"（《南齐书·丘灵鞠传》）

（54）荥阳板渚津原上有厄井，父老云：汉高祖曾避项羽于此井也，为双鸠所救。……汉朝每正旦辄放双鸠，或起于此。（《古小说钩沉·小说》）

（55）卢志于众中问陆士衡："陆抗是卿何物？"答曰："如卿于卢毓。"士龙失色，既出户，谓兄曰："何至于此！彼或有不知。"士衡正色曰："我祖父名播海内，宁有不知识者。"（《古小说钩沉·郭子》）

（56）王自思惟："此宝忽至，或是不祥。我若取者，将不为我家国灾害？"（北魏吉迦夜共昙曜译《杂宝藏经·恶生王得五百钵缘》）

此时期的语气副词"或"是由无定指的代词"或"进一步虚化而形成的，使用也不及"或"作代词和作选择连词的用法广泛。由于"傥"和"或"在此时期都是兼类词，并且两者的副词用法都处于弱势地位，因此为了更好地表达语言中"或许"这种推测语义，人们就选择了同义的副词"傥"和"或"经同义复合的方式构成了新的副词"傥或"，来弥补因"傥""或"的副词用法渐趋消失所形成的语义空缺。新生的副词"傥或"在此时期的用例如：

（57）顷雨泽不沾，密云复散，傥或在兹。（《后汉书·桓帝纪》）

（58）脱有深赏君子者，览而揣之，傥或存焉。（《魏书·李谧传》）

（59）亲义既有参差，丧服固宜不等。……寻理求途，傥或在此。（《魏书·礼志四》）

（60）既同夏殷，又符周秦，虽乖众儒，傥或在斯矣。（《魏书·李谧传》）

（61）会催送馈，汜妻乃以豉为药，汜将食，妻曰："食从外来，傥或有故！"（《后汉书·董卓传》李贤注引袁宏《后汉纪》）

因此，社科院编《古代汉语虚词词典》（1999：571）将副词"傥或"解释为同义并列复合词是完全正确的，不过"傥或"作假设连词是受同义词"傥"的影响，因类推而新增的用法，即是由"相因生义"（蒋绍愚 2005：82～86）的途径而产生出的新的假设连词用法。"傥"从上古汉语时起就有两个意义，从语法功能上看属于不同的词类，比如：

(62) 盖周文武起丰镐而王，今费虽小，傥庶几乎！（《史记·孔子世家》）

(63) 骀衍其言虽不轨，傥亦有牛鼎之意乎？（《史记·孟子荀卿列传》）

(64) 君乐治海上而六月不归，彼傥有治国者，君且安得乐此海也！（《说苑·正谏》）

其中，例（62）、例（63）中的"傥"意义相同，用作副词，表示"或许"的意思。例（64）的"傥"是假设连词，相当于现代汉语的假设连词"如果"。到了中古汉语时期，"傥"的这两个意义依然沿用，作副词的用例如上文例（49）、例（50），作连词的用例如：

(65) 傥有此，东西数百里，必有作逆者。（《搜神记》卷七）

(66) 孙绰作列仙商丘子赞曰："所牧何物？殆非真猪。傥遇风云，为我龙摅。"（《世说新语·轻诋》15）

中古时期，新生的"傥或"用作副词时和已有的"傥"在作副词时就形成了同义词，由于"傥"同时还可作假设连词，在"相因生义"的规律推动下，语言使用者在该用连词"傥"的地方就使用了复合词"傥或"，因而导致"傥或"也产生了相应的假设连词用法。其产生模式可以图示为：

新生的假设连词"傥或"在中古时期用例还不是很多，社科院编《古代汉语虚词词典》（1999：571）在解释它的连词用法时列举了此时期

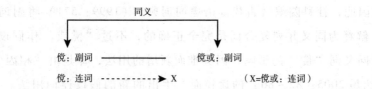

的 3 个例子，其第一例是：（1）"傥或皇天欲令微臣觉悟陛下，陛下宜熟
察臣言，怜赦臣死。"（《后汉书·李固传》）《汉语大词典》也收有"傥
或"，解释为：

> 1. 或许；恐怕。《后汉书·李固传》："臣所以敢陈愚瞽，冒昧自
> 闻者，傥或皇天欲令微臣觉悟陛下。" 2. 假若。金董解元《西厢记诸
> 宫调》卷二："乱军贼党，傥或掳了莺莺，怎的备？"元李景贤《西
> 游记》第一本第一出："〔陈云〕娘子，灰头草面不打扮，傥或江上
> 遇着相知朋友，怎生厮见？"清陈康祺《郎潜纪闻》卷三："傥或为
> 利营私，徇情欺主，明正国法，幽服冥诛。"

我们通过比较可以看出，社科院编《古代汉语虚词词典》解释"傥
或"为连词的第一例和《汉语大词典》解释"傥或"的第一个义项的例
子实际是一样的，只是两书节选不同。这个例子的上下文是：

> 陛下宜开石室，陈图书，招会群儒，引问失得，指擿变象，以求
> 天意。其言有中理，即时施行，显拔其人，以表能者。则圣听日有所
> 闻，忠臣尽其所知。又宜罢退宦官，去其权重，裁置常侍二人，方直
> 有德者，省事左右；小黄门五人，才智闲雅者，给事殿中。如此，则
> 论者厌塞，升平可致也。臣所以敢陈愚瞽，冒昧自闻者，傥或皇天欲
> 令微臣觉悟陛下。陛下宜熟察臣言，怜赦臣死。（《后汉书·李
> 固传》）

从这段话我们很容易看出，"傥或"所在的小句后面应为句号，它和
前面的小句构成一个表示因果关系的复句，表示因果关系的连词是"所
以"，而"傥或"实际上是一个表示推测语气的副词，可以译为"或许"。

因此《汉语大词典》引用的此例断句和解释都是准确的，而社科院编《古代汉语虚词词典》将此句中的"傥或"释为假设连词则不符合上下文文意。但是《汉语大词典》解释"傥或"的第二个意义的用例显然有点晚，"傥或"（倘或）早在魏晋南北朝时期已经可用为复合的假设连词了①。我们再补充 3 例如下：

（67）臣之瞽言，傥或可采，比及三年，可以有成。（《魏书·李彪传》）

（68）人之将死，其言也善，倘或可采，瑜死不朽矣。（《三国志·吴志·周瑜传》裴松之注引《江表传》）

（69）冀幽诚丹款，倘或昭然，虽复身膏草土，九泉无恨。（《宋书·徐湛之传》）

近代汉语时期，假设连词"傥或"与"倘或"继续使用，但是，这样两个既同音又同义、且词形结构也基本相同的假设连词在实际使用中必然会产生竞争，从而导致两词在使用频率上逐渐表现出比较大的差异，元明时假设连词"傥或"的使用已逐渐减少，到清代已不见使用了，但在元明清时期，假设连词"倘或"的用例则急剧增加。"傥或""倘或"在近代汉语中作假设连词的用例如：

（70）且边隅小国，不足亲劳万乘。若克胜，不足为武；傥或不胜，恐为所笑。（《全唐文·刘思立〈谏亲征高丽疏〉》）

（71）傥或实有理穷，吾即别差人去。（《敦煌变文集·长兴四年中兴殿应圣节讲经文》）

（72）傥或明日见他时分，把可憎的媚脸儿饱看了一顿，便做受了这恓惶也正本。（金董解元《西厢记诸宫调》卷一）

---

① 中古文献《三国志》和《宋书》中，连词"傥或"又作"倘或"，《三国志》有 2 例，《宋书》有 1 例，"傥"和"倘"在中古作假设连词时为同义词。《大广益会玉篇·人部》收有"傥"和"倘"两个字，反切都是"他朗切"，可见它们在中古以来就是同音字。

（73）傥或尚留观听，却请对众敷扬。（宋绍隆等编《圆悟佛果禅师语录》卷四）

（74）天色看看黑了，傥或又跳出一只大虫来时，却怎地斗得他过？（《水浒传》第二十二回）

（75）爹妈若是允了，不消说起；傥或不肯，只得以实告之。（《醒世恒言》卷二十八）

（76）知者料事，不可失时。倘或沈吟，必招祸患。（《全唐文·元宗〈赐三姓葛逻禄书〉》）

（77）倘或正仪未行，庶事莫敢先举。（《全唐文·徐铉〈百官奏请行圣尊后册礼表〉》）

（78）倘或透生死明寒暑，融动静一去来，直得意遣情忘，如痴似兀，然后乃可饥则吃饭，健则经行，热则乘凉寒则向火。（宋绍隆等编《圆悟佛果禅师语录》卷四）

（79）倘或我风火性的夫人知道呵，教你立地有祸。（《全元杂剧·郑光祖〈㑑梅香骗翰林风月·归塞北〉》）

（80）倘或有些山高水低，丢了孩子教谁看管？（《金瓶梅》第五十四回）

（81）倘或有人知得，来这里搜着，如之奈何？（《水浒传》第二十一回）

（82）倘或倭寇早晚来时，闭了城门，知道何日平静？不如趁早走路为上。（《喻世明言》卷十八）

（83）你们两府里都是这牌，倘或别人私弄一个，支了银子跑了，怎样？（《红楼梦》第十四回）

"傥或"和"倘或"在语言中记录的实际上是口语中的同一个词，书面上的"傥或"和"倘或"并没有区分语义的作用，因此在语言使用中，有一个书面形式一直是冗余的成员。到了近代汉语时期，人们渐渐意识到只需要其中一个书面形式就能和口语中的词对应，因此在语言发展过程中，语言社团对这两个书面形式进行了选择，选取了字形更为简单的"倘或"，放弃了字形相对繁难的"傥或"，在语言文字规范不力的时期，这种书面上的选择调整经常是在语言社团中自发实现的，并通过语言社团有声望的名人的著作渐渐得以扩展，因此近代汉语中记录同一口语词汇的"傥或"和"倘或"能并存很长的时间，直到清代，完全同义的书面形式"傥或"才最终被淘汰。现代汉语中"倘或"仍然可作假设连词，但已是连词范畴中的边缘成员，使用远不及假设连词"如果"普遍。

【忽】

"忽"用作表示假设关系的连词，产生于中古时期，蒋礼鸿《敦煌变文字义通释》（1959/1997：397～403）已经进行了阐释，举了好几个例子，如：

（84）殷中军虽思虑通长，然于才性偏精。忽言及四本，便若汤池铁城，无可攻之势。（《世说新语·文学》34）

（85）会稽公主……西征谢晦，使公主留止台内，总摄六宫。忽有不得意，辄号哭。（《宋书·徐湛之传》）

我们认为，此二例中的"忽"的确可以看作假设连词，含"忽"的分句表示一种假设的情况，后一分句表示由前一分句导致的结果。在解释"忽"作假设连词的来源时，蒋礼鸿《敦煌变文字义通释》（1959/1997：397）说："'或'是正字，'忽'是同音假借字。"我们对假设连词"忽"的来源有不同看法，试加以论述。

首先，从两字的古音上看，"忽"是晓母物部，"或"是匣母职部。两字的声母虽属旁纽，但是韵部相差很远，不是"对转"或"旁转"关系，因此不能轻易认定它们的古音接近。据我们查阅《左传》《论语》《战国策》《韩非子》《史记》《汉书》等先秦两汉的重要文献典籍，均未见有"忽"通"或"的文献用例。因此，"忽"和"或"构成同音假借的条件并不具备。

其次，从《敦煌变文字义通释》（下文简称《通释》）中所举正面证明"忽"是"或"的假借字的例子看，我们认为这些例子中的"忽"都不宜理解成"或"的同音假借字，有的"忽"仍然是副词，是"忽"从古沿用至今的主要用法，还有的可以从其他方面得到合理的解释，试一一分析之。《通释》所举第一个例子及其解释是：

> 唐人刘恂《岭表录异》（《武英殿聚珍版丛书》本）卷中："彼
> 中居人，忽有养鹅鸭，常于屎中见麸金片。"这里的"忽"也是
> "或"字之借，不过是"或人"的"或"，不作"倘或"解。

按照《通释》中的解释，此处的"忽"是"或"字的假借字，意义
并不是作假设连词的"倘或"，作者把它当作无定指代词，意思是"有的
人"或"有的"。如果我们联系这个句子的上下文，从更广泛的语境考
察，就可发现这里的"忽"仍然是副词，相当于现代汉语中的"突然、
忽然"。《通释》中的这个句子原文是这样的：

> 广州浛洭县有金池，彼中居人，忽有养鹅鸭，常于屎中见麸金
> 片，遂多养，收屎淘之日，得一两或半两，因而至富矣。

此句出自唐刘恂的笔记小说《岭表录异》，该书主要记载一些怪异之
事，其中很多材料又被《太平广记》收录。我们认为句子中的"忽"仍
然是一个副词，表示出乎意料的情况，意为现代汉语中的"突然、忽
然"，暗含说话者对事件、命题的主观评价和态度。张宜生（2000：18）
把这样的副词称为"评注性副词"，它的位置可以在句中，也可以在句
首。"忽"既然表示说话者的态度和主观评价，因此它在这里的评注辖域
是对述题部分进行评注。而"有养鹅鸭"实际上是"有养鹅鸭人"，宾语
"人"承前省略，"养鹅鸭"这个动宾短语修饰"人"。这样理解"忽"
才能和整段话表达一件怪异之事的意思相合。另外，我们从《岭表录异》
中还可找到两处用法相同的"忽"：

> a. 北人有寓南海者，市此鱼食之，弃其头于粪筐中，夜后忽有
> 光明，近视之，益恐惧，以烛照之，但鱼头耳。
> b. 后行两日，遇一洲岛而取水，忽有群山羊，见人但竿视，
> 都不惊避，既肥且伟。初疑岛上有人牧养，而绝无人踪，捕之仅获

百口食之。

a 例中讲的是一种奇怪的鱼，吃完后剩下的鱼头在夜晚还会发光。"忽"在句中也是副词，表示一种出乎意料的主观评价，相当于现代汉语中的副词"突然、忽然"。b 例是讲陵州刺史周遇乘船于海上时遇大风，船漂流到一个岛上，船上人去取水时忽然发现了一群山羊，但岛上绝无人迹。同样，"忽"在句中也是一个评注性副词。比较 a、b 例和《通释》所举例，可以发现副词"忽"所在的分句都是"忽 + 有 NP"的结构，"忽"作状语，修饰"有 NP"这样的动词性短语。按常理说，作家在自己同一本书中用词造句的习惯应该是相同的，此书中结构完全相同的句子反复出现也可证明这一点。因此，从上述分析来看，我们认为《通释》所举例中的"忽"是副词，不宜看作"或"的假借字。

《通释》所举的第二个例子及其解释是：

> 《旧唐书》姚南仲传，南仲上疏："臣恐君子是非，史官褒贬，大明忽亏于掩蚀，至德翻后于尧舜。"忽也是"或"，意谓可能。

我们核对了原文，姚南仲疏中的这句话完整的句子应该是这样的：

> 臣恐君子是非，史官褒贬，大明忽亏于掩蚀，至德翻后于尧舜，不其惜哉！

从语法结构来看，"忽"是副词，修饰动补短语"亏于掩蚀"，和下句的"翻"构成对文，"翻"也是副词，修饰动补短词"后于尧舜"，"翻"在句中是"反而"的意思，"忽"在此句中虽然是副词，但并非"可能"之意。"可能"表达出的是一种或然、不太肯定的主观评价，而联系史实及更为广泛的上下文语境来看，姚南仲上此疏是在朝中大臣无人敢进谏的情况下冒死直谏，因此整个句子表达的应是非常肯定的语气，是一种非常肯定的主观评价，这才有后一个分句因担心假设情况变成事实的感叹。再从事理上说，姚南仲把皇帝的圣明比喻成日月的光明，而日月的光明在发生日月食的时候有所亏损是必然的、突然发生的事情，并非可能的事情。因此，"忽"不能理解成表示或然的"或"，而应该是"忽"的常用意义"突然"。《二十四史全译》中《旧唐书全译》译者是这样翻译这个完整句子的：

> 臣担心君子的是与非，史官将有所褒贬地记载，使光明突然受到掩盖，至德反而落在尧、舜之后，岂不是太可惜了！

我们看到译者正是把"忽"翻译成"突然"，这是非常正确的。因此，此例中的"忽"理解成"突然、忽然"正符合原文文意，也是"忽"作为副词的常用法，不宜看作"或"的假借字，理解成"可能"。

《通释》所举的第三个例子是：

> 《清平山堂话本》错认尸："二人通同奸骗女儿，倘忽丈夫回日，怎的是好！"《警世通言》作"倘或"。

我们认为根据这条材料也不能认为"忽"就是"或"的同音假借字。冯梦龙的《警世通言》和《清平山堂话本》主要收录的是宋代的话本小说。《清平山堂话本》使用"倘忽"，保存的是话本原来的词语，《警世通言》使用"倘或"是以明代的常用词替代了不太常用的同义词"倘忽"。"忽"在很早以前就有假设连词的用法，那么在词汇的复音化过程中，它和同义词"倘"复合形成表假设关系的"倘忽"就是同义复合构词的结果。如："圣恩倘忽念行苇，十年践蹈久已劳。"（柳宗元《寄韦珩》）而"倘或"在中古以后也可以作假设连词，如："倘或窥犯亭障，国家何以防之？"（《旧唐书·魏知古传》）因此这两个复合词作为假设连词只是同义词的关系。但由于两者在语言中使用的频率不同，"忽"及以"忽"为语素而构成的复合词在明代已经很少用作连词，因此冯梦龙为了便于普通人看懂便用了常见的"倘或"来替代前代使用的同义词"倘忽"，这样的做法是文人们经常采用的。早在汉代，司马迁著《史记》引用《尚书》中的句子时，就已经用汉代通行的词语来代替已不使用的艰深的同义词了。

从以上分析看，《通释》中所举的例子实际上并不能成为敦煌变文中作假设连词的"忽"是"或"的假借字的有力证据，而据我们本书前文相关部分的分析，"或"在中古汉语时期其实主要是作选择连词，基本上不能单独用作假设连词，因此，说"忽"的假设连词用法是"或"作假设连词的同音假借，我们认为很难成立。我们认为"忽"的连词用法，其实可以从"忽"的词义演变及语法化的角度得到合理解释。

"忽"作假设连词的用法是它在词义演变过程中新产生的用法，这种用法产生于中古汉语时期。中古以后这种用法开始逐渐增多，但毕竟不及"倘、若、使、如"等假设连词常见。"忽"在古汉语中一直是个多义词，《汉语大词典》列出了十个义项，其中有："④灭亡；湮没。⑥迅速。⑩副词。（1）突然；忽然。（2）或；倘或。"其第⑩个义项的意义（2）举了两个例子作为书证：

> 唐刘恂《岭表录异》卷中："彼中居人，忽有养鹅鸭，常于屎中见麸金片。"晁载之《续谈助》卷四引南朝梁殷芸《小说》："帝尝在后前，乃曰：'阿舅何为云人作贼，辄杀之？人忽言阿舅作贼，当复云何？'"

我们认为，以上两例第一例中的"忽"正如我们上文所分析的，词性是副词，但意义仍然是"突然；忽然"；而第二例中的"忽"可理解为假设连词，相当于现代汉语的"假如"。因此，应该将以上第二个例子中的"忽"单独列一个义项，释为"连词"，用"假如"加以解释，第一个例子或并入义项⑩的意义（1），或直接去掉。这样，"忽"的义项⑩其实应该分开作两个义项，一个是副词，另一个是连词。

如果我们认真梳理一下，就可发现这几个义项从意义上说有密切的联系，可以形成一个发展演变的链条，即：灭亡；湮没（动词）＞迅速（形容词）＞突然；忽然（副词）＞假使、倘若（连词）。"灭亡、湮没"这样的动作表现出"迅速"的状态，因此"忽"由动词引申出形容词的用法；而"迅速"表现出时间短、不可预料这样的特点，因此"忽"又进一步引申出副词"突然、忽然"的用法；而作为副词的"忽"由于语义的进一步虚化及句法位置的固化，又进一步产生了连词的用法。"忽"的这种演变发展方式，正是汉语中许多实词演变成虚词的典型模式。这种模式，在现代语言学研究中称为"语法化"。"所谓语法化，指的是语法范畴和语法成分产生和形成的过程或现象，典型的语法化现象是语言中意义实在的词语或结构式变成无实在意义、仅表语法功能的语法成分，或者一个不太虚的语法成分变成更虚的语法成分。"（吴福祥，2004）"忽"由不太虚的语法成分副词变为更虚的语法成分连词，正是一种典型的语法化现象。"语法化具有跨语言的共性。目前大多数语言学家都同意人类语言中存在一个如下类型的'语法化斜坡'：'实义词 > 语法词 > 附着形式 > 屈折词缀'。因为汉语属于孤立语，不会发展出形态屈折成分。这样，上述语法化斜坡在汉语中的情形应该是：'实义词 > 语法词/附着词 > 词内语素'。"（霍伯尔、特拉格特，2005，梁银峰译 2008：2～3）因此，"忽"的语法化过程符合这个共同的规律，其语法化路径是：实义词（动词、形容词）> 意义比较虚的语法词（副词）> 意义更虚的语法词（连词）。同时，"忽"的演变发展也体现出语法化的单向性特征，即"语法化的演变是以'词汇成分 > 语法成分'或'较少语法化 > 较多语法化'这种方向进行的"（吴福祥，2004）。

　　导致"忽"由副词产生出连词用法的原因主要是句法位置的固化和语言使用中的主观化。"忽"作副词时经常位于谓语动词的前面，假设连词既可居于分句前面也可居于分句的主语后面、谓语动词前面，且假设复句的前一分句常常可以省略主语，这样，假设连词在分句中也经常位于谓语动词的前面。因此，副词"忽"和汉语中其他假设连词的句法位置常常是相同的，这样，"忽"演变成假设连词并不需要在句法位置上作出调整，并且这种固定的句法位置为它演变成假设连词创造了条件。只要词义弱化，其语法功能就有可能改变。此外，在"忽"的语法化过程中，语言使用中的主观化起了至关重要的作用。"主观化"是现代语法化理论中的一个重要概念，吴福祥（2004）作了如下解释："在日常话语交际中说话人不仅要表达命题意义而且要表达言者意义，而后者体现了语言的主观性（subjectivity）。所谓语言的主观性，指的是说话人在说出一段话的同时表明自己对这段话的立场、态度和感情，从而在话语中留下‘自我’的印记。如果这种主观性在语言中用明确的结构形式加以编码，或者一个语言形式经过演变而获得主观性的表达功能，则谓之主观化（subjectivity）。”“忽”是一个评注性副词，已经表现出了一定的主观性。随着它的词汇意义的进一步弱化，它的主观性进一步增强，由评价一种客观的情况（已发生的意想不到的情况）向主观地假设一种虚拟的情况（假设发生的意想不到的情况）发展，因此它的语义由指向谓语动词进一步发展为指向整个分句，这样，假设连词“忽”就最终产生了。我们知道汉语中的某些副词的确有很强的连接句子的语法功能，比如“就、便、才、遂”等副词，同样，有的副词在历时的发展中，也会演变成连词，比如中古时期新生的假设连词“脱”就是由表示推测语气的副词“脱”进一步语法化而产生的，当然，连词的用法产生后，并不排斥这个词另外的语法功能，它可以和其他语法意义共存于一个形式中，形成共时平面上的兼类词。其实，《敦煌变文字义通释》中所举的以下这个例子，还可以看成副词“忽”向连词“忽”演变的中间状态，此例是：

> 宋人晁载之《续谈助》卷四，载梁殷芸《小说》：“帝尝在后前，乃曰：‘阿舅何为云人作贼，辄杀之？人忽言阿舅作贼，当复云何？’”

此例中的“忽”可理解为假设连词，相当于现代汉语的“假如”，但这里的“忽”仍带有副词“忽然”的语义特点，跟一般的假设连词还不完全一样，即使将“忽”理解成副词，句意也未必就发生了偏离或根本不能理解。如果将“忽”理解成副词，则是前一小句的整个句子意义表示出假设的语义特点，也就可以将这个复句看成没有使用假设连词，纯粹以“意合法”来表示的假设——结果型复句。可见，这个句子中的“忽”尚处于由副词向连词进一步语法化的过程之中，“忽”能作两可理解，还没有演变成成熟的假设连词。

【如令】

复合假设连词“如令”产生于中古时期，东汉时期用例很少，只有

《论衡》中出现一例：

（86）且太岁，天别神也，与青龙无异。龙之体不过数千丈，如
令神者宜长大，饶之数万丈，令体掩北方，当言太岁在北方，不当言
在子。（《论衡·难岁篇》）

我们使用语料库检索了先秦文献，没有发现复合的假设连词"如
令"，"如"和"令"相邻出现时，都是两个各自独立的动词。再查西汉
文献，也只有《史记》中出现的一例"如令"是出现在表示假设前提的
小句句首的。

（87）尝从行，有所冲陷折关及格猛兽，而文帝曰："惜乎！子
不遇时。如令子当高帝时，万户侯岂足道哉！"（《史记·李将军
列传》）

我们认为以上例（87）中的"如令"还不是一个复合的假设连词，
其中"如"是表示假设关系的单音节连词，而"令"仍是动词，表示使
令的意义，可以译为现代汉语的"让"，"如令子当高帝时"此小句意为
"如果让你处在汉高祖的时代"，这样的理解才符合汉文帝所说话的原意。
社科院编《古代汉语虚词词典》（1999：464）收有"如令"，解释为：
"复合虚词，由连词'如'和'令'构成。'如'和'令'都可表示假
设；二者连用为词，与单用义同。"然后又解释说："连词，用于假设复
句的前一分句，表示假设的情况或条件。可译为'如果'、'假如'等。"
举了四个例子，第一个例子即是以上例（87）。第二个例子是：（2）"如
令处于当今，因此制度，必不能成功名。"（《汉书·翼奉传》）我们认为
《汉书》此句中的"如令"和《史记》例中的"如令"是一样的，还不
是一个复合的假设连词。《汉书》中这个句子的语境是：

窃闻汉德隆盛，在于孝文皇帝躬行节俭，外省繇役。其时未有甘
泉、建章及上林中诸离宫馆也。未央宫又无高门、武台、麒麟、凤

凰、白虎、玉堂、金华之殿，独有前殿、曲台、渐台、宣室、温室、承明耳。孝文欲作一台，度用百金，重民之财，废而不为，其积土基，至今犹存，又下遗诏，不起山坟。故其时天下大和，百姓洽足，德流后嗣。如令处于当今，因此制度，必不能成功名。

此段话见于翼奉给汉元帝所上的奏疏中，联系语境来看，"令"仍是使令动词，其后的宾语"孝文皇帝"承前省略了，也可以理解成现代汉语的"让"。因此，"如"和"令"仍是两个各自独立的词，只是在句中相邻出现而已。《汉书》中我们还可以见到四例这样的"如令"，比如：

（88）如令豪吏猾民辜而攉之，小民弗蒙，非予意也。（《汉书·王莽传下》）

（89）如令汉家绝祀，将军虽死，何面目见先帝于地下乎？（《汉书·霍光传》）

（90）如令视印，见其变改，必求故印，此非辞说所能距也。（《汉书·匈奴传下》）

（91）如令陛下觉寤，惧大祸且至身，深责臣下，绳以圣法，臣（王）音当先受诛，岂有以自解哉！（《汉书·五行志中之下》）

例（88）出自王莽的诏书，原文是：

莽下书曰："惟民困乏，虽溥开诸仓以赈赡之，犹恐未足。其且开天下山泽之防，诸能采取山泽之物而顺月令者，其恣听之，勿令出税。至地皇三十年如故，是王光上戊之六年也。如令豪吏猾民辜而攉之，小民弗蒙，非予意也。《易》不云乎'损上益下，民说无疆'？《书》云：'言之不从，是谓不艾。'咨虖群公，可不忧哉！"

在"非予意也"后颜师古有一个注："师古曰：'辜攉，谓独专其利，而令它人犯者得罪辜也。'"通过联系例（88）这个句子的上下文及唐颜师古的注，我们可以看出"如令"还不是一个复合的假设连词，表示假

设关系的连词是单音节词"如","令"是一个表示使令意义的动词。例
(89)"如令汉家绝祀"下有颜师古的注:"师古曰:'如,若也。'"颜师
古只解释了假设连词"如",可见他并不认为"如令"是一个复合词。此
句的前一句是"今群下鼎沸,社稷将顷,且汉之传谥常为孝者,以长有
天下,令宗庙血食也"。我们不难理解"令"在"令宗庙血食也"这个小
句中是表示使令意义的动词。如果将"令宗庙血食也"和下文的"如令
汉家绝祀"进行比较,可以很容易地看出这两个小句中的"令"其实是
一样的,因此,颜师古只注释了"如",这是极为准确的。例(90)中的
"如令"同样是两个词,"如"是假设连词,"令"是表使令义的动词,
"令"后的宾语"单于"承前省略了。结合原文,我们不难理解。例
(91)更容易看出"令"是表使令义的动词了,如果把"如令"看成一
个复合的假设连词,则句意根本不可通,而将"如"和"令"分别理解
为假设连词和表示使令意义的动词,则文从字顺,毫无凝滞。因此可以
说,《汉书》中出现于表示假设前提的小句中的"如令"还不是复合的假
设连词,而是单音节的假设连词"如"和表示使令意义的动词"令"的
相邻同现。但是当"令"的宾语承前省略,并且这个出现于上文中能作
"令"的宾语的名词距离"令"很远时,相邻出现的"如令"就很容易
被理解成一个复合词,如《汉书·翼奉传》"如令处于当今,因此制度,
必不能成功名",即是如此。

　　由《史记》和《汉书》中的这些例子可以知道,表示假设关系的单
音节连词"如"和表示使令意义的动词"令"在句中相邻出现时,如果
"令"的宾语省略,"令"的动词性就会相应削弱,这样就很可能导致
"如"和"令"融合成一个复合的假设连词。因此,我们认为,中古时期
新生的复合假设连词"如令"不是两个单音节连词的同义复合,而是由
两个经常相邻出现、没有直接组合关系的词逐渐凝固,并融合成复合词
的。魏晋南北朝时期,复合的假设连词"如令"在文献中的用例就开始
增多了,我们利用语料库检索了此时期文献中的"如令",发现用于表示
假设前提的小句句首的"如令"共有18例,其中《后汉书》有11例,
《南齐书》和《高僧传》各有2例,《三国志》《魏书》和《生经》各有
1例,这18例中"如令"可以确定为复合假设连词的共有13例,略举9

例如下：

（92）且卫尉年尊，两校尉有大病，如令不讳，使臣长抱刻骨之恨。宜及吉时，不可稽留。（《后汉书·明德马皇后传》）

（93）如令羌在湟中，则为害不休，不可弃也。（《后汉书·马援传》）

（94）如令陛下子，臣等专诛而已。（《后汉书·樊宏传附子儵》）

（95）如令匈奴遂能服臣，将有损大汉之强。（《后汉书·郑兴传附子众》）

（96）如令尧不得为火，则汉不得为赤。（《后汉书·贾逵传》）

（97）如令子阳到汉中、三辅，愿因将军兵马，鼓旗相当。（《后汉书·隗嚣传》）

（98）外甥教舅："舅年尊，体羸力少。若为守者所得，不能自脱，更从地窟，却行而入。如令见得，我力强盛，当济免舅。"（西晋竺法护译《生经·佛说舅甥经》）

（99）如令谶纬不虚者，京师寻有祸乱。（《高僧传·释僧含》）

（100）如令甲勋少，乙功多，赏甲而舍乙，天下必有不劝矣；丙罪重，丁眚轻，罚丁而赦丙，天下必有不悛矣。（《南齐书·崔祖思传》）

以上例（92）～例（100）各例中，"如令"后直接接谓语的是例（92）、例（93）、例（98）三例。例（92）中的"不讳"是死的隐讳说法，这个表示假设前提的小句的主语是前面提到的"卫尉"和"两校尉"，如果将"令"再看成表示使令意义的动词，句意就不可通了。因此"令"已是复合假设连词"如令"的一个语素，"如令"在句中已是成熟的假设连词。例（94）表示假设前提的小句的谓语是名词短语"陛下子"，唐李贤在"臣等专诛而已"句后有一个注，注作"专谓不请也"。因此这句话的意思是说"如果是陛下的儿子，我们不请示即诛杀掉了"。《后汉书全译》（《二十四史全译》的分史全译之一）的编者翻译此句为

"若是皇上的儿子，我们就照法律办事杀了他完了"。可见"令"也不是表示使令意义的动词，"如令"也只能看作复合的假设连词。例（98）中"如令见得"也是表示假设前提的小句，其主语是前面提及的舅和甥，"见"是表示被动关系的标记词，"如令见得"的意思是"如果我们被抓住"，因此，"令"也不能再当作使令动词理解，而只能是复合的假设连词"如令"的一个语素。而例（92）~例（100）各例中的其余例子更可以看出"如令"是复合的假设连词，因为"如令"后的名词都是小句的主语，"令"和这个名词不能构成动宾关系，"令"已经是复合的假设连词"如令"的一个语素。如果去掉这些句子中的"如令"，句子意义并没有根本改变，只是小句间假设与结果的逻辑语义关系表现得不很明显罢了。

此外，此时期用在表示假设前提小句句首的"如令"还有不是复合假设连词的，也还有尚处于凝固过程中能作两可理解的。比如：

（101）如令一夫全德，则道洽六亲泽流天下。（《高僧传·释慧远》）

（102）（许）荆少为郡吏，兄子世尝报仇杀人，怨者操兵攻之。荆闻，乃出门逆怨者，跪而言曰："世前无状相犯，咎皆在荆不能训导。兄既早没，一子为嗣，如令死者伤其灭绝，愿杀身代之。"（《后汉书·许荆传》）

（103）夫物之所偏，未能无蔽，虽云大道，其碍或同。若乃《诗》之失愚，《书》之失诬，然则数术之失，至于诡俗乎？如令温柔敦厚而不愚，斯深于《诗》者也；疏通知远而不诬，斯深于《书》者也；极数知变而不诡俗，斯深于数术者也。（《后汉书·方术传上》）

（104）如令陇东不守，汧军败散，则二秦遂强，三辅危弱，国之右臂，于斯废矣。（《魏书·李苗传》）

（105）今府州郡县千有余狱，如令一狱岁枉一人，则一年之中，枉死千余矣。（《南齐书·孔稚珪传》）

例（101）表示假设的小句"如令一夫全德"的主语依前文是"出家

者"，因此"令"很明显是表示使令意义的动词。"令一夫全德"是兼语句式，"一夫"既是"令"的宾语，又是"全德"的主语，因为此小句是后一小句的假设前提，所以为了鲜明地体现其假设的逻辑语义，说话人（作者）就在小句句首使用了假设连词"如"来标记。可见，此句中的"如""令"虽然在表示假设前提的小句句首相邻同现，但还不是复合的假设连词，这样的"如令"和上文提及的《史记》《汉书》中的例子是相同的。例（102）中的"如令"和例（101）中的其实完全一样，"如"是假设连词，"令"是表示使令义的动词，从句子上下文可以看出，"令"后的名词"死者"实指许荆的已死去的兄长，是表示使令意义的动词"令"的宾语。《后汉书全译》（《二十四史全译》的分史全译之一）的编者翻译"兄既早没，一子为嗣，如令死者伤其灭绝，愿杀身代之"为："兄长很早就已过世，就一个儿子延续血统，假使让死去的人为血统的灭绝伤痛，我情愿以死相代。"编者正是将"如令"看作两个各自独立的词，其中"如"译为"假使"，"令"译为"让"，这样的理解和翻译都是很准确的。一方面，例（103）、例（104）、例（105）中的"如令"结合上下文来看，既可以理解成复合的假设连词，也可以看成假设连词"如"和使令动词"令"的相邻同现，但很明显的是，"令"的动词性已经没有例（101）、例（102）中的"令"强烈，表明它已处于虚化的进程中；而从另一方面看，"令"还是可以和其后面的名词构成组合关系，表示致使的意义，可以理解成现代汉语的"使"或"让"。因此此三例中的"如令"的融合程度不及例（92）～例（100）各例中的"如令"高，表明这些例中的"如令"正处于向稳定凝固的复合假设连词"如令"发展演变的过程中。如果把相邻同现的假设连词"如"和表示使令意义的动词"令"向复合的假设连词"如令"发展演变的过程看作一个连续的统一体，那么例（103）～例（105）三例中的"如令"则可以看作这个连续演变的统一体的中间状态。只是因为这样的中间状态很短暂，再加之魏晋南北朝时期复合的假设连词"如令"使用本来就不多，所以我们很难看出两个相邻而独立的词融合成一个复合词的演变路径，并很容易用同义复合这样的方式加以解释。

如果说中古汉语新生的复合假设连词"如令"是由同义复合的方式

形成的，那么，构成此复合词的语素"如"和"令"在中古时期就应该有单独作假设连词的用法。"如"单独作假设连词在中古时期当然还是极为常见的，它是沿用自上古汉语的常用单音节连词之一。但是"令"在中古时期并不能用作单音节的假设连词。我们运用语料库对东汉、魏晋南北朝的大部分文献中的"令"进行了检索，并结合语境对"令"进行了分析，发现单音节的"令"在中古时期的绝大多数情况下都是表示使令意义的动词，而作假设连词的例子在《汉书》《论衡》《白虎通义》《新论》等东汉时期文献中都未见，在《百喻经》《贤愚经》《抱朴子》《世说新语》《搜神记》《齐民要术》《颜氏家训》《洛阳伽蓝记》《水经注》《三国志》《宋书》《南齐书》《魏书》等魏晋南北朝时期各类文献中也未见。即便是在上古汉语时期，"令"作假设连词也是很少的，《韩非子》有三例、《晏子春秋》和《说苑》中各有一例"令"近似于假设连词，但也可以理解为动词，《战国策》和《史记》各有一例"令"作假设连词的。这些例子分别是：

(106) 所谓亡君者，非莫有其国也，而有之者，皆非己有也。令臣以外为制于内，则是君人者亡也。(《韩非子·八奸》)

(107) 今令王良、造父共车，人操一边辔而入门闾，驾必败而道不至也。(《韩非子·外储说右下》)

(108) 令田连、成窍共琴，人抚一弦而挥，则音必败曲不遂矣。(《韩非子·外储说右下》)

(109) 晏子曰："幸矣章遇君也！令章遇桀纣者，章死久矣。"(《晏子春秋·内篇·谏上》)

(110) 后十余年，越袭吴，吴王还，与战，不胜。使大夫行成于越，不许。吴王将死曰："吾以不用子胥之言至于此。令死者无知则已，死者有知，吾何面目以见子胥也？"(西汉刘向《说苑·正谏》)

(111) 诚知秦力之不至，此弹丸之地，犹不予也，令秦来年复攻王，得无割其内而媾乎？(《战国策·赵策三》)

(112) 且吾等义不辱，今怨高祖辱我王，故欲杀之，何乃污王为乎？令事成归王，事败独身坐耳。(《史记·张耳陈余列传》)

例（106）中的"令"还不是纯粹的假设连词，这从古人的注可以看出来。在"所谓亡君者，非莫有其国也，而有之者，皆非己有也"下有不知名作者的古注："亡君虽有国，非己有之，令臣执制而有之。"在"令臣以外为制于内，则是君人者亡也"下此作者又注："臣自外制内，而君不擅举手，如此者君必亡也。"我们可以比较古人注中使用的"令"和《韩非子》原文中使用的"令"，其实是相同的意思，仍可理解为表示使令义的动词，可以译为现代汉语的"让"。同样，例（107）和例（108）中的"令"也可以理解成动词，也可以译为现代汉语的"让"，但由于此二例中的"令"刚好处于表示假设前提的小句句首，因此很像是表示假设关系的连词。例（109）、例（110）中的"令"有点类似于《韩非子》三例中的"令"，理解成动词也是可以的。例（111）、例（112）两例中的"令"跟例（106）～例（110）各例中的"令"相比在意义上已经有较大差异，动词性已经很弱了，具有更为纯粹的连接作用，又是用于表示假设前提的小句前面，因此可以看成假设连词。除此之外，在十三经、《国语》、《吕氏春秋》、《荀子》、《商君书》、《孙子兵法》、《庄子》等先秦文献中均未见"令"作为假设连词使用，西汉时期文献如《法言》《淮南子》《新序》《说苑》《新书》《新语》《盐铁论》等中也未见有"令"作假设连词的用例。由此可见，"令"在上古汉语中用作假设连词也是极罕见的，在中古时期基本上已不见用作假设连词，因此我们认为将中古新生的"如令"当作同义复合的假设连词与语言事实不符。

如果我们再以复合假设连词"如令"为参照点，去考察中古汉语中其他由单音节连词与"令"构成的复合连词，比如"若令""设令""就令""纵令""但令"，可以发现这些连词同样不是由同义复合的途径产生的，像"就令""纵令"是表示让步关系的连词，"但令"是表示条件关系的连词，"令"在单用时，从上古到中古都没有表示让步关系和条件关系的连词用法，因此如果说这三个词是由同义复合的方式构成的，就更不合情理了。同样，这些复合的假设连词也经历了由两个相邻出现的独立的词融合成一个复合词的过程。比如，复合的假设连词"若令"产生以前，连词"若"和表示使令义的动词"令"就可以在句子中相邻出现了，这样的例子我们在上古汉语文献中找到两个：

（113）若令桀、纣知必国亡身死，殄无后类，吾未知其厉为无道之至于此也。（《吕氏春秋·禁塞》）

（114）若令此如奉地之义，是复秦之迹也，窃以为不便。（西汉贾谊《新书·属远》）

例（113）中的"令"可以看作表示使令意义的动词，因为"令"和它后面的名词性并列短语"桀、纣"仍然可以理解为动宾关系，名词性并列短语"桀、纣"在小句中可以理解为"兼语"，即既是使令动词"令"的宾语，又是其后动词"知"的主语，这样的理解是符合句子原意的，因此表示假设关系的连词只是单音节词"若"。例（114）中的"若令"同样不是一个复合的假设连词，此句中的"令"用作表示使令意义的动词是很明显的，表示假设关系的连词是单音节词"若"。

到了魏晋南北朝时期，"若令"已经可作复合的假设连词了，但是其中某些用例中的"若令"还可以作两重理解，一方面，因为"令"仍有比较弱的动词性，和后面的名词可以直接组合构成动宾关系，所以"若令"还可以分开理解为假设连词"若"和表示使令意义的动词"令"；而另一方面，由于"令"的意义虚化，"令"和"若"的语义边界趋向于模糊，"令"和它后面的名词结合得已不太紧密，这个名词渐渐成了整个小句的主语，脱离了"令"的支配，这样"若令"又可以看作一个复合的假设连词。如果"令"后没有名词，那么"若"和"令"的距离就更近了，"若令"也就更接近于一个复合词了。此时期这样的用例如：

（115）若令月中无物，当极明邪？（《世说新语·言语》2）

（116）若令家户有仙人，属目比肩，吾子虽蔽，亦将不疑。（《抱朴子·内篇·微旨》）

（117）若令服食终日，则肉飞骨腾，导引改朔，则羽翮参差，则世间无不信道之民也。（《抱朴子·内篇·极言》）

以上例（115）、例（116）二例中的"若令"即可作两重理解，因为"令"和后面的主谓短语还可以直接组合，构成一个兼语句式，"令"就是表示使令义的动词，但如果将"若令"看成一个复合的假设连词，对整个句子意义的表达也没有多少影响。例（117）中的"若令"同样可作两重理解，可以将"令"看作一个表示使令义的动词，它的宾语承前省略了，也可以直接将"若令"看作一个复合的假设连词，并和后面小句表示承接关系的"则"对应使用，这两种理解都不会造成对整个句子意义的错误理解。因此，这些例子中的"若令"可以看作由两个独立的词融合成一个复合词的过程中表现出的过渡状态。但是，"若令"在同时期也已有完全成熟的复合假设连词的用例，比如：

（118）若令臣等颇欲执权，不专为国，初废营阳，陛下在远，武皇之子，尚有童幼，拥以号令，谁敢非之。（《宋书·谢晦传》）

（119）时彼医师，亦复头秃，即便脱帽示之，而语之言："我亦患之，以为痛苦。若令我治能得差者，应先自治以除其患。"（南朝齐求那毗地译《百喻经·治秃喻》）

例（118）、例（119）两例中的"若令"就已经是完全定型的复合假设连词了，因为"若令"后的名词就是小句谓语动词动作的发出者，而不是别人让他发出动作或致使他发出动作，因此从句意来看，"令"和这个名词没有直接组合关系，不能再理解为使令动词，它只是和"若"结合成一个整体，用作起连接作用并表示假设的关系意义的复合连词。如果再将"令"理解成使令动词，整个句子就变得不可理解了。

再如魏晋南北朝时期新生的复合让步连词"就令"，也是由两个相邻出现的词逐渐融合而形成的。但由于单音节的让步连词"就"东汉时才产生，因此复合的让步连词"就令"的形成经历的演变时间相对而言较为短暂。从"就令"在此时期的使用来看，也只有少量的用例。我们应用语料库检索了魏晋南北朝时期中土文献和汉译佛经本缘部译经文献，共找到了9例用作复合让步连词的"就令"，其中《三国志》和《抱朴子》各有3例，《贤愚经》《南齐书》和《魏书》各有1例。

（120）此儿前后欲有所作，要令成办，未曾中退。就令入海，

犹望还期。(北魏慧觉等译《贤愚经·大施抒海品》)

(121) 朕年六十，世事难易，靡所不尝，近为鼠子所前却，令人气踊如山。不自截鼠子头以掷于海，无颜复临万国。就令颠沛，不以为恨。(《三国志·吴志·吴主传》裴松之注引《江表传》)

(122) 有其法者，则或饥寒无以合之，而富贵者复不知其法也。就令知之，亦无一信者。(《抱朴子·内篇·黄白》)

(123) 有积金盈柜，聚钱如山者，复不知有此不死之法；就令闻之，亦万无一信。(《抱朴子·内篇·金丹》)

(124) 就令足下处偏平之地，依德义之主，居有泰山之固，身为乔松之偶，以义言之，犹宜背彼向此，舍民趣父也。(《三国志·魏志·董昭传》)

(125) 就令羽请杀超，超不应闻，但见二子立直，何由便知以呼字之故，云几为关、张所杀乎？(《三国志·蜀志·马超传》裴松之注)

(126) 就令其人若如桓、灵之世，举吏不先以财货，便安台阁主者，则虽诸经兼本解，于问无不对，犹见诬枉，使不得过矣。(《抱朴子·外篇·审举》)

(127) 就令必宜废祭，则应三年永阙。(《南齐书·礼志上》)

(128) 今群儒纷纠，互相掎摭，就令其像可得而图，其所以居用之礼，莫能通也，为设虚器耳。(《魏书·李谧传》)

以上含有复合连词"就令"的9个例子中，例(120)～例(123) 4例中的"就令"也可以作两种理解，一是可以将"令"理解为省略了宾语的使令动词，这样表示让步关系的连词就是单音节词"就"；二是将"就令"理解为一个复合的让步连词。而例(124)～例(128) 5例中的"就令"根据各句的句意来看，就只能是复合的让步连词了。由此可见，魏晋南北朝时期同时存在融合尚未完全成熟的复合词"就令"和已经完成融合过程的复合词"就令"，这就证明了此时期新生的让步连词"就令"不是由两个单音节连词经同义复合的方式产生的，而是由单音节的让步连词"就"和表示使令意义的动词"令"逐渐凝固并最终融合成复合词的。

在魏晋南北朝汉语使用的连词中，不仅有由单音节连词和表示使令义的动词"令"融合形成的复合连词，而且也有由单音节连词和表示使令意义的动词"使"融合形成的复合连词，因为"使"和"令"在作表示使令意义的动词时是同义词，在表示致使意义时使用"使"或"令"都是可以的，因此，如果一个单音节连词和表示使令意义的动词"使""令"的其中一个融合，就会相应地类推产生同一个单音节连词和另一个使令动词融合而成的复合连词形式。这样的复合连词主要是表示假设、让步、条件关系的连词。其实，让步连词、条件连词都与假设连词有密切的关系，因为让步连词或条件连词所连接的小句有时就是一种虚拟的假设前提，它们与假设连词不同只是因与其后表示结果的小句的关系有所不同。在假设—结果型复句中，前一小句只单纯表示假设的前提，后一小句表示在此假设前提下所产生的结果，简言之，两小句的关系是"有此假设就有此结果"。在让步—结果型复句中，有时前一小句表示的是假设的前提，但后一小句强调的是不会产生由假设前提而导致的结果；或是前一小句表示的是否定的假设前提，而后一小句表示的却是在否定的假设前提下产生肯定的结果，即两小句的关系是"有此假设也无此结果"或"无此假设仍有此结果"。在条件—结果型复句中，前一小句有时也是一种假设的前提，但它对于表示结果的后一小句来说是作为一种条件提出来的，表示在满足了此条件的情况下就会产生这样的结果，即两小句间的关系是"具备了此假设就有此结果"，其假设的前提暗含有可能实现之意，这与假设—结果型复句中表示假设前提的小句并不在意其是否可能实现是有所区别的。① 因此，假设连词的产生对让步连词、条件连词的产生是有一定影响的。据我们对归纳出的魏晋南北朝汉语使用的连词来看，单音节连词和使令动词"使""令"构成的复合连词基本上是假设连词和让步连词，也有个别的条件连词，这些复合连词常呈现出两两整齐配对的格局，即有

---

① 吕叔湘（1942/1990：434）曾比较过因果句、假设句与让步句，他说："因果句和假设句都是表示'有此因方有此果'，而容认句和纵予句（合称为让步句）是表示'有此因却无此果'或'无此因仍有此果'。"受其启发，我们比较假设—结果型复句、让步—结果型复句、条件—结果型复句的两小句间的关系时提出了文中的看法。

"X使"（"X"表示单音节的假设、让步、条件连词）这样的复合连词，
则必然会有"X令"这样与"X使"同义的复合连词。但是"X使""X
令"这样的复合连词并不完全是同一时期形成的，有些在上古汉语时期
已经产生，有些则是中古汉语时期才产生的。它们的配对格局是：

假使$_1$（上古汉语）——假令$_1$（上古汉语）：表示假设关系

设使$_1$（上古汉语）——设令$_1$（中古汉语）：表示假设关系

如使（上古汉语）——如令（中古汉语）：表示假设关系

若使（上古汉语）——若令（中古汉语）：表示假设关系

借使（上古汉语）——借令（中古汉语）：表示假设关系

［假使$_2$（中古汉语）——假令$_2$（中古汉语）：表示让步关系］

［设使$_2$（中古汉语）——设令$_2$（中古汉语）：表示让步关系］

纵使（中古汉语）——纵令（中古汉语）：表示让步关系

正使（中古汉语）——正令（中古汉语）：表示让步关系

就使（中古汉语）——就令（中古汉语）：表示让步关系

但使（中古汉语）——但令（中古汉语）：表示条件关系

　　从以上这些魏晋南北朝汉语中使用的配对并存的复合连词中可以发现
如下特点：（1）上古汉语中的单音节假设连词"假、设、如、若、借"
和让步连词"虽"在上古时期已经跟表示使令义的动词"使"构成了相
应同义的复合连词，但是这些单音节连词只有"假"在上古时期跟表示
使令义的动词"令"构成了相应同义的复合连词。到了中古时期，其余
单音节连词又跟表示使令义的动词"令"构成了相应同义的复合连词。
（2）中古时期沿用的单音节让步连词"纵"、新生的单音节让步连词
"正""就"和条件连词"但"都能跟表示使令义的动词"使""令"结
合构成相应同义的复合连词。（3）这些复合连词除少数几个产生于上古
汉语外，其余绝大多数都产生于中古汉语时期。
　　因此，这些复合连词的产生显然都体现出了共同的规律性，并不能简
单地解释为两个同义的单音节连词的同义复合。表示使令义的动词"使"
"令"经常出现在兼语句式的第一个动词的位置，其后的名词既是动词

"使""令"的宾语，又是第二个动词的主语，这样的兼语句表示出的抽象的句法义是"使某人发出某种动作"或"使某事物产生某种情况"，这样的句子往往不是自足的，其后常有表示在发出的动作或产生的情况影响下所导致的结果作为后续的小句。相对于表示结果的后续小句而言，这个兼语句可以是假设的前提，因此，为了鲜明地表示出这种小句间存在的假设、结果的逻辑语义关系，说话人常会在表示使令义的动词"使""令"前面运用表示假设关系的连词，而在上古汉语时期，经常使用的主要是单音节假设连词"如、若、假、设、借"等，这样，单音节的假设连词就和表示使令义的动词"使""令"在表示假设前提的小句中处于相邻的位置了。上古乃至中古汉语时期，表示使令意义的动词"使""令"的宾语经常会承前省略，这样，原来动词"使""令"和其后的宾语构成的明显的动宾关系由于宾语的缺省就会变得相对模糊，"使""令"的动词性在句中就会有所削弱，由于后面紧跟的是小句的主要谓语动词，因此语义开始虚化的"使""令"只能和其前的单音节连词逐渐接近并凝固成一个整体。由于单音节的假设连词和"使"或"令"出现时常位于小句句首，在汉语双音节构成一个音步的韵律规则的推动下，小句句首的"X 使"或"X 令"在"使""令"的动词性弱化了的情况下就会被当成一个整体经常使用，这样原来的使令动词"使""令"会因为与之结合的假设连词的影响而完全失去动词性，当"使"或"令"后出现的名词已经不能理解成它的宾语时，复合的假设连词就最终形成了。

　　中古时期是汉语词汇复音化迅速发展的时期，上古汉语中已经产生的"X 使"或"X 令"式复合假设连词以强大的类推力量影响着中古时期假设、让步、条件复合连词的发展。但是有"使""令"作为构词语素的复合连词只能出现在假设、让步、条件连词中，还是和"使""令"最初是表示使令意义的动词有关。某些使用极少的含有"使""令"语素的假设、让步连词由于在文献语料中找不到发展演变的线索，因此我们可以将它们看成语言社团中的个别成员根据类似的构词模板创造出的相对应的复合连词。比如中古时期复合的假设连词"借使"使用还是比较多的，但与它对应的"借令"极其罕见，我们只在《宋书》中找到一个例子：

（129）凡在天非日不明，居地以斗而辨，借令冬至在虚，则黄
道弥远，东北当为黄钟之宫，室壁应属玄枵之位，虚宿岂得复为北中
乎？（《宋书·历志下》）

因此，此时期偶见使用的复合连词"借令"，就是《宋书》的作者在
中古时期已经存在的复合连词"借使"的基础上，根据假设连词、让步
连词中含语素"使"的复合词几乎都有含语素"令"的同义复合词这样
的对应规则，以类推的方式创造出来的，但由于复合假设连词"借使"
在同次类连词中都是使用频率极低的连词，因此以这个复合连词为基础类
推而产生的新词"借令"虽然是一种创新的用法，但是这种创新并没有
得到语言社团的认可，我们认为尚不能将它看作此时期使用的复合连词。

【将】

在汉语语法的历时发展进程中，"将"曾经可以用作表示并列关系的
连词，学者们对汉语史上用作并列连词的"将"早已有所论述。张相
（1955：338）曾说："将，犹与也。"并举了唐宋诗歌中的多个例子，但
从他举的例子看，他尚未区分"将"的介词和连词用法。柳士镇
（1992：250~251）指出，魏晋南北朝时期新生的并列连词主要有"共、
将"两个。这两个词此时期由动词虚化为"连同"义介词，随即又进
一步向并列连词虚化，意为"和，与"，只是用例尚不多见；唐宋时期
才逐渐多见起来。并列连词"将"的用例如："云霞一已绝，宁辨汉将
秦？"（徐陵《山斋》）"歌喧桃与李，琴挑凤将雏。"（张正见（《置酒
高殿上》）向熹（1993：299）认为并列连词"将"始见于唐代，连接
两个名词或体词性短语。举了5个例子：（1）"倘遇鸾将鹤，谁论貂与
蝉？"（卢照邻《春时慨然思江湖》）（2）"经山复历水，百恨将千虑。"
（李颀《临别送张湮入蜀》）（3）"月既不解饮，影徒随我身；遂伴月将
影，行乐须及春。"（李白《月下独酌》）（4）"千岩将万壑，无处不相
随。"（白居易《山中问月》）（5）"欲识秦将汉，尝闻王与裴。"（卢象
《送綦毋潜》）董志翘、蔡镜浩（1994：286~287）也解释了"将"在中古
汉语时期用作并列连词的用法，指出连词"将"用于两个名词或名词短
语之间，表示并列关系，可译作"和""与"等。举例中见于六朝的是：

"人将蓬共转，水与啼俱咽。"（陈江总《陇头水二首》）"寒笳将夜鹊，相乱晚声哀。"（陈阮卓《关山月》）"新坟将旧冢，相次似鱼鳞。"（北周释亡名《五阴盛》）"云霞一已绝，宁辨汉将秦？"（陈徐陵《山斋》）"独有刘将阮，忘情寄羽杯。"（陈张正见《对酒》）"歌喧桃与李，琴挑凤将雏。"（陈张正见（《置酒高殿上》）社科院编《古代汉语虚词词典》（1999：295）解释了"将"作连词的用法，作用是连接并列的两项，可译为"和""与"等，举的是唐宋时期诗歌中的两个例子：（1）"暂伴月将影，行乐须及春。"（《李太白全集·月下独酌》）（2）"吟虫将落叶，为我拍还歌。"（《诚斋集·雨夜》）徐朝红（2008：33～34）指出中古时期并列连词"将"还见于汉译本缘部佛经中，并说共出现了3例，分别为：（1）"昔佛与诸弟子，入舍卫城欲乞食，道边见有一坑，举城污露，诸不净物，悉在其中，见一老母猪将诸肫子，共卧不净坑中。"（比丘道略集《杂譬喻经·佛与弟子入舍卫乞食喻》）（2）"是时诸鹿，尽皆渡竟，唯一鹿母将一鹿麛，周惮惶怖，最在其后。时彼鹿王，见其在后，忍于疲苦，待令度过，即便命终。"（相传吴支谦译《撰集百缘经·佛垂般涅盘度五百力士缘》）（3）"昔佛在摩竭国界罗阅城中。佛将阿难，着衣持钵，道见有人驱牛千头，就其美草放烟瞻候。佛问阿难：'汝见有人驱放群牛不乎？'对曰：'唯然见之。'"（姚秦竺佛念译《出曜经·无常品》）以上诸家都指出了"将"在汉语史上曾经可作并列连词，但在"将"作并列连词的产生时代上尚有不同意见，主要有两种观点：其一，并列连词"将"产生于唐代；其二，并列连词"将"产生于魏晋南北朝。那么，这两种观点哪种更可取呢？我们可以先来比较一下他们所举的例子。柳士镇（1992：250～251）和董志翘、蔡镜浩（1994：286～287）都主张并列连词"将"产生于魏晋南北朝时期，并且都举了"云霞一已绝，宁辨汉将秦？"（陈徐陵《山斋》）这个例子。向熹（1993：299）认为并列连词"将"始见于唐代，并举了"欲识秦将汉，尝闻王与裴。"（唐卢象《送綦毋潜》）这个例子。如果将"云霞一已绝，宁辨汉将秦？"（陈徐陵《山斋》）与"欲识秦将汉，尝闻王与裴。"（唐卢象《送綦毋潜》）进行比较，我们即可发现"宁辨汉将秦"与"欲识秦将汉"中的"将"其实都是相同的用法，如果承认"欲识秦将汉"中的"将"是并列连词，那么也就无法否定"宁辨汉将秦"中的"将"同样是并列连词。再比较董志翘、蔡镜浩（1994）举的"寒笛将夜鹊，相乱晚声哀。"（陈阮卓《关山月》）和社科院编《古代汉语虚词词典》中举的"吟虫将落叶，为我拍还歌。"（《诚斋集·雨夜》）两例，我们也实在看不出两例中的"将"有什么区别，如果承认"吟虫将落叶"中的"将"是并列连词，那么也就无法否定"寒笛将夜鹊"中的"将"同样是并列连词。我们还可补充魏晋南北朝时期并列连词"将"的几个例子：

（130）风将夜共静，空与月俱明。烛滴龙犹伏，炉开凤欲惊。（《先秦汉魏南北朝诗·梁诗·朱超道〈岁晚沉痾〉》）

（131）雁与云俱阵，沙将蓬共惊。枯桑落古社，寒乌归孤城。（《先秦汉魏南北朝诗·北周诗·庾信〈经陈思王墓诗〉》）

（132）藤长还依格，荷生不避桥。阳台可忆处，唯有暮将朝。（《先秦汉魏南北朝诗·陈诗·阴铿〈和登百花亭怀荆楚诗〉》）

例（130）、例（131）中的"将"都连接两个名词，谓词前都有表示偕同意义的副词"共"修饰，也就是说谓词所表示的动作或状态是这两个名词共同具有的，且"将"和并列连词"与"构成对文，因此从"将"在句中的语法功能和语法意义来看，理解为并列连词是完全符合句意的。例（132）中的"将"同样连接两个名词，所连接的两项同时作动词"有"的宾语，表示作者心目中符合条件的事物是平等并列的两项，这两项没有主从关系，因此"将"更是典型的并列连词用法。

从以上各家所举例子的对比及我们对魏晋南北朝文献中使用的"将"的考察来看，我们认为并列连词"将"的确是产生于魏晋南北朝时期，但它的使用有特定的范围，只见于此时期文人创作的诗歌中。我们用语料库检索了此时期中土的散文体文献，包括《世说新语》《齐民要术》《颜氏家训》《搜神记》《水经注》《古小说钩沉》《抱朴子》《高僧传》《三国志》《南齐书》《魏书》《宋书》以及此时期汉译佛经本缘部译经文献，包括《贤愚经》《百喻经》《六度集经》《菩萨本缘经》《生经》《杂宝藏经》等，都未见有并列连词"将"的用例。

上文所引徐朝红（2008：33～34）举的3个例子中的"将"，我们认为是动词，义为引领、带领。江蓝生（1988：95）解释过魏晋南北朝时期动词"将"的意义，指出"将"作动词，义为引领、携带，表示引领义的动词"将"举了4例："儿生便走，非能自走，直宋无忌之妖将其入灶也。"（《搜神记》卷三）"见一妪将二儿过，并青衣。调之曰：'青羊将两羔。'"（《古小说钩沉·裴子语林》）"语胡家人云：'吾今将胡游观，毕当使还，不足忧也。'"（《古小说钩沉·冥祥记》）"时白净王及诸释子未识三宝，即将太子，往诣天寺。"（南朝宋求那跋陀罗译《过去现在因果经》卷一）作"引领、带领"义的动词"将"在汉译佛经中极为常见，比如：

（133）佛与众僧至拘睒弥。拘睒弥王，名曰优填，将诸群臣，亦来奉迎。（北魏慧觉等译《贤愚经·降六师品》）

（134）时婆罗门语行路人："我能识别人之语声。若实是佛，当有梵音。汝可将我往至其所，当试听之，审是佛不？"（北魏慧觉等译《贤愚经·快目王眼施缘品》）

（135）时梵摩王将诸婇女，于园苑中而行。（北魏吉迦夜共昙曜译《杂宝藏经·梵摩达夫人妒忌伤子法护缘》）

（136）诸比丘将摩诃罗诣于佛边，具说其人被打因由。（北魏吉迦夜共昙曜译《杂宝藏经·长者请舍利弗摩诃罗缘》）

（137）时婆罗门便将奴婢，涉道而去。（吴康僧会译《六度集经·萨和檀王经》）

（138）太子曰："善。"即将妻子诣母辞别。（吴康僧会译《六度集经·须大拏经》）

徐朝红（2008：33）说"昔佛与诸弟子，入舍卫城欲乞食，道边见有一坑，举城污露，诸不净物，悉在其中，见一老母猪将诸肫子，共卧不净坑中"（比丘道略集《杂譬喻经·佛与弟子入舍卫乞食喻》）中的"将"作并列连词，是因为谓语动词"卧"前有一个表示总括的范围副词"共"修饰。其实这个"共"即使是表示范围的副词，其与"将"作动词在语义搭配上也是兼容的，并不矛盾，比如：

    （139）汝供待我，随时无乏。家内一切，接我隆厚，但我意中自欲转行到前城中。望遣一人，将我共往。（北魏慧觉等译《贤愚经·善事太子入海品》）

    例（139）"望遣一人，将我共往"中的名词"我"后面也有表示范围的副词"共"，但这个句子中的"将"显然并不是并列连词，而应是动词，是引领的意思。副词"共"可以解释为"一起"，这句话可译为"希望派遣一人，引领我一起前往（前城）"。再如：

    （140）支道林在白马寺中，将冯太常共语，因及《逍遥》。（《世说新语·文学》32）

    例（140）中名词"冯太常"后也有表示范围的副词"共"，但是根据句意来看，"将"也不是并列连词，而只能理解为介词，可译为"跟"。因此，"将"后面即使有范围副词"共"，也不能说"将"就必定是并列连词。而徐朝红（2008：34）举的第二例"是时诸鹿，尽皆渡竟，唯一鹿母将一鹿麛，周惶惶怖，最在其后。时彼鹿王，见其在后，忍于疲苦，待令度过，即便命终"（相传吴支谦译《撰集百缘经·佛垂般涅盘度五百力士缘》）中的"将"同样可以理解为动词，是"带领"的意思。他举的第三例是"昔佛在摩竭国界罗阅城中。佛将阿难，着衣持钵，道见有人驱牛千头，就其美草放烟瞻候。佛问阿难：'汝见有人驱放群牛不乎？'对曰：'唯然见之。'"（姚秦竺佛念译《出曜经·无常品》）他认为"将"后面谓语动词是"着衣""持钵""道见"，这样的动作不存在佛"带领"阿难去做，当是"佛""阿难"两个人各自独立的动作。因此，他得出结论说"将"在这个句子中是并列连词。其实，"着衣持钵"只是对"佛"的外表形态的描写，并非两人都发出了这样的动作，在汉译佛经中，还可以见到多处这样的描写，但"着衣持钵"一小句的位置可在"将"所处的小句前面，也可在"将"所处的小句后面。比如：

（141）一时佛在舍卫国只树给孤独园。尔时世尊，乞食时到，着衣持钵，独将阿难，入城乞食。（北魏慧觉等译《贤愚经·摩诃萨埵以身施虎品》）

（142）佛在舍卫国祇树给孤独园。尔时世尊，将诸比丘，着衣持钵，入城乞食。（吴支谦译《撰集百缘经·小儿散花供养佛缘》）

（143）尔时世尊，着衣持钵，将诸比丘，往诣其家。（吴支谦译《撰集百缘经·含香长者请佛缘》）

例（141）中也有"着衣持钵"这一小句，但在"独将阿难"的前面，并不是说"着衣持钵"是世尊的动作，而是对世尊当时的形态描写。据佛经记载："佛陀一天的活动似乎很有规律，他黎明起床，坐禅静思，近中午时，外出乞食。中午饭后，到聚落处的静寂处坐禅沉思。黄昏为弟子宣法，或到聚落里向俗人传教，一直到晚上。他一年中的大部分时间是漫游、布道。"① 阿难是佛陀十大弟子之一，于释迦牟尼成佛后回乡时跟随出家，此后二十余年为释迦牟尼的随侍弟子。因此本缘部佛经中经常写到佛带领阿难布道、传法的活动。"将"在此句中明显是动词，它的前面还有副词"独"修饰。例（142）中"着衣持钵"也是对世尊的形态描写，"将"很明显也是"带领"的意思，如果理解成并列连词"与"，那么就显示不出世尊作为诸比丘的师尊的地位，这和句意是不符合的。例（143）中"尔时世尊，着衣持钵，将诸比丘"与例（142）中"尔时世尊，将诸比丘，着衣持钵"意义是相同的，但"着衣持钵"的位置不同，可见"着衣持钵"只能说是对世尊的形态描写，并不能作为确定"将"是并列连词的依据。因此，将例（141）、例（142）、例（143）与徐朝红（2008）所举第三例比较，就可以看出他所举例子中的"将"实际上还是动词，是"带领"的意思。再比如：

（144）尔时世尊即知其应度，独将阿难，入于城内，欲拔济之。（北魏慧觉等译《贤愚经·尼提度缘品》）

---

① 参见杜继文（2006：52）。

　　（145）佛将阿难，往到其门，慰问老翁，得无劳倦。（晋法炬共法立译《法句譬喻经·愚闇品》）

　　（146）佛在摩竭提国，将诸比丘，渐次游行。到恒河侧，见一故塔，毁落崩坏，无人修治。（吴支谦译《撰集百缘经·化生王子成辟支佛缘》）

　　（147）佛在摩竭提国，将诸比丘，渐次游行。到恒河侧，时有船师，住在河边。（吴支谦译《撰集百缘经·船师渡佛僧过水缘》）

　　（148）佛在舍卫国祇树给孤独园。尔时世尊，秋果熟时，将诸比丘，游行聚落。啖食果蓏，皆不消化，多有痎疾，种种病生，不能坐禅读诵行道。（吴支谦译《撰集百缘经·莲华王舍身作赤鱼缘》）

　　例（144）、例（145）都记录了佛带领阿难传布佛法的活动，"独将阿难"与"佛将阿难"中的"将"都应理解为动词。例（146）、例（147）、例（148）都出自《撰集百缘经》，从句意看，3 例中"将诸比丘"的"将"都是动词，义为"引领、带领"。因此，对于徐朝红（2008：33~34）所说的汉译佛经本缘部中"将"作并列连词的 3 个例子，我们提出不同看法：我们认为这 3 例中的"将"都是动词，是汉译佛经中"将"的常见用法之一，"将"在此时期本缘部译经中并没有作并列连词的用例。

　　并列连词"将"应是从动词"将"直接语法化而来，当"将"作表示"带领"义的动词时，经常处于两个名词之间，表示两个名词所代表的人或物都发出相同的动作，但它在句中只是一个次要的动词。比如：

　　（149）兄将妻遁迈，入山学道。（吴康僧会译《六度集经·波罗奈国王经》）

　　例（149）"兄将妻遁迈"中的"将"是动词，但是这一小句的主要动词是"遁迈"，因此"将"的动词性相对来说要弱一些，由于处在两个名词之间，就有了一定的连接功能。如果主要动词前有表偕同义的副词修饰时（比如副词"共"），那么"将"的动词性就会更加弱化，而连接两个名词的功能则会变得更强，这样，它就有可能由处在两个名词间的动词语法化为表示并列关系的连词。当然，这只是动词"将"在使用中的一种可能发展的趋势，能否实现还要看它在语言中的使用频率及它自身其他用法的影响制约。从魏晋南北朝时期中土的散文体文献来看，"将"作表示"带领"义的动词使用得不是很多，"将"的主要用法是作表示时间的副词，因此，由于表示"带领"义的动词"将"使用频率不高，又受到它作时间副词的强势用法的制约，这样的动词"将"实际上很难语法化为表示并列关系的连词，这就是在此时期散文体文献中都难以见到并列连词"将"的原因。

但在此时期文人的诗歌创作中，产生了并列连词"将"，我们认为这主要是诗歌语言的特殊性导致了对动词"将"的重新分析，使"将"由动词演变为并列连词。比如：

（150）寒笳将夜鹊，相乱晚声哀。（陈阮卓《关山月》）

（151）新坟将旧冢，相次似鱼鳞。（北周释亡名《五阴盛》）

例（150）、例（151）中的"将"处于两个名词短语之间，两个名词短语都是双音节，加上单音节词"将"已经是一个完整的五言句，由于五言诗诗句字数的限制，这个句子的主要动词就只能在下一诗句中出现，因此动词"将"的动词性就弱化了，从形式上看就成了连接两个名词性短语的连词，但从诗句意义来看，"将"的动词性还未完全消失，因此，这两例中的"将"实则可作两种理解：一是把"将"理解为动词，意思是"带着"；二是把"将"理解成并列连词，意思是"与"。正因为诗歌中动词"将"在两个名词或名词性短语间可以被重新分析为并列连词，因此导致了"将"在文人的诗歌创作中产生了创新的并列连词用法，同时，由于"将"显示出一定的动词性，能使诗歌蕴含更为丰富的动态意义，因此此时期诗人在前后诗句中需要使用两个并列连词时，常倾向于使用"将"跟"与"构成对文。比如：

（152）人将蓬共转，水与啼俱咽。（《先秦汉魏南北朝诗·陈

诗·江总〈陇头水二首〉》）

（153）雁与云俱阵，沙将蓬共惊。（《先秦汉魏南北朝诗·北周诗·庾信〈经陈思王墓诗〉》）

由于在诗歌创作中，"将"跟"与"经常构成对文，这样就巩固了"将"在诗歌中的连词用法，比如在上文例（132）中，"阳台可忆处，唯有暮将朝"一句中的"将"并没有跟"与"形成对文，但也已经是并列连词了。可见，魏晋南北朝时期诗歌中"将"作并列连词是文人的一种创新用法，由于它来源于动词，用在诗句中可以扩张诗句的语义内涵，因此在五言诗的创作中颇受诗人青睐，到唐宋时期的诗歌创作中仍然使用，但我们认为唐宋时期诗歌中并列连词"将"的运用已经是仿古的用法了。

【于此】

"于此"用作表示承接关系的复合连词，产生于魏晋南北朝时期，社科院编《古代汉语虚词词典》（1999：777）曾解释了"于此"：复合虚词，由介词"于"和代词"此"组成。作连词用，魏晋时期始出现。连接句子与句子，表示前后两件事情之间，既有时间上先后相承的关系，又有事理上的因果关系。可译为"于是"。举例是：（1）"庾仲初作《扬都赋》成，以呈庾亮。亮以亲族之怀，大为其名价，云可三《二京》、四《三都》。于此人人竞写，都下纸为之贵。"（《世说新语·文学》）（2）"嗣王觉而改之，难彰先王之过。乃下令曰：'吾之好闻筝声有甚于先王，欲一一列而听之。'先生于此逃矣。"（《晋书·刘寔传》）但是此时期用例并不多见，只有《世说新语》中有3例，《古小说钩沉》中有5例，《魏书》中有2例。比如：

（154）庾道季诒谢公曰："裴郎云：'谢安谓裴郎乃可不恶，何得为复饮酒！'裴郎又云：'谢安目支道林如九方皋之相马，略其玄黄，取其俊逸。'"谢公云："都无此二语，裴自为此辞耳！"庾意甚不以为好，因陈东亭《经酒垆下赋》。读毕，都不下赏裁，直云："君乃复作裴氏学！"于此《语林》遂废。（《世说新语·轻

诋》24）

（155）桓公读诏，手战流汗，于此乃止。（《世说新语·黜免》7）

（156）从叔云："汝姑丧已二年。……汝今还去，可语其儿：勤修功德，庶得免之。"于此示遵归路。（《古小说钩沉·冥祥记》）

（157）此人于此病遂得差。（《古小说钩沉·齐谐记》）

（158）故太傅、任城文宣王臣澄枢弼累朝，识洞今古，为尚书之日，殷勤执请，孜孜于重议。被旨不许，于此遂停。（《魏书·张普惠传》）

（159）岳举弓射之，应弦而倒。时已逼暮，于此各还。（《魏书·贺拔胜传》）

从例（154）～例（159）各例来看，复合的承接连词"于此"可以用在小句句首，如例（155）、例（158）、例（159）中的"于此"，也可以用在句子的句首，比如例（154）、例（156）中的"于此"，还可以用在句子的主语之后，比如例（157）中的"于此"。此时期常用的复合承接连词"于是"也有这样的用法，比如：

（160）元谦服婢之能，于是京邑翕然传之。（《洛阳伽蓝记·城北·凝圆寺》）

（161）子云叹曰："此人后生无比，遂不为世所称，亦是奇事。"于是闻者少复刮目。（《颜氏家训·慕贤》）

（162）母于是感悟，爱之如己子。（《世说新语·德行》14）

如果将例（154）～例（159）各例中的"于此"与例（160）～例（162）各例中的"于是"相比较，我们就会发现这两个词的用法是一致的，承接连词"于此"可以说是承接连词"于是"的同义词。但是这两个连词在魏晋南北朝时期的使用频率是不一样的，"于是"使用很广泛，"于此"使用却极少，如表5-1所示。

表 5 - 1 "于此""于是"使用频率比较

文献\连词	世说新语	古小说钩沉	魏书	颜氏家训	搜神记	洛阳伽蓝记	齐民要术	抱朴子	南齐书	宋书	三国志及裴注	贤愚经	杂宝藏经	六度集经	百喻经
于此	3	5	2	0	0	0	0	0	0	0	0	0	0	0	0
于是	57	118	468	3	56	18	2	76	50	264	392	78	37	14	6

从表 5 - 1 中可以看出,魏晋南北朝汉语中"于此"作复合承接连词的使用频率是极低的,"于此"在绝大多数情况下都是由介词"于"和代词"此"组合成的介词短语,并且常用于谓词后面作补语,其位置常在小句句末。比如:

(163) 甄冲便移惠怀上县中住所。迎车及人至门,中有一人,着单衣帻,向之揖于此,便住不得前。(《古小说钩沉·幽明录》)

(164) 成都太守吴文,说五原有蔡诞者,好道而不得佳师要事,废弃家业,但昼夜咏《黄庭》《太清中经》《观天节详》之属诸家不急之书,口不辍诵,谓之道尽于此。(《抱朴子·内篇·祛惑》)

(165) 或云晋河间王在长安,遣张方征长沙王,营军于此,因为张方桥也。(《洛阳伽蓝记·城西·永明寺》)

(166) 时何充为敦主簿,在坐,正色曰:"充即庐江人,所闻异于此!"(《世说新语·方正》28)

(167) 良由本部不明,籍贯未实,廪恤不周,以至于此。(《魏书·高祖纪下》)

从上古汉语出现的介词短语"于此"来看,它的位置也常在小句句末。比如:

(168) 寡人不能用先生之言,今事至于此,为之奈何?(《战国策·楚策三》)

(169) 治强生于法,弱乱生于阿,君明于此,则正赏罚而非仁下也。(《韩非子·外储说右下》)

（170）故利于彼者必耗于此，犹阴阳之不并耀，昼夜之有长短也。（西汉桓宽《盐铁论·非鞅》）

（171）意不并锐，事不两隆；盛于彼者必衰于此，长于左者必短于右。（西汉刘向《说苑·谈丛》）

可见，从上古汉语一直到中古汉语，介词短语"于此"都很少用在小句或句子的句首位置，那么，这样的介词短语就失去了融合成表示承接关系的复合连词的条件。因此，我们认为魏晋南北朝时期使用较少的承接连词"于此"，不可能是由介词短语逐渐凝固成复合词的，它应是此时期语言使用者（特别是有一定声望的文人）在常用承接连词"于是"的基础上类推创造而产生的一个新的连词。因为"此"和"是"都可以用作指代词，所以语言使用者出于创新的目的，就会有意识地用同义的指代词"此"替换承接连词"于是"中的"是"这个语素，从而构成新的同义承接连词"于此"。但是，从此时期文献中承接连词"于此"的使用来看，这种创新并没有得到当时语言社团的广泛认可，因此它只在少数口语性强的文献中有一点遗迹。这是因为承接连词"于此"作为当时连词范畴中的创新成员，跟与它同义的承接连词"于是"相比，在竞争中毫无优势可言。"于是"用作表示承接关系的复合连词始于上古汉语时期，到了中古汉语时期它的使用更加频繁，并且由于中古汉语"是"主要用作系动词，其代词用法已渐次减少，在语言的实际使用中开始显示出消亡的趋势，因此复合连词"于是"的语素"是"的指代性因语言中指代词"是"的逐渐消亡而变得更为弱化，这样，"于是"作为复合词的地位就更为稳固，加上在实际使用中使用频率的迅速上升，就使得它成为此时期连词范畴中的中心成员，也成为语言使用者选择承接连词时的优先选择成员。而"于此"中的语素"此"单用时唯一的功能就是作指代词，并且是此时期语言中的常用指代词，因此复合承接连词"于此"的语素"此"的指代性还是很强的，人们仍易于将"于此"和语言中常见的介词短语"于此"相比附，这样，就使得它作为复合词的可接受性远远低于同义的承接连词"于是"。所以，虽然此时期"于此"是以语言中的创新成员的身份出现的新生承接连词，但是它一产生就受到了常用的同义的承接连词

"于是"的排挤。当"于是"能充分满足用作承接连词的客观需求时，语言使用者并不需要像使用实词那样需要很多的同义词，因而"于此"就容易被语言社团视为连词范畴中表义模糊、可接受性低的冗余成员而加以淘汰。霍伯尔、特拉格特（2005/2008：216）曾指出："当两个或两个以上相互竞争的形式共存而表达相同的功能时，单纯的形式丧失就会出现，其中一个形式以丧失其余的形式为代价而最终受到选择。"魏晋南北朝时期新生的承接连词"于此"跟早已存在并广泛使用的承接连词"于是"间的竞争正是如此，最终的结果是"于此"遭到淘汰，"于是"继续广泛使用。从文献语料的考察来看，"于此"作为复合的承接连词在唐代就已经不见使用了。

【但】

魏晋南北朝时期"但"是一个兼类词，可以用作副词，也可以用作连词。连词"但"在此时期有两种用法：一是用在小句句首，表示所连接的小句是在前一小句语义基础上的转折；二是用在小句的主语后面，表示所连接的小句是后一小句的条件。连词"但"的前一种用法我们称为表示转折关系的用法，记作"但$_1$"；后一种用法我们称为表示条件关系的用法，记作"但$_2$"。我们将分别探讨此时期连词"但"这两种用法的产生及发展。

关于连词"但"表示转折关系的用法（即"但$_1$"），学者们早已有所论述。太田辰夫（1958/2003：298）在论述近代汉语中的转折连词"但是"时指出，"但是"的"但"是从"仅""止"的意义来的。如："匈奴匿其壮士肥牛马，但见老弱及羸畜。"（史记·刘敬叔孙通列传）这种表限定的"但"很容易用于表转折，这一点看"唯""只"等例就可以明白。时代稍晚才见到表转折的例子。如："窦氏大恨，但安隗素行高，亦未有以害之。"（后汉书·袁安传）[①] 向熹（1993：302~303）指出，

---

① 太田辰夫《中国语历史文法》（1958/2003）的中译本（蒋绍愚、徐昌华译）第 1 版出版于 1987 年，修订中译本出版于 2003 年，因此他提出的转折连词"但"产生于中古汉语的观点比向熹《简明汉语史》（1993）要早，后来蒋绍愚、曹广顺主编《近代汉语语法史研究综述》（2005：183）在总结近代汉语连词的研究时提到了太田辰夫的观点，作者并未提出反对意见，可见他们也赞同转折连词"但"产生于中古时期。

"但"在上古本是副词，与"徒""特"是一个意思，往往用于句首。六朝以后逐渐虚化成了表转折的连词。并举了六朝时期一个用例："既召见而惜之，但名字已去，不欲中改，于是遂行。"（《世说新语·贤媛》）并说："上述句中的'但'，与现代汉语里的'不过'相似，表示有一定的保留，并不表示两件事情完全相反。"社科院编《古代汉语虚词词典》（1999：85）解释了"但"的连词用法：连词，用于复句的后一分句，表示转折。可译为"只是""不过""但是"等。并举了 6 个例子：（1）"龙与孔穿会赵平原君家。穿曰：'素闻先生高谊，愿为弟子久；但不取先生以白马为非马耳。请去此术，则穿请为弟子。'"（《公孙龙子·迹府》）（2）"安与任隗举奏诸二千石，又它所连及贬秩免官者四十余人，窦氏大恨。但安、隗素行高，亦未有以害之。"（《后汉书·袁安传》）（3）"公干有逸气，但未遒耳，至其五言诗，妙绝当时。"（《三国志·魏书·吴质传》注引《魏略》）（4）"郡守录状，旻泣言：'死即死矣，但孝先所言，终无验耳。'"（5）"既召见而惜之，但名字已去，不欲中改，于是遂行。"（《世说新语·贤媛》）（6）"古法采草药多用二月、八月，此殊未当。但二月草已芽，八月苗未枯，采掇者易辩识耳。"（《梦溪笔谈·药议》）邓云华、石毓智（2006）认为"但"的转折用法出现得很晚，是在元明之后。并说社科院编《古代汉语虚词词典》所举 6 例中的"但"都还是限止用法，表示"只、仅仅、不过"等。从前后句子的关系来看，"但"所引进的句子与其前的句子并没有语义的对立。然而因为限止用法跟转折用法有些类似，所以"但"的一些古代限止用法有点儿像转折。并说："调查了宋元时期的文献，还很少见到'但'用作转折连词。"可见，学界对于连词"但"表示转折关系的用法究竟产生于何时，尚有不同意见，以上三家分别代表了三种不同的观点。我们通过对上古及中古时期文献中的"但"的考察分析，认为太田辰夫（1958/2003）、向熹（1993）的观点更符合语言事实。但是他们没有对魏晋南北朝时期连词"但"表示转折关系的用法展开分析论述，我们拟对此进行补充论证。

　　"但"在上古汉语使用极少，像十三经、《国语》、《韩非子》、《老子》、《吕氏春秋》、《商君书》、《孙子兵法》、《荀子》、《庄子》等都不见有"但"使用，只有《战国策》《公孙龙子》《管子》中各见 1 例。

西汉时期文献中"但"的使用仍然不多,《史记》中"但"才见 5 例。比如:

　　(172) 龙与孔穿会赵平原君家。穿曰:"素闻先生高谊,愿为弟子久;但不取先生以白马为非马耳。请去此术,则穿请为弟子。"(《公孙龙子·迹府》)

　　(173) 夫秦何厌之有哉?今又走芒卯,入北地。此非但攻梁也,且劫王以多割也。(《战国策·魏策三》)

　　(174) 进则受禄于君,退则藏禄于室,毋事治职,但力事属私。(《管子·法禁》)

　　(175) 匈奴匿其壮士肥牛马,但见老弱及羸畜。(《史记·刘敬叔孙通列传》)

　　(176) 太子起坐,更适阴阳,但服汤二旬而复故。(《史记·扁鹊仓公列传》)

　　(177) 以秦之强,诸侯譬如郡县之君,臣但恐诸侯合从,翕而出不意,此乃智伯、夫差、愍王之所以亡也。(《史记·秦始皇本纪》)

　　(178) 天子所以贵者,但以闻声,群臣莫得见其面,故号曰"朕"。(《史记·李斯列传》)

　　(179) 大臣以为遣经术吏往治之,乃可解。于是遣田叔、吕季主往治之。此二人皆通经术,知大礼。来还,至霸昌厩,取火悉烧梁之反辞,但空手来对景帝。(《史记·梁孝王世家》)

　　例 (172) 中的"但"如果联系下一句"请去此术,则穿请为弟子"来看,应为表示范围的副词,义为"只",表示对范围的限定。如果去掉"但",就表达不出说话人心中所确定排除对象的唯一性,因此,"但"在句中修饰动词性短语"不取",是句子成分之一,还不是不作句子成分的纯粹的语法功能词。因此邓云华、石毓智 (2006) 说社科院编《古代汉语虚词词典》所举此例中的"但"不是连词,而是表限止的副词,我们认为邓、石两位学者对这个句子中的"但"的理解分析是正确的。例

（173）中的"但"同样是范围副词，可译为"只"。但是还需注意的是句中的"非但"还不是一个复合词，而是相邻出现的并不具有直接组合关系的两个副词。司马迁《史记》中写战国时期魏国的史实时曾使用了《战国策》的材料，这一句被司马迁引用，写作"夫秦何厌之有哉！今又走芒卯，入北宅，此非敢攻梁也，且劫王以求多割地。（《史记·穰侯列传》）"我们比较例（173）和司马迁《史记》中的句子，可以发现司马迁在引用时对这个句子稍有改动，原句中的"但"被司马迁改成了"敢"，说明在司马迁的时代"非但"还不是一个复合词，"但"只是一个表示范围的副词。例（174）中的"但"也不是连词，此句后有古注，注作"其所勉力事务者，但属意于私"，从古注中我们更可以确定原句中的"但"是范围副词，也可译为"只"。而例（175）～例（179）这些出自《史记》的例子，从各句句意来看，都可明显看出"但"只是范围副词，还不是表示转折关系的连词。由以上分析可见，上古汉语中的"但"都是用作副词，还没有连词用法。

　　尽管"但"在上古汉语时期还没有产生连词用法，但是"但"用作表示转折关系的连词也并不是在元明之后才出现的。邓云华、石毓智（2006）曾评价过社科院编《古代汉语虚词词典》所举"但"作连词的6个例子，说："以上的'但'都还是限止用法，表示'只、仅仅、不过'等。从前后句子的关系来看，'但'所引进的句子与其前的句子并没有语义的对立。……我们调查了宋元时期的文献，还很少见到'但'用作转折连词。"可以看出邓、石两位学者提出的判断转折连词"但"出现的标准是"但"所引进的句子与其前的句子有语义的对立。我们认为用此标准来衡量"但"用作表示转折关系的连词是否产生是不太合适的。其理由是：（1）转折连词所连接的句子与其前的句子在语义上是否形成对立，其实很难有客观的判断标准，因而以此来评判转折连词"但"的产生很难避免因个人理解不同而得出不同的结论。从小句与小句间表示出的转折关系意义而言，其实只存在转折语义程度上的差异，不可能在语义的对立和非对立间作出截然的划分。事实上，在现代汉语中，用"但"连接的小句也并非总是和它前面的小句形成语义上的对立，但是汉语使用者还是倾向于把这样的"但"看作转折连词。比如，侯学超编《现代汉语虚词词典》（1998：120～121）解释转折连词"但"时共列有五种分布环境，其中有：①跟上文相反。如："尤小舟那时刚三十岁，个子不高，但体态端庄。"（《一九八三年中篇小说选·张贤亮〈河的子孙〉》）"屋内的所有的陈设都很富丽，但现在都呈现着衰败的景色。"（《曹禺文集》）②补充、解释、限制上文。如："她还是那么老丑，可是比往常添加了一些活力，好似她忽然变成另外一个人，还是她，但多了一些什么。"（老舍）"一个人能力有大小，但只要有这点精神，就是一个高尚的人，一个纯粹的人，一个有道德的人，一个脱离了低级趣味的人，一个有益于人民的人。"（《毛泽东选集》）我们比较这两种语境中的"但"可以看出，第一种语境中的"但"连接的小句跟前面的小句在语义上有较为明显的对立，而第二种语境中的"但"连接的小句跟前面的小句在语义上并没有构成明显的对立，但是，汉语使用者并不否认这两种语境中的"但"都是转折连词。再如，张斌主编《现代汉语虚词词典》（2001：127～128）解释了转折连词"但"，指出"但"的使用有两种情况：①用"但"带出的部分与前面的内容意思不同，甚至相对或相反。如："王美新文化水平不高，但讲话很有条理。"②用"但"带出的部分对前面所说的内容作出限制或补充。这种用法，转折意味轻一些。如："护城河边尽是烂泥堆，但还是有几个闲人坐在河沿上钓鱼。"可见，这本词典的编者也指出了现代汉语中的转折连词"但"并不总是运用在跟前一小句或句子在语义上有明显对立的小句或句子的句首，也可以是用在对前一小句或句子起补充、限制作用的小句或句子的句首。这只是转折连词"但"在连接小句、句子时，小句或句子间表现出的转折意味在轻重程度上的差异，但不能说用在转折意味较轻的小句或句子前面的"但"就不是连词。这样的看法是符合语言事实的。因此，我们认为汉语史上的转折连词"但"同样可以运用于没有明显语义对立的小句或句子之间。（2）表示转折关系的连词"但"是由表示限止义的范围副词进一步语法化而产生的，这个语法化的过程其实是一个连续的统一体，在表示转折关系的连词"但"产生之初，可以存在既可以看成副词，又可以看成连词"但"的用例，这是一种演化中的过渡状态，汉语史上存在这样的"但"也是符合语法历时演变规律的。因此，转折连词"但"刚产生时，可能还带有范围副词的某些语义痕迹，还不能表示强烈的语义对立关系，但是只要它符合连词的语法功能特征，我们就不能轻易加以否定。（3）正如我们在本书绪论部分所说，副词和连词区分的客观标准只能是语法功能，从语法功能上来确定词的语法属性已是学界的共识，这一点无须赘述。副词的基本功能是修饰谓词或谓词性短语，是句子的句法成分之一，而连词的语法功能是只起连接作用，不作句法成分。如果以这样的标准来分析社科院编《古代汉语虚词词典》所举的6个例子，我们认为也并非像邓云华、石毓智（2006）所说的所有例子中的"但"都是表示限止义，其中第（5）例中的"但"就可以确定为连词，是连词"但"表示转折关系的用法，此例和向熹（1993）举的转折连词"但"的六朝用例是一致的。因此，我们并不赞同邓云华、石毓智（2006）提出的表示转折关系的连词"但"元明以后才出现的观点。

从文献语料的实际情况来看，上古汉语中表示转折关系的连词"但"尚未产生，连词"但"实际上产生于中古汉语时期，其中，连词"但"表示转折关系的用法在魏晋南北朝时期已确有少量用例，除向熹（1993：302）举的《世说新语》中的一例外，我们再补充数例如下：

（180）卜筮者，圣人之业也。但近世无复佳师，多不能中。（《颜氏家训·杂艺》）

（181）神仙之事，未可全诬。但性命在天，或难钟值。（《颜氏家训·养生》）

（182）围棋有手谈、坐隐之目，颇为雅戏。但令人耽愦，废丧实多，不可常也。（《颜氏家训·杂艺》）

（183）灵帝光和元年，南宫侍中寺雌鸡欲化为雄，一身毛皆似雄，但头冠尚未变。（《搜神记》卷六）

（184）我与良药，能使即大。但今卒无，方须求索。（《百喻经·医与王女药令卒长大喻》）

（185）其胶势力，虽复相似，但驴、马皮薄毛多，胶少，倍费樵薪。（《齐民要术·煮胶》）

（186）即于六月中旱时，楼构作垄，蹑子令破，手散，还劳令

平，一同春法，但既是旱种，不须楼润。(《齐民要术·种胡荽》)

(187) 臣松之以为魏武初起兵，已有众五千，自后百战百胜，败者十二三而已矣。但一破黄巾，受降卒三十余万，余所吞并，不可悉纪；虽征战损伤，未应如此之少也。(《三国志·魏志·武帝纪》裴松之注)

(188) 佛时教言："汝到城门下，见人出者，为之作礼，入者亦礼。"时有一鬼神，化作婆罗门身，欲来入城。小儿向礼，鬼咒愿言："使汝长寿。"此鬼乃是杀小儿鬼。但鬼神之法不得二语，以许长寿，更不得杀。(北魏吉迦夜共昙曜译《杂宝藏经·长者子见佛求长命缘》)

以上例（180）~例（188），"但"都可以看成起连接作用，表示转折关系的连词。例（180）~例（182）3例都出自《颜氏家训》，"但"都可以理解为使用在句子句首用以表示转折关系的连词，从"但"所连接的句子与前面的句子语义的比较来看，反差还是较大的，因此，"但"所连接的句子表达的转折意味比较明显。例（183）中的"但"所连接的小句与前面的小句在语义上对立的程度不是很强，因而，"但"所连接的小句表示的转折意味也比较轻，但是"头冠尚未变"已是一个完整的主谓短语，即使去掉"但"，也不会改变句子原意，因此"但"实际上已可以理解为不作句法成分、只起连接作用的连词。例（184）中的"但"后连接的句子与前一句子在语义上的对立程度比较显著，"但"所连接的句子表示的转折意味也是比较强的，因此，"但"也是连词，表示它所连接的句子是在前面句子意义基础上的转折。例（185）是《齐民要术·煮胶》中"煮胶要用二月、三月、九月、十月，余月则不成。沙牛皮、水牛皮、猪皮为上，驴、马、驼骡皮为次"下的注文，汪维辉（2007：12）认为《齐民要术》中的夹注大部分是贾氏的自注，当时人著书有自己作注的习惯。从注文中出现了让步连词"虽复"来看，将此注文看作贾思勰的自注是可以的，因为"虽复"正是魏晋南北朝口语性较强的文献中常见的让步连词。由于前一小句出现了让步连词"虽复"，因此"但"所连接的小句表示的转折意味是较重的，这样的"但"肯定是表示转折关系的连词。例（186）同样出自《齐民要术》，"但"后面是表示推论的因果连词"既"，很显然，"但"是表示转折关系的连词。两个连词连用，表示出了句子意义的层级性，"既"所连接的小句是后面小句的原因，而这两个小句又通过连词"但"来连接，表示在前面句子意义上的转折，这样两个表示不同语法意义的连词连用，扩大了句子的语义容量，在魏晋南北朝时期，像这样使用语法形式标记的句子还只能在口语性强的文献中偶见。因而此例中的"但"也是成熟的转折连词用法。例（187）中的"但"出现在后一句子的句首，从前后文意看，"但"可确定为起连接作用表示转折关系的连词，"但"前的句子跟"但"所连接的句子在语义上构成了较强的对立。例（188）中的"但"所连接的句子和前面的句子在语义上构成了鲜明的对立，因此，"但"为表示转折关系的连词毫无疑义。可见，连词"但"表示转折关系的用法产生于魏晋南北朝时期是符合汉语语法史事实的。在近代汉语时期，表示转折关系的连词"但"使用逐渐增多，特别是在各时期口语性强的文献中，表示转折关系的连词"但"已较为常见。比如：

（189）如要留住，是为佛道，不敢违意。要住即留。但此国之政极峻，官家知闻，便道违敕之罪，有扰恼欤！（《入唐求法巡礼行记》卷一）

（190）谏议大夫褚遂良曰："即日四方仰德，不敢为非，但太子、诸王须有定分，陛下宜为万代法以遗子孙，此最当今日之急。"（唐吴兢《贞观政要·太子诸王定分》）

（191）误用恶人，假令强干，为害极多。但乱世惟求其才，不顾其行。太平之时，必须才行俱兼，始可任用。（唐吴兢《贞观政要·择官》）

（192）贯因麾幕属退，独谓仆曰："事尚在，但勿与诸人言。"（宋徐梦莘《三朝北盟会编》卷八）

（193）（赵）良嗣云："钱物则不较，但借路事恐难从。"（宋徐梦莘《三朝北盟会编》卷十一）

（194）有是理便有是气，但理是本，而今且从理上说气。（《朱

子语类》卷一）

　　（195）行好的倒无钱，又无儿女；但我瞒心昧己，倒有钱，又有儿。（《新校元刊杂剧三十种·无名氏〈小张屠焚儿救母〉》第二折）

　　（196）哥恼有理。但说起来，也不干桂姐事。（《金瓶梅词话》第二十一回）

　　（197）我们若赶上时，也把这个鸟知府杀了；但已不知去向。（《水浒传·第四十九回》）

　　（198）严老爷，而今是他不是，不该错吃了严老爷的药；但他是个穷人，就是连船都卖了，也不能赔老爷这几十两银子。（清吴敬梓《儒林外史》第六回）

　　（199）这桩东西诚然不可失落，但眼下我们这一群人断断没个回去的理。（清文康《儿女英雄传》第十回）

　　可见，连词"但"表示转折关系的用法自魏晋南北朝时期产生后，就一直在汉语口语中沿用，现代汉语中的"但"已是常用的转折连词，但使用频率不及更后起的复合转折连词"但是"。由于转折连词"但"使用历史较长，又是单音节词，因而在现代汉语中显示出很强的书面语色彩。

　　魏晋南北朝汉语中的连词"但"还可以表示条件关系，这种用法产生于东汉时期，但用例还不多见，我们只在东汉时期的道教文献《太平经》中见到 2 个用例。

　　（200）子但急传吾书道，使天下人得行之，俱思其身定精，念合于大道，且自知过失所从来也，即承负之责除矣。（《太平经·努力为善法》）

　　（201）但心意欲内怀以刑，治其士众，辄日为其衰少也。（《太平经·案书明刑德法》）

　　连词"但"表示条件关系时，一般是位于条件—结果型复句的前一小句句首，与现代汉语的条件连词"只要"用法相同，但也有用在前一

小句主语后面的, 如以上例 (200)。到了魏晋南北朝时期, 表示条件关系的连词"但"使用逐渐增多。比如:

(202) 但候曲香沫起, 便下酿。(《齐民要术·造神曲并酒》)

(203) 王闻欢喜答言:"但令前人得善福者, 甘心受苦, 不以为恨。"(北魏慧觉等译《贤愚经·降六师品》)

(204) (穆寿) 谓其子师曰:"但令吾儿及我, 亦足胜人, 不须苦教之。"(《魏书·穆崇传》)

(205) 死自分甘, 但令兄免, 萨有何恨!(《宋书·孙棘传》)

(206) 货存贸易, 不在少多, 昔日之贵, 今者之贱, 彼此共之, 其揆一也。但令官民均通, 则无患不足。(《宋书·范泰传》)

(207) 但令一人擎钵舫前, 一人正拖, 自安隐至也。期如所教, 果获全济。(《高僧传·杯度》)

(208) 汝若有疑, 可与王俭诸人量裁, 但令人臣之仪无失便行也。(《南齐书·豫章文献王传》)

例 (202) 中的连词"但"用于表示条件的小句句首, 后一小句有副词"便"与它搭配使用。例 (203) ~ 例 (208) 各例中的"但"所在的小句, 从句子意义看, 它跟后面的小句也构成了条件与结果的关系, "但"的后面都有一个"令", 这个"令"从句子意义来看还是表示使令义的动词"令", "令"后面的名词或名词性短语作它的宾语, 同时又作后面动词或动词性短语的主语。因此, 表示条件的小句中真正的连词是单音节词"但", 而不是"但令"。不过, 由于表示条件关系的连词"但"和表示使令义的动词"令"经常相邻出现, "令"的动词义因其在句中居于次要动词的位置而可能弱化, 像以上例 (206) ~ 例 (208) 各例中的"令"的动词性就要比例 (203) ~ 例 (205) 各例中的"令"弱一些, 这样"令"后面的名词或名词性短语就会渐渐脱离它的支配, 跟其后的动词或动词性短语构成独立的主谓结构, 从而进一步导致"令"的动词义的丧失。加上此时期汉语中已存在的含有"使""令"的复合连词的类推影响及汉语词汇复音化趋势的推动, 在不至于误解说话人基本意思的前提下，听话人有可能将"但令"当成一个复合的表示条件关系的连词来理解，从而导致重新分析句子中"但"和"令"的关系，即在"但/令"或"但令"间更倾向于选择"但令"。如果交际的另一方对这样的理解不表示异议，那么复合的连词"但令"就可能在语言使用中巩固下来，并作为创新的连词在语言交际中扩大使用范围。从此时期的文献语料来看，条件连词"但令"已能见到少数用例。比如：

（209）超将公孙五楼劝超拒之于大岘，超曰："但令度岘，我以铁骑践之，此成擒也。"（《魏书·铁弗刘虎传》）

（210）终祚呼奴令买犬，鼠云："亦不畏此也。但令犬入此户，必死。"（《古小说钩沉·幽明录》）

连词"但"表示条件关系的用法在近代汉语还继续使用，但是用例较少。比如：

（211）本心入道，志乐头陀。但是名山，归心礼谒。（《入唐求法巡礼行记》卷二）

（212）男儿但得功名立，纵是深恩亦易酬。（《全唐诗·李咸用〈和蒋进士秋日〉》）

（213）臣岂不惧（韦）擢之势，但申陛下法，死无所恨。（唐刘肃《大唐新语·刚正》）

（214）但北朝皇帝指挥了绝，既便可以了绝也。（宋沈括《乙卯入国奏请》）

（215）但见弟兄每生受的，我便借与他些钱物做本，并不要利息。（《新校元刊杂剧三十种·〈马丹阳三度任风子〉》第一折）

（216）但有些风吹草动，拿我个帖儿送与周大人，点到奉行。（《金瓶梅》第十四回）

【虽复】

在第四章第四节让步连词这类连词的描写分析中，我们说魏晋南北朝时期的"虽复"是一个复合的让步连词，它是由单音节的让步连词"虽"与词缀"复"构成的。关于中古汉语"复"作词缀的问题，学界自 20 世纪 80 年代起即展开了论述。江蓝生（1988：68～69）说"复"作语缀，多用在副词、否定词、连词之后。刘瑞明（1989/1998）、蒋宗许（1990/1994）、姚振武（1993/1997）等在《中国语文》上撰文就中古汉语的"自"和"复"是否可以作词尾（即我们说的词缀）展开了激烈的讨论。刘瑞明、蒋宗许等认为中古汉语的"自""复"有作词尾的用法，而姚振武坚持认为"自""复"没有作词尾的用法，用于某些副词后的"自""复"及某些连词后的"复"是既能单独运用，又能广泛参与构词的语素。柳士镇（1992：236、237、261）认为魏晋南北朝时期已有很多附有词缀"自"和"复"的双音节复合副词，同时也有一些附有词缀"复"的双音节复合连词。高育花（2007：78～82）认为中古时期"复"和"自"作为副词词缀运用十分广泛。因此，现在学界已经普遍承认"复"和"自"在中古时期可以用作构词词缀。我们赞同中古时期的"复""自"可以作构词词缀的观点，但是因为本书的研究重点是中古时期的连词，所以我们不打算详细论述"复""自"在此时期作词缀的所有问题，只拟对此时期连词中的构词词缀加以探讨。

柳士镇（1992：261）曾指出，"复"字自东汉开始用作副词词缀，此时期又类化用为连词词缀，也主要用在假设连词与让步连词之中，既可以附于旧有连词之后，又可以附于新兴连词之后，用例较为常见。并以魏晋南北朝时期含"若复""虽复""纵复""假复""况复""脱复""就复""正复""故复""为复"等的用例加以论证。我们认为，他在 20 世纪 90 年代以丰富的例子论证魏晋南北朝时期的"复"可以作连词词缀，可以说是中古汉语语法乃至汉语语法史研究方面产生的可观成果之一。据我们对魏晋南北朝汉语使用的连词的考察，"自"并没有作连词词缀构成复合连词的用例，用于构成复合连词的词缀只有"复"。但是，我们认为魏晋南北朝时期的复合连词也只有少数几个是含有"复"这个词缀的，并没有像柳士镇所列举的那样可达 10 个之多。其实，魏晋南北朝文献中有些出现在单音节连词后的"复"只是副词，并不是连词词缀，这是需要仔细辨别的。因此，柳士镇的观点和所举例子在今天看来尚有可完善之处。正如我们前面相关章节所论述的，此时期可以确定为附加"复"词缀而构成的复合连词实际上只有"况复""加复""虽复""纵复""设复""正复"，也就是说除了两个递进连词外，其余4个都是让步连词，假设连词中没有含有"复"词缀的复合连词。比如"若复"，柳士镇（1992：261）将它看成附有词缀"复"的假设连词，举的例子是："若复二三日无消息，便是不复来邪？"（《宋书·谢晦传》）"今若复作此事，恐四海瓦解。我其不敢言。"（《南齐书·萧坦之传》）第一例出自《宋书》，此例的上下文是：

> 先是景平中，索虏为寇，覆没河南。至是上欲诛羡之等，并讨晦，声言北伐，又言拜景陵，治装舟舰。傅亮与晦书曰："薄伐河朔，事犹未已，朝野之虑，忧惧者多。"又言："朝士多谏北征，上当遣外监万幼宗往相谘访。"时朝廷处分异常，其谋颇泄。三年正月，晦弟黄门侍郎瞚驰使告晦，晦犹谓不然，呼咨议参军何承天，示以亮书，曰："计幼宗一二日必至，傅公虑我好事，故先遣此书。"承天曰："外间所闻，咸谓西讨已定，幼宗岂有上理。"晦尚谓虚妄，使承天豫立答诏启草，言伐虏宜须明年。江夏内史程道惠得寻阳人书，言："朝廷将有大处分，其事已审。"使其辅国府中兵参军乐同封以示晦。晦又谓承天曰："幼宗尚未至，若复二三日无消息，便是不复来邪？"

从整段文字的意思来看，我们不难看出"若复"不是一个复合词，"若"是假设连词，"复"是副词，与"便是不复来邪？"中的"复"意思相同，都可译为"再"。

第二例出自《南齐书》，此例中的"若复"同样不是一个复合词，此例上下文是：

> 江祏兄弟欲立始安王遥光，密谓（萧）坦之，坦之曰："明帝取天下，已非次第，天下人至今不服。今若复作此事，恐四海瓦解。我其不敢言。"

可见，"今若复作此事"的意思是"现在再作这样的事情"，"今"是时间副词，"若"是假设连词，"复"是表示动作或情况重复发生的副词，副词"复"也可译为"再"，"若复"并不是一个复合词。因此，柳士镇所举两例中的"若复"都不是一个复合词，"复"仍是副词，并不是连词的词缀。据我们对魏晋南北朝文献中"若"和"复"相邻出现的用例的考察，"若"都为假设连词，而"复"绝大多数为副词，也有少数"复"是动词，并没有"复"作词缀的复合连词"若复"的用例。比如：

(217) 王（夷甫）叹曰："卿天才卓出，若复小加研寻，一无所愧。"（《世说新语·文学》13）

(218)（唐文伯弟）久后病癫，卜者云："祟由盗佛钱。"父怒曰："佛是何神，乃令我儿致此？吾当试更虏夺，若复能病，可也。"（《古小说钩沉·冥祥记》）

(219) 后闻凉州贾胡言，若复前行二日，则尽灭之矣。世祖深恨之。（《魏书·崔浩传》）

(220)（虞）定国曰："仆宁肯请人之父而淫人之女。若复见来，便当斫之。"后果得怪。（《搜神记》卷十七）

(221) 若无石榴者，以好醋和饭浆亦得用。若复无醋者，清饭浆极酸者，亦得空用之。（《齐民要术·种红蓝花、栀子》）

"若""复"相邻同现的用例，在《世说新语》《搜神记》《齐民要术》《古小说钩沉》中都只有上面所举一例，其中例（217）～例（220）中的副词"复"可译为"再"，例（221）中的副词"复"可译为"又"。

再看"脱复"，柳士镇（1992：261）也认为是附有词缀"复"的复合让步连词，举的例子是："脱复高曳长缣，虚张功捷，尤而效之，其罪弥甚。"（《魏书·韩麒麟传》）此例的上下文是：

（韩）显宗曰："臣顷闻镇南将军王肃获贼二三，驴马数匹，皆为露布，臣在东观，私每哂之。近虽仰凭威灵，得摧丑虏，兵寡力弱，擒斩不多。脱复高曳长缣，虚张功捷，尤而效之，其罪弥甚。臣所以敛毫卷帛，解上而已。"

如果结合韩显宗说的整段话的意思，我们不难理解"脱"是假设连词，可译为"如果"，"复"是副词，可译为"再"，因此"脱复"也不是一个复合词。在魏晋南北朝中土文献和汉译本缘部佛经文献中，"脱"和"复"相邻出现的用例很少，只有《南齐书》《宋书》中各见 1 例，《魏书》中见 2 例。

（222）臣以为当今四海清平，九服宁晏，经国要重，理应先营；脱复稽延，则刘向之言征矣。（《魏书·李崇传》）

（223）怨积聚党，凶迷相类，止于一处，何足不除，脱复多所，便成纭纭。（《南齐书·豫章文献王传》）

（224）若天眷周已，脱复迟回，请出臣表，逮闻外内，朝议舆诵，或有可择。（《宋书·王弘传》）

例（222）依句意来看，"脱"是假设连词，可译为"如果"，"复"是副词，可译为"再"。例（223）中的"脱"同样是假设连词，可译为"如果"，"复"也是副词，可译为"又"。《二十四史全译》之《南齐书全译》的编者对这句话的翻译是："怨忿多了便聚集成伙，凶恶与糊涂类似，只是这一处，为什么不根除，若又有多处这样，便造成纷乱。"编者将"脱"翻译成了假设连词"若"，"复"翻译成了副词"又"，这样的理解和翻译是准确的。例（224）中"脱"不是假设连词，而是表示或然的副词，可译为"或许"，"复"也是副词，可译为"又"，《二十四史全译》之《宋书全译》的编者对这句话的翻译是："如果圣上的恩宠不停止，或许又犹豫难决，请求发布我的表章，让朝廷内外都知晓，朝廷和民众的议论，或许有可供选择的。"编者对"脱"和"复"的翻译是准确的。可见，"脱复"在中古时期并不是复合的让步连词。

再如"就复"，柳士镇（1992：261）同样认为是附有词缀"复"的让步连词，举的例子是："就复东行，必不倾危矣。"（《三国志·蜀志·法正传》）我们用语料库搜检了魏晋南北朝时期的文献，"就"和"复"相邻出现的只找到了这一个用例。社科院编《古代汉语虚词词典》（1999：315）收有"就"这个词，分别解释了它作连词、副词、介词的用法，对"就"的连词用法的解释是：连词，用在复句的前一分句，表示假设让步关系。可译为"即使""纵使"等，所举例子中就有柳士镇所举的此例，为："法孝直若在，则能制主上，令不东行。就复东行，必不倾危矣。"（《三国志·蜀书·法正传》）可见，词典的编者认为此句中只有"就"是连词，"就复"并不是一个复合连词。在此词典的"复"这个词条下（1999：164），编者解释为副词，列了八个义项，其中第六个义项是：用在动词谓语前，表示所指是保持原有的状态。可译为"仍然"等。所举的第一个例子也是柳士镇所举的此例，为："亮叹曰：'法孝直若在，则能制主上，令不东行。就复东行，必不倾危矣。'"（《三国志·蜀书·法正传》）我们认为，社科院编《古代汉语虚词词典》将此句中的"就"解释为让步连词，译为"即使""纵使"，将"复"解释为副词，译为"仍然"，这样的解释更符合句子原意。而魏晋南北朝时期文献中"就"跟"复"相邻出现的用例仅此一处，因此，此时期的"就复"并不是由单音节的让步连词"就"附加连词词缀"复"构成的复合连词，而是两个各自独立的词。

　　"假复"在柳士镇看来，也是附有词缀"复"的复合连词。他所举的例子是："假复有之，途程纡远，山河之状，全乖古证。"（《水经注》卷十一）此句出自《水经注·滱水》，陈桥驿《水经注校证》对于这个句子的标点有所不同，为：

　　　　今考此城之南，又无山以应之，是故先后论者，咸以《地理志》之说为失。又即俗说以唐城为望都城者，自北无城以拟之。假复有之，途程纡远，山河之狀全乖，古证传为疏罔。

　　两相比较，我们认为陈桥驿的标点断句更为准确，"乖"义为"不同"，"疏"义为"贫乏"，"罔"义为"没有"，"疏罔"可理解为"缺乏"。据上下文意看，"假"是表示让步关系的连词，可译为"即使"，"复"是副词，可译为"又"。因此，我们认为"假复有之"中的"假复"是两个词，而不是含有连词词缀"复"的复合连词。此外，我们搜检了魏晋南北朝文献中"假"为连词时后有"复"出现的例子，只找到了2个，除《水经注》中这一个例子外，《魏书》中还见一例，为：

（225）恭宗曾启世祖广征俊秀，世祖曰："朕有一孝伯，足治天下，何用多为？假复求访，此人辈亦何可得？"其见赏如此。（《魏书·李孝伯传》）

例（225）中的"假复"从上下文意来看，应该是两个词，"假"是表示让步关系的连词，"复"是表示动作行为重复的副词，可译为"再"。《二十四史全译》之《魏书全译》的编者对这句话的翻译是："恭宗曾陈请世祖广泛征召俊才秀士，世祖说：'朕有一个孝伯，足可治天下，人多有什么用？即使再访求，此类人又怎可得到？'他就是如此被赏识。"可以看出，编者是将"假"译为让步连词"即使"，"复"译为副词"再"，这样的翻译是完全合符句子原意的。所以此例中的"假复"也不是一个复合连词。

再如"故复"，柳士镇（1992：262）认为也是附有连词词缀"复"的复合连词，举了一个例子，为："皇帝既深悼刘将军之早世，……故复运慈念而劳仁心。"（《三国志·蜀志·许靖传》注引《魏略》）从这个截取的句子来看，"故复"似乎可以理解为复合连词，但是如果联系"故复"的上下文，我们则可清楚地看出"故复"并不是一个复合词，而是两个各自独立的词。此句的上下文是：

皇帝既深悼刘将军之早世，又愍其孤之不易，又惜使足下孔明等士人气类之徒，遂沉溺于羌夷异种之间，永与华夏乖绝，而无朝聘中国之期缘，瞻睎故土桑梓之望也，故复运慈念而劳仁心，重下明诏以发德音，申敕朗等，使重为书与足下等。

从句子意义来看，"故"是表示因果关系的连词，"复"和下句的"重"构成了对文，又是同义词，因此，"复"也是表示动作行为重复的副词，可以译为"又"。我们认为这样理解句子中的"故复"才是准确的，因此，他所举的此例中的"故复"并不是附有连词词缀"复"的复合连词。《三国志》及裴松之的注中"故""复"相邻出现共见7次，"故复"都不是复合连词，而是两个词。如：

（226）幕府唯强干弱枝之义，且不登叛人之党，故复援旌擐甲，席卷赴征，金鼓响震，布众破沮，拯其死亡之患，复其方伯之任，是则幕府无德于兖土之民，而有大造于操也。（《三国志·魏志·袁绍传》裴松之注引《魏氏春秋》）

（227）昔宣帝察少府萧望之才任宰相，故复出之，令为冯翊。从正卿往，似于左迁。上使侍中宣意曰：'君守平原日浅，故复试君三辅，非有所间也。'（《三国志·魏志·王修传》裴松之注引《魏略》）

（228）卿兼资文武，志节慷慨，常有超越江湖吞吴会之志，故复授将率之任。（《三国志·魏志·蒋济传》）

（229）初，先主时，惟法正见谥；后主时，诸葛亮功德盖世，蒋琬、费祎荷国之重，亦见谥；陈祗宠待，特加殊奖，夏侯霸远来归国，故复得谥；于是，关羽、张飞、马超、庞统、黄忠及云乃追谥，时论以为荣。（《三国志·蜀志·赵云传》）

（230）（卫）继为儿时，与兄弟随父游戏庭寺中，县长蜀郡成都张君无子，数命功曹呼其子省弄，甚怜爱之。张因言宴之间，语功曹欲乞继，功曹即许之，遂养为子。继敏达夙成，学识通博，进仕州郡，历职清显。而其余兄弟四人，各无堪当世者。父恒言己之将衰，张明府将盛也。时法禁以异姓为后，故复为卫氏。（《三国志·蜀志·杨戏传》裴松之注引《益部耆旧杂记》）

以上例（226）～例（230）中的"故复"结合句意不难看出都不是复合词，而是两个独立的词。其中，"故"都是表示因果关系的连词，可译为"所以"，"复"在例（226）～例（229）中是副词，可根据句意译为"又"或"再"，例（230）中的"复"可理解为动词，是"恢复"的意思。可见《三国志》及裴松之的注中"故""复"相邻出现的例子，"故复"都不是复合连词。我们又检索了魏晋南北朝时期其他文献中"故"用作连词后面紧跟着出现"复"的例子，也没有找到"故复"作复合连词的用法。

又如"为复"，柳士镇（1992：262）认为也是附有连词词缀"复"的选择连词，举了一个例子："不知桓公德衰？为复后生可畏？"（《世说新语·排调》）但据我们检索魏晋南北朝的文献，表示选择关系的连词"为"后紧跟着"复"的仅见《世说新语》中此例，其中的"复"似乎还可以理解为副词"又"，如果将"为复"理解为复合连词我们觉得证据不足。因此，在根据现存的魏晋南北朝时期文献，找不到更多的"为复"用作复合连词的用例的前提下，我们只能以谨慎的态度将"为复"看作在句子中相邻出现的两个词，而将它排除在此时期使用的复合连词之外。

从以上的分析可以发现，魏晋南北朝时期使用的复合连词中含有词缀"复"的连词其实并不多，只有当出现于单音节连词后的"复"不再是动词或副词时，"复"才可能是构成这个复合连词的词缀。如此时期使用的让步连词"虽复"：

（231）（夏侯）玄曰："虽复刑余之人，未敢闻命。"（《世说新语·方正》6）

（232）王丞相见卫洗马，曰："居然有羸形，虽复终日调畅，若不堪罗绮。"（《世说新语·容止》16）

（233）其胶势力，虽复相似，但驴、马皮薄毛多，胶少，倍费樵薪。（《齐民要术·煮胶》）

（234）主上虽复狂衅，虐加万民，而累世皇基，犹固盘石。（《南齐书·纪僧真传》）

（235）（陆）澄曰："仆年少来无事，唯以读书为业。且年已倍令君，令君少便鞅掌王务，虽复一览便谙，然见卷轴未必多仆。"（《南齐书·陆澄传》）

（236）若刘公自率众至豫章，遣锐师过岭，虽复将军神武，恐

必不能当也。(《宋书·武帝纪上》)

(237) 中间至促,虽复离朱之明,犹不能穷而分之。(《魏书·乐志》)

以上例(231)~例(237)中的"虽复"根据句意来看应该是复合连词,"复"在各句中并没有表示动作行为重复或两种动作行为接续发生的意思,因此译为"再""又"都不合适。"复"在古代汉语(包括上古至近代的汉语)中并不能作连词使用,因此这样的"虽复"不可能是通过同义复合而构成的复合连词,结合此时期使用的"纵复""正复""设复""况复"等复合连词来看,"复"已经是参与构成双音节复合词并表明此复合词词性的词缀。但是,这样的连词词缀是怎样产生的呢?以前赞成此时期有"复"这个连词词缀的学者都只指出了连词词缀"复"在中古汉语存在的事实,但对于它的来源尚未有过详尽的探讨。柳士镇(1992:261)曾对此时期的连词词缀"复"的产生有过简要的解释,认为"'复'字自东汉开始用作副词词缀,此期又类化用为连词词缀"。那么,按照他的解释,魏晋南北朝时期的连词词缀"复"是受东汉时期产生的副词词缀"复"类推而产生的。但是,他并没有解释为什么此时期使用的副词词缀"复"能够类推产生出连词词缀"复"。从此时期使用的含有词缀"复"的复合连词来看,"虽复""纵复""设复""况复""正复"都没有副词的用法,因此说连词词缀"复"是由副词词缀"复"类推产生的,就很难使人信服。我们认为,连词词缀"复"是副词"复"在单音节连词后逐渐虚化,并在中古时期汉语词汇复音化的趋势推动下而产生的。我们试以复合的让步连词"虽复"的形成为例,来说明连词词缀"复"的演化过程。单音节的让步连词"虽"后面紧跟着出现副词"复"的例子上古汉语时期已能见到,比如:

(238) 妾伤夫死者不可复生,刑者不可复属,虽复欲改过自新,其道无由也。(《史记·孝文本纪》)

(239) 夫鄢陵君受地于先君而守之。虽复千里不得当,岂独五百里哉?(西汉刘向《说宛·奉使》)

例（238）、例（239）中的"虽复"从句意来看，还不是一个复合连词。其中，只有"虽"是表示让步关系的连词，位于小句句首。而"复"则是副词，表示动作行为的接续，可译为"再"。"虽复欲改过自新"的意思是"虽然再想要改过自新"，"虽复千里不得当"的意思是"虽然再有千里地不可以交换"。但是到了东汉时期，让步连词"虽"跟它后面出现的副词"复"的关系有了某些变化，即"复"在句子中表示动作行为重复或接续的意义不很明显，"复"就有了依附于连词"虽"构成复合连词的倾向，比如：

（240）自尧以上王者，皆子孙据国而起，功德浸盛，故造美号。舜、禹本以白衣砥行显名，升为天子。虽复更制，不如名著，故因名焉。（东汉应劭《风俗通义·皇霸·三王》）

例（240）中的"复"词义已经更为虚化了，表示动作行为接续的意义已经不太明显，虽然可以理解成副词"又"，但是如果将"虽复"理解为一个复合的让步连词也未尝不可，因此，此例中的"复"已经接近演变成一个连词词缀了。但是东汉时期的汉译佛经中已经见到"复"作连词词缀的"虽复"的用例了，比如：

（241）是时父王每诣佛所，见迦叶等千人形体至陋，每心不平："此等比丘虽复心精，无表容貌。"（东汉昙果共康孟详译《中本起经·度瓶沙王品》）
（242）佛告长者："宿命善行，乃得见佛。虽复尊豪，然不通道者，譬如狂华，落不成实。"（东汉昙果共康孟详译《中本起经·尼捷问疑品》）

以上例（241）、例（242）中的"复"已经不再是副词，没有了表示动作行为重复或接续的意义，只能当作构成复合词"虽复"的一个音节，而表示让步关系的语义主要体现在语素"虽"的上面，因此"复"实际上已经可以理解为一个附加的词缀。但在东汉时期，刚产生的复合连词

"虽复"使用范围极其有限，而单音节让步连词"虽"和副词"复"相邻出现的例子仍然存在，可见"复"作为连词的词缀尚未得到广泛使用。比如：

（243）远览之士，莫不计度，以为汤功累世不可及，而汤过人情所有，汤尚如此，虽复破绝筋骨，暴露形骸，犹复制于唇舌，为嫉妒之臣所系虏耳。（《汉书·陈汤传》）

（244）十二圣相不同，前圣之相，难以照后圣也。骨法不同，姓名不等，身形殊状，生出异土，虽复有圣，何如知之？（《论衡·乱龙篇》）

例（243）、例（244）中的"复"根据句意来看都是副词，可译为"再"。因此，此两例中的"虽复"和复合连词"虽复"是不同的。但是到了魏晋南北朝时期，复合连词"虽复"的使用就比东汉时期增多了，比如上文例（229）～例（235）各例，可见"复"作为词根"虽"的附加词缀已经得到了当时语言社团的认可，并同时被类推扩展运用到其他单音节连词后，与这些连词构成相应的附加词缀"复"的复合连词，如"况复""设复""正复""纵复"等。如：

（245）夫拥数千乌合，抗天下之兵，倾覆之状，岂不易晓。假令六蔽之人，犹当不为其事，况复足下少祖名教，疾没世无称者邪。（《宋书·殷琰传》）

（246）后慕容俊都邺，处石虎宫中，每梦见虎啮其臂，意谓石虎为祟。乃募觅虎尸，于东明馆掘得之，尸僵不毁。俊踏之骂曰："死胡敢怖生天子。汝作宫殿成，而为汝儿所图，况复他耶？"鞭挞毁辱，投之漳河。（《高僧传·竺佛图澄》）

（247）庚门，表二石阙，夹对石兽于阙下。冢前有石庙，列植三碑。……石庙前又翼列诸兽。但物谢时沦，凋毁殆尽。夫富而非义，比之浮云，况复此乎？（《水经注·洧水》）

（248）（谢）晦自知而纳善不周，设复功济三才，终亦以此为

恨。(《宋书·谢弘微传》)

(249) 设复有人得十万车金，亦不如以一钵之食施持戒者，况复听法欢喜，经于时节。(北魏吉迦夜共昙曜译《杂宝藏经·大爱道施佛金缕织成衣并穿珠师缘》)

(250) 具状表闻，高祖览表大悦，召集公卿以下以表示之，曰："我任城可谓社稷臣也，寻其罪案，正复皋陶断狱，岂能过之?"(《魏书·任城王传》)

(251) 贫人以少花投中便满，富人以多花供养，正复百千万斛，终亦不满。(《水经注·河水》)

(252) 深源思致渊富，既未易为敌；且己所不解，上人未必能通。纵复服从，亦名不益高。(《古小说钩沉·裴子语林》)

(253) 夫行陈之义，取于陈列耳，此六书为假借也，苍、雅及近世字书，皆无别字；唯王羲之小学章，独"阜"傍作"车"，纵复俗行，不宜追改《六韬》《论语》《左传》也。(《颜氏家训·书证》)

那么，为什么连词词缀"复"只附加于表示递进及让步关系的少数单音节连词后面构成复合连词呢? 我们认为这和副词"复"经常出现在这些单音节连词后有极大的关系，因为表示递进关系的连词"况"经常在后一小句的句首，而后面又常有副词"复"出现，表示"比前面情况更重或更轻的情况更不必说了"的句意。如:

(254) 铜价至贱五十有余，其中人功、食料、锡炭、铅沙，纵复私营，不能自润，直置无利，自应息心，况复严刑广设也。(《魏书·高崇传》)

(255) 且军师在外数千万人，一日之费非徒千金，举天下之赋以奉此役，犹将不给，况复有宫庭非员无录之女，椒房母后之家，赏赐横兴，内外交引，其费半军。(《三国志·魏志·明帝记》裴松之注引《魏略》)

表示让步关系的连词常出现在前一小句句首，后面也经常出现副词

"复"，表示同样的事情或情况即使再次发生，也不会产生某种结果，这样的例子如上文例（241）、例（242）。这些事实也可进一步证明"复"用作连词词缀应该是副词"复"进一步语法化的结果。中古汉语的副词"复"在某些表示递进和让步关系的单音节连词后面发展演变为连词词缀，其演变路径可以用这样的一个语法化斜坡（cline）① 来显示：实义词汇项（动词）>语法词（副词）>构词词缀（连词词缀）。但从文献语料来看，由于"复"从副词过渡到连词词缀的时间不是很长，所能找到的中间状态的用例极少，因此我们相信中古时期汉语词汇复音化的迅速发展对"复"用作连词词缀起了很大的推动作用。因为小句句首位置的让步连词"虽"是一个单音节的词，在汉语复音词已经占据优势的中古时期，语言使用者倾向于将双音节的结构视为汉语复合词的理想音步②，因此，当"虽"后面的"复"在某种语境中用作副词的语义不太明显时，就很容易被听话人（或读者）理解为"复"只是参与构成一个音步的音节，从而将它跟"虽"结合起来理解为复合词"虽复"。这样，"虽复"就可能被当作一个创新的复合连词在语言社团中使用，到了魏晋南北朝时期"虽复"的用例有所增加就是证明。与此类似的是，表示递进关系的连词"况"与它后面常出现的副词"复"也经历了相同的演变历程，但因为受到了复合词"虽复"的影响，这个演变的过程在很短的时间内已经完成，所以我们很难在此时期文献中找到处于演变过渡阶段的例子。那

---

① 霍伯尔、特拉格特（2005，梁银峰译 2008：7）曾解释了"斜坡"这个概念，他们指出，对语法化研究来说，"斜坡"是一个基本的概念。从变化的观点来看，形式不会突然从一种范畴转变为另一种范畴，而会经历一系列细微的过渡，这些过渡在类型上往往具有跨语言的共性。"斜坡"是基于观察所作出的一个隐喻，即形式都会跨语言地经历同样的演变或在演变顺序上具有相似的关系。大多数语言学家都会同意存在一个如下类型的"语法化斜坡"：实义项>语法词>附着形式>屈折词缀。本书赞同这样的观点，但是由于汉语中并不存在严格意义上的屈折词缀，因此，在汉语某些词汇项的语法化实例中，这个语法化斜坡是有所不同的。

② 冯胜利（1997：3）从韵律词的角度分析了汉语的音步，认为汉语最基本的音步是两个音节。因此，他将双音节音步作为汉语最小的、最基本的"标准音步"，把其他音步形式看作标准音步的"变体"：单音步音步是"蜕化音步"；三音节音步是"超音步"。并指出，在转化成复合词的时候，标准音步有绝对优先的实现权。尽管他是站在现代汉语的立场来分析的，但我们有理由相信在复合词已经占据优势的中古汉语时期，语言使用者已经有将双音节作为汉语中的标准音步的强烈倾向。

么，复合连词"虽复"和"况复"在语言中的多次使用，就巩固并突出了"复"作为连词词缀的地位。这样，它就有可能被类推运用到其他的单音节连词后面构成同义的复合连词。比如，将连词词缀"复"附加于单音节连词"加""设""正""纵"后面，构成了表示递进关系的复合连词"加复"和表示让步关系的复合连词"设复""正复""纵复"。从魏晋南北朝文献中的"加复""设复""正复""纵复"的使用情况来看，它们基本上都是用作复合连词，"复"都不再是独立的副词，因此我们认为这些复合连词是由此时期形成的连词词缀"复"直接附加在"加""设""正""纵"等单音节连词后而形成的，反映了连词词缀"复"在当时语言应用中的扩展。但是，中古时期这些含有词缀"复"的复合连词在产生后并不是使用频率很高的常用连词，因此这些复合连词在与同类连词的竞争中经常处于劣势地位，以至于在汉语以后的发展中逐一退出使用领域，渐次消亡。复合连词"正复"在唐代已不见使用，跟"正""正使""正令"这些让步连词的消亡是同步的。"设复"在唐代的使用已经极为少见，只有义净的译经中有 5 例，《全唐文》中见 1 例，如：

（256）设复有人以净信心栴檀涂拭，如来于彼不起喜心。设复有人以诸怒心将刀伤割，如来于彼不起嗔心。（唐义净译《根本说一切有部毗奈耶药事》卷五）

（257）我于此处，堪作安居。乃至同梵行者，不生忧恼。设复生时，速能除灭。（唐义净译《根本说一切有部毗奈耶安居事》）

（258）佛涅盘后，世界空虚。惟是经典，与众生俱。设复有人书贝叶上，藏檀龛中，非坚非久，如蜡印空。（《全唐文·白居易〈苏州重元寺法华陀石壁经碑文〉》）

以上例（256）~例（258）各例中的"设复"还是表示让步关系的复合连词，但到宋代已不见让步连词"设复"使用，可见它在宋代的汉语中已经消亡。

让步连词"虽复"在唐代尚能见到比较多的例子，略举 4 例如下：

（259）既至城门，门人告曰："长者虽复多诸仆从，然须在意勿被贼偷。"（唐义净译《根本说一切有部毗奈耶》卷十九）

（260）虽复帝祚长短，委以玄天，而福善祸淫，亦由人事。（唐吴兢《贞观政要·行幸》）

（261）昔桀纣虽复不贤，亦各有子，未闻汤武臣辅之。（唐温大雅《大唐创业起居注》卷下）

（262）若以本物却还，得免计赃为罪，仍依"盗不得财"科之。若其非官本物，更以新物替之，虽复私自陪备，贸易之罪仍在。（唐长孙无忌等《唐律疏议·盗诈取人财物》）

以上例（259）～例（262）各例中的"虽复"都是复合的让步连词，在唐代不仅可以用在小句句首，还可以用在小句的主语后面，和现代汉语中的让步连词"虽然"用法相同。到了宋代，让步连词"虽复"的使用已迅速减少，略举 3 例如下：

（263）《尊卑经》云：真经要妙，其文无双，三十六万四千正言无数，不离正一。演气布化，《五千》为宗，真精要妙，三洞为最也。然此法虽复久远，论其所盛，起自汉朝。（宋张君房《云笈七签·四辅》）

（264）如使民日益困穷而无告，异日无以待仓卒意外之患，则虽复岁得千万，无益于败，此贤将帅之所畏也。（《东坡全集·上韩魏公论场务书》）

（265）如有一物碍在胸中，不安之相常现在前。日久月深对治功熟，则身心客尘恰似轻安。虽复轻安疑根未断，如石压草，犹于生死界不得自在。（《高丽国普照禅师修心诀》）

到了元明时期，让步连词"虽复"就很少见用例了，因此我们可以认定产生于中古时期的让步连词"虽复"在元明时期已经消亡。

让步连词"纵复"在唐代使用频率远不及"虽复"，用例很少，我们只在唐诗中找到了 2 个例子，为：

（266）春风已遣归心促，纵复芳菲不可留。（《全唐诗·刘长卿〈留辞〉》）

（267）少室尽西峰，鸣皋隐南面。柴门纵复关，终日窗中见。（《全唐诗·皇甫冉〈山中五咏·远山〉》）

让步连词"纵复"在宋代仍见使用，用例比唐代略多，如：

（268）诗人纵复工难拟，莫把闲花容易比。（《全宋词·无名氏〈玉楼春〉》）

（269）与者言曰："三镇既尝许之，今不与，是中国失信，不若且与之。纵复猖獗，则天怒人怨，师出有名，可不战而屈也。"（宋丁特起《靖康纪闻·元年十一月十四日》）

（270）王僧虔书犹如扬州王谢家子弟，纵复不端正奕奕，皆有一种风气。（宋赵与时《宾退录》卷二）

（271）金橙纵复里人知，不见鲈鱼价自低。（《东坡全集·金橙径》）

在元明时期文献中已不见让步连词"纵复"，因此，产生于中古的让步连词"纵复"也消亡于元明时期。

中古时期新生的含有词缀"复"的递进连词"加复"在唐代还能见到少数用例，在宋代已不见使用，可见它消亡于宋代。唐代"加复"的用例如：

（272）三业精勤，偏宏禅观，境智俱寂，定慧双融。遂使尘静昏衢，波澄元海，心珠道种，莹七净以交辉；戒月悲花，耿三空而列耀。加复霜松洁操，水月虚襟，布衣蔬食，忘身为法。（《全唐文·魏静〈永嘉集序〉》）

（273）而岁月如流，六十之年，飒然已至。念兹遄速，则生涯可知。加复少固求法，寻访师友，自邦他国，无处不经，涂路远遥，身力疲竭。（《全唐文·玄奘〈请入少林地翻译表〉》）

　　而递进连词"况复"是这些含有词缀"复"的复合连词中沿用时间最长的，直至清代还能在文人小说中见到零星用例，但从"况复"在近代汉语各个时段的使用来看，我们可以明显看到它在语言中的使用呈现出逐渐衰微的趋势，元明时期用例已经很少，清代更是偶见使用，完全消亡是在现代汉语时期。如：

　　（274）但圣人设教，应物施行，况复中人上士，性分有殊，道佛二门，随性开化，洪通两教，不亦宜乎？（《全唐文·刘如〈不毁化胡经议〉》）

　　（275）虽江海善下，每应朝宗之心；而日月居高，久称照临之位。况复上承天命，下睹人诚，若然辞之，理有不可。（《柳宗元全集·礼部为百官上尊号表》）

　　（276）今者乃以忝冒之故，复致兄轼逡巡退避，不敢安职，于臣私情，莫遑宁处。况复兄轼才高行备，过臣远甚，不唯众所共知，抑亦圣鉴所亮。（苏辙《栾城后集·兄除翰林承旨乞外任札子四首其一》）

　　（277）泥多暂完洁，屋老终难固。况复非吾庐，聊尔避风雨。（苏辙《栾城后集·葺东斋》）

　　（278）非鳞亦非介，芒刺皮如猬。见形固可憎，况复论肠胃。（曾巩《金陵初食河豚戏书》）

　　（279）老夫慷慨兮怀国仇，恨不拔剑兮枭其头。争奈年华兮值衰暮，况复朝臣兮无可谋。（《全元杂剧·无名氏〈锦云堂暗定连环计〉》第二折）

　　（280）《大诰》，惟法司拟罪云有《大诰》减一等云尔。民间实未之见，况复有讲读者乎？（明陆容《菽园杂记》卷十）

　　（281）并门春色本凄凉，况复愁人日断肠！（清魏秀仁《花月痕》第四十一回）

第六章　结束语

　　魏晋南北朝时期的汉语在汉语的历时发展中有着极其重要的地位，是连接上古汉语与近代汉语的桥梁，它在上古汉语的基础上迅速发展，在语音、词汇、语法等各个方面都展现出了全新的面貌，很多现代汉语中常用的虚词即产生于这个时期。我们在本书中重点研究了此时期使用的连词，归纳出了此时期连词范畴的成员总量及具体的连词次类，也分析探讨了此时期新生连词的来源及发展，基本上完成了我们在研究初期设定的预期目标，取得了断代的连词研究的一些初步成果。

　　一、揭示了魏晋南北朝汉语使用的连词的全貌，概括了此时期连词范畴的基本特点。我们通过对划定的能基本反映此时期汉语面貌的文献语料的全面考察，以连词的语法功能标准为评判尺度，结合词语的语法意义，坚持适度从严的确定连词的原则，共归纳出了此时期使用的连词 104 个。这 104 个连词可以细分为九个连词次类，现代汉语的连词次类在此时期已基本齐备。据张宝林（1996，胡明扬编：435）的分析统计，现代汉语使用的连词总数为 137 个，与现代汉语相比，此时期的连词总数已经非常接近现代汉语的连词总数了。可见，连词作为一个相对封闭的虚词类别，它的总数在各个时代都不是很大的。而此时期使用的 104 个连词中，只表示一种语法意义的连词（单义连词）是 91 个，表示两种或两种以上语法意义的连词（多义连词）是 13 个。从产生时代上来看，这 104 个连词中，中古时期新生的单义连词是 56 个，新生的多义连词 2 个，而产生于魏晋南北朝的新生的单义连词为 35 个，可见，魏晋南北朝时期使用的连词相对于上古汉语来说，变化是很大的，也体现出了鲜明的时代特点。总体来说，此时期的连词表现出了以下四个方面的特点：（1）连词的复音化趋势非常明显。（2）连词正在逐渐向意义专一化方向发展。（3）连词各个次类的数量发展是不平衡的。（4）此时期新生的连词有多种来源途径。

二、文章重点关注魏晋南北朝时期的新生连词，初步得出了新生连词产生和发展的某些规律。首先，我们通过对此时期新生连词的考察，发现新生连词的来源途径是多样的，不能仅仅用短语凝固、同义复合、其他词汇成员的语法化等完全概括，其来源途径至少包括：（1）由其他词类的词汇成员（比如动词、副词、介词）经语法化过程演变成连词，如"但""将"。（2）由短语融合成复合词并演变成连词，如"因此"。（3）由同义的两个单音节连词复合构成新的同义连词，如"如脱""脱若"。（4）由两个相邻同现的不具有直接组合关系的词逐渐融合演变成连词，如"虽复""如或""如令"。（5）由单音节连词附加连词词缀"复"构成新的复合连词，如"正复""纵复"。（6）由别的连词类推而产生出新的连词，比如"逮""于此""傥或"。

其次，我们对此时期含有语素"或""复"及"使""令"的新生复合连词进行了成体系的贯通研究，发现：（1）此时期附加连词词缀"复"构成的复合连词数量是极少的，只有递进连词"况复""加复"及让步连词"虽复""正复""设复""纵复"6个，连词词缀"复"是由表重复义的副词"复"经历语法化而产生的，并且这些复合连词在进入近代汉语后都呈逐渐减少的趋势，最后在不同时代渐次消亡。（2）含有"或"这个语素的复合连词，并不是由同义复合的方式构成的，各个词语因产生的时代不同在来源的方式上表现出了个性差异。（3）前一语素单用时仍为连词，且含有"使"或"令"语素的复合连词，它们也并非由同义复合的途径产生的，这些复合连词的产生其实是比较复杂的，大致有三种因素参与了这些复合连词的形成：其一是单音节连词后表使令义的动词在语言环境下发生了语法化，导致动词义的丧失；其二是受汉语词汇复音化及韵律词规则的影响，单音节连词跟后面失去了动词义的"使"或"令"发生了词汇融合，导致产生了复合连词；其三，还有一些是受同义聚合体间的类推作用的影响而置换前一语素产生的。这样，经过历时的沉积，这些新生的和沿用的复合连词在魏晋南北朝汉语这个共时平面上，就呈现出了有规律性的整齐配对。

中古时期语法系统的发展，句法严密性的加强，客观上要求在连接语法单位时，使用能够较为清晰地表明语言成分间逻辑语义关系的语法功能词，从而促进了连词范畴的发展。而中古时期汉语词汇的发展表现出强烈的复音化趋势，受这种词汇演变潮流的影响，此时期新生的连词大部分也是复合词。在复合连词的形成过程中，双音节构成一个标准音步的韵律规则也产生了重大的推动作用。而直接导致新生连词产生的机制主要是语法化和类推。这里所说的类推不仅仅指语法化过程中的类推，还包括没有语法化过程参与的同类聚合体间的类推，索绪尔（1916/1981：232）曾说"类比是语言创造的原则"①，正揭示出了语言成分演变的本质规律之一，而我们对此时期连词的研究也证实了类推在新的连词的产生中所起的巨大作用。但新产生的连词在汉语发展中的命运也是各不相同的，有的因为在同类聚合体中具备较强的竞争力而沿用下来，有的却因缺乏竞争力而渐渐淡出语言使用领域并最终消亡。值得注意的是某个成员的消亡可能会波及与之同义的使用频率不高的连词成员，并导致这些成员相继消亡，如中古汉语新生的让步连词"正"消亡于唐代，而与它同义的含有语素"正"的复合让步连词"正令""正复"也同时消亡于唐代，复合的让步连词"正使"虽然在唐宋时期还有少量用例，但是到元明时期也最终消亡了。

尽管我们对魏晋南北朝汉语中的连词进行了全面系统的研究，也取得了部分阶段性成果，但是由于此时期新生的连词数量较多，限于研究的时间和学识能力，我们对很多新生连词尚来不及一一详细分析论述，有待于将来进一步论证完善。

---

① "类推"和"类比"意义是一样的，英语中对应的词是 analogy，早期语言学家翻译外语语言学著作时常使用"类比"对译"analogy"，当代的语言学译著都倾向于用"类推"去对译"analogy"。

参考文献

白玉林、迟铎主编，1988，《古汉语虚词词典》，中华书局。

北京大学中文系现代汉语教研室编，1993，《现代汉语》（重排本），商务印书馆。

曹炜，2003，《近代汉语并列连词"并"的产生、发展及其消亡》，《语文研究》第4期。

邓云华、石毓智，2006，《从限止到转折的历程》，《语言教学与研究》第3期。

董志翘、蔡镜浩，1994，《中古虚词语法例释》，吉林教育出版社。

董志翘、王东，2002，《中古汉语语法研究概述》，《南京师范大学文学院学报》第2期。

杜继文主编，2006，《佛教史》，江苏人民出版社。

段业辉，2002，《中古汉语助动词研究》，南京师范大学出版社。

范崇峰，2004，《魏晋南北朝佛教文献连词研究》，南京师范大学硕士学位论文。

方一新，1996，《东汉语料与词汇史研究刍议》，《中国语文》第2期。

冯胜利，1997，《汉语的韵律、词法与句法》，北京大学出版社。

高育花，2007，《中古汉语副词研究》，黄山书社。

郭齐，2000，《连词"并"的产生和发展》，《汉语史研究集刊》第三辑，巴蜀书社。

郭锡良、唐作藩等主编，1999，《古代汉语》（修订本），商务印书馆。

　　韩峥嵘，2005，《古汉语虚词手册》（第三版），吉林教育出版社。

　　侯学超，1988/1998，《现代汉语虚词词典》，北京大学出版社。

　　胡明扬，2007，《西方语言学名著选读》，中国人民大学出版社。

　　胡裕树主编，1962/1995，《现代汉语》，上海教育出版社。

　　黄伯荣、廖序东主编，1991/2007，《现代汉语》，高等教育出版社。

　　江蓝生，1988，《魏晋南北朝小说词语汇释》，语文出版社。

　　蒋冀骋，1990，《近代汉语的上限》（上），《古汉语研究》第 4 期。

　　蒋绍愚，1994，《近代汉语研究概况》，北京大学出版社。

　　蒋绍愚，1989/2005，《古汉语词汇纲要》，商务印书馆。

　　蒋绍愚、曹广顺主编，2005，《近代汉语语法史研究综述》，商务印书馆。

　　金立鑫，2007，《语言研究方法导论》，上海外语教育出版社。

　　黎锦熙，1924/1956，《新著国语文法》，商务印书馆。

　　李福印，2008，《认知语言学概论》，北京大学出版社。

　　李小军、唐小薇，2007，《"因而""从而"的词汇化》，《殷都学刊》第 1 期。

　　李英哲、卢卓群，1997，《汉语连词发展中的若干特点》，《湖北大学学报》（哲学社会科学版）第 4 期。

　　李佐丰，2004，《古代汉语语法学》，商务印书馆。

　　刘冠群，1957，《说"所以"》，《中国语文》1 月号。

　　刘光明，2006，《〈颜氏家训〉语法研究》，合肥工业大学出版社。

　　刘坚，1989，《试论"和"字的发展，附论"共"字、"连"字》，《中国语文》第 6 期。

　　刘月华等主编，1983，《实用现代汉语语法》，外语教学与研究出版社。

　　柳士镇，1992，《魏晋南北朝历史语法》，南京大学出版社。

　　柳士镇，2001，《试论中古语法的历史地位》，《南京大学学报》（哲学·人文科学·社会科学）第 5 期。

　　吕叔湘，1983/2002，《〈近代汉语读本〉序》，《吕叔湘全集》第 13

卷，辽宁教育出版社。

吕叔湘，1956/1990，《中国文法要略》（修订版），见《吕叔湘文集》第 1 卷，商务印书馆。

吕叔湘，1979/1984，《汉语语法分析问题》，见吕叔湘著《汉语语法论文集》（增订本），商务印书馆。

马贝加，2003，《转折连词"要"的产生》，《汉语史研究集刊》第五辑，巴蜀书社。

马建忠，1898/1983，《马氏文通》，商务印书馆。

潘允中，1982，《汉语语法史概要》，中州书画社。

潘志刚，2011，《论敦煌变文中的"忽"类假设连词》，《敦煌研究》第 1 期。

潘志刚，2012，《魏晋南北朝汉语连词研究概述》，《西南石油大学学报》（社会科学版）第 3 期。

潘志刚，2012，《论魏晋南北朝汉语连词与副词、介词的区别》，《江西农业大学学报》（社会科学版）第 2 期。

潘志刚，2013，《论中古汉语连词词项的确定原则》，《江西农业大学学报》（社会科学版）第 2 期。

潘志刚，2013，《论中古汉语新生连词"将"》，《西南石油大学学报》（社会科学版）第 5 期。

邱娟娟，2006，《试论因果连词"因此"的产生时代和原因》，《西华师范大学学报》第 1 期。

邵敬敏主编，2007，《现代汉语通论》（第二版），上海教育出版社。

史存直，1986/2008，《汉语语法史纲要》，中华书局。

孙琦，2006，《〈颜氏家训〉连词研究》，辽宁师范大学硕士学位论文。

孙锡信，1992，《汉语历史语法要略》，复旦大学出版社。

田范芬，2004，《连词"以及"的历史来源》，《古汉语研究》第 1 期。

汪维辉，2002，《"所以"完全变成连词的时代》，《古汉语研究》第 2 期。

汪维辉，2007，《〈齐民要术〉词汇语法研究》，上海教育出版社。

王海棻、赵长才等主编，1996，《古汉语虚词词典》，北京大学出版社。

王力，1943/1985，《中国现代语法》，商务印书馆。

王力，1958/1980，《汉语史稿》，中华书局。

王力，1989，《汉语语法史》，商务印书馆。

杨伯俊，1957，《答〈再说"所以"的上古用法〉和其它》，《中国语文》6 月号。

王云路、方一新，1992，《中古汉语语词例释》，吉林教育出版社。

吴福祥，1996，《敦煌变文语法研究》，岳麓书社。

吴福祥，2004，《近年来语法化研究的进展》，《外语教学与研究》第 1 期。

向熹，1993，《简明汉语史》，高等教育出版社。

邢福义主编，1991，《现代汉语》，高等教育出版社。

邢福义主编，2001，《汉语复句研究》，商务印书馆。

徐朝红，2007，《中古汉语并列连词"并"的发展演变》，《语言研究》第 4 期。

徐朝红，2008，《中古汉译佛经连词研究——以本缘部连词为例》，湖南师范大学博士学位论文。

徐萧斧，1981，《古汉语中的"与"和"及"》，《中国语文》第 5 期。

杨荣祥，2005，《近代汉语副词研究》，商务印书馆。

杨伯峻、何乐士，2001，《古汉语语法及其发展》，语文出版社。

于江，1996a，《虚词"与、及、并、和"的历史发展》，《上海大学学报》（社会科学版）第 1 期。

于江，1996b，《近代汉语"和"类虚词的历史考察》，《中国语文》第 6 期。

俞理明，1993，《佛经文献语言》，巴蜀书社。

袁林等，2002，《汉籍全文检索系统》（第 2 版），陕西师范大学出版社。

袁宾，1992，《近代汉语概论》，上海教育出版社。

袁毓林，1995，《词类范畴的家族相似性》，《中国社会科学》第1期。

张世禄主编，1991/2005，《古代汉语》（第3版），复旦大学出版社。

张谊生，1996，《交互类短语与连介兼类词的分化》，《中国语文》第5期。

张谊生，2000，《现代汉语副词研究》，学林出版社。

张爱丽，2005，《〈宋书〉连词研究》，南京师范大学硕士学位论文。

张宝林，1996，《连词的再分类》，《词类问题考察》（胡明扬主编），北京语言学院出版社。

张斌、胡裕树，1981/1989，《汉语的结构特点和语法研究》，见《汉语语法研究》（张斌、胡裕树著），商务印书馆。

张斌主编，2002，《新编现代汉语》，复旦大学出版社。

张斌主编，2001，《现代汉语虚词词典》，商务印书馆。

张相，1955/2008，《诗词曲语词汇释》，中华书局。

周刚，2003，《连词产生和发展的历史要略》，《安徽大学学报》（哲学社会科学版）第1期。

周生亚，2007，《〈搜神记〉语言研究》，中国人民大学出版社。

中国社会科学院语言研究所古代汉语研究室编，1999，《古代汉语虚词词典》，商务印书馆。

朱城，2000，《连词"所以"产生的时代》，《辽宁大学学报》（哲学社会科学版）第4期。

朱德熙，1983，《自指和转指——汉语名词化标记"的、者、所、之"的语法功能和语义功能》，《方言》第1期。

〔日〕太田辰夫，1958/2003，《中国语历史文法》（修订译本），蒋绍愚、徐昌华译，北京大学出版社。

〔日〕志村良治，1984/1995，《中国中世语法史研究》，江蓝生、白维国译，中华书局。

〔美〕霍伯尔、特拉格特，2005/2008，《语法化学说》（第2版），梁银峰译，复旦大学出版社。

〔英〕R. H. 罗宾斯，1996/1997，《简明语言学史》（第4版），许德宝等译，中国社会科学出版社。

〔德〕温格瑞尔、施密特，2006/2009，《认知语言学导论》（第2版），彭利贞等译，复旦大学出版社。

〔瑞士〕索绪尔，1916/1980，《普通语言学教程》，高名凯译，岑麒祥、叶蜚声校注，商务印书馆。

引用语料来源文献

《说文解字》   中华书局影印本，1963。

《大广益会玉篇》   中华书局，1987。

《说文解字注》   上海古籍出版社影印本，1981。

《左传》   十三经注疏本，中华书局，1980。

《尚书》   同上

《诗经》   同上

《礼记》   同上

《论语》   同上

《孟子》   同上

《周易》   同上

《公羊传》   同上

《战国策》   上海古籍出版社，1985。

《国语》   上海古籍出版社，1982。

《庄子》   诸子集成本，中华书局，1986。

《荀子》   同上

《韩非子》   同上

《墨子》   同上

《商君书》   同上

《管子》   同上

《吕氏春秋》   同上

《晏子春秋》   同上

《淮南子》	刘文典撰，新编诸子集成本，中华书局，1998。
《新语》	王利器撰，新编诸子集成本，中华书局，1986。
《新书》	阎振益、锺夏校注，新编诸子集成本，中华书局，2000。
《盐铁论》	王利器校注，新编诸子集成本，中华书局，1992。
《新序》	赵仲邑详注本，中华书局，1997。
《列女传》	刘晓东校点本，辽宁教育出版社，1998。
《春秋繁露》	苏奥撰，锺哲点校，新编诸子集成本，中华书局，1992。
《说苑》	文渊阁四库全书本，台湾商务印书馆，1985。
《韩诗外传》	同上
《白虎通义》	同上
《伤寒论》	同上
《金匮要略论注》	同上
《后汉纪》	同上
《吴越春秋》	四部丛刊初编本，上海书店，1989。
《论衡》	黄晖校释本，中华书局，1990。
《风俗通义》	王利器校注本，中华书局，1981。
《申鉴》	张涛等译注本，巴蜀书社，1991。
《太平经》	王明校本，中华书局，1985。
《搜神记》	汪绍楹校注本，中华书局，1985。
《搜神后记》	汪绍楹校注本，中华书局，1981。
《世说新语》	余嘉锡笺疏本，上海古籍出版社，1983。
《抱朴子内篇》	王明校释本，中华书局，1980。
《抱朴子外篇》	杨明照校笺，新编诸子集成本，中华书局，1991。

《洛阳迦蓝记》　　　　　　　范祥雍校注本，上海古籍出版社，1982。

《水经注》　　　　　　　　　陈桥驿校证本，中华书局，2007。

《齐民要术》　　　　　　　　缪启愉校释本，中国农业出版社，1982。

《颜氏家训》　　　　　　　　王利器集解本，上海古籍出版社，1980。

《古小说钩沉》　　　　　　　《鲁迅全集》20 卷本，第八卷，人民文学出版社，1973。

《高僧传》　　　　　　　　　汤用彤校注本，中华书局，1992。

《诗品》　　　　　　　　　　郭嵘注本，人民文学出版社，1980。

《曹子建集》　　　　　　　　文渊阁四库全书本，台湾商务印书馆，1985。

《文选》　　　　　　　　　　中华书局，1977。

《全上古三代秦汉六朝文》　　中华书局，1958。

《先秦汉魏晋南北朝诗》　　　中华书局，1984。

《史记》　　　　　　　　　　中华书局标点本，1959。

《汉书》　　　　　　　　　　中华书局标点本，1962。

《三国志》　　　　　　　　　中华书局标点本，1959。

《后汉书》　　　　　　　　　中华书局标点本，1965。

《宋书》　　　　　　　　　　中华书局标点本，1974。

《南齐书》　　　　　　　　　中华书局标点本，1972。

《魏书》　　　　　　　　　　中华书局标点本，1974。

《晋书》　　　　　　　　　　同上。

《隋书》　　　　　　　　　　中华书局标点本，1973。

《旧唐书》　　　　　　　　　中华书局标点本，1975。

《新唐书》　　　　　　　　　同上。

《南史》　　　　　　　　　　同上。

《二十四史全译》　　　　　　许嘉璐、安秋平主编，汉语大词典出版社，2004。

《太子慕魄经》　　　　　　　东汉安世高译，[日]《大正新修大藏经》第 3 册。（台湾）新文丰出版公司，1983。

《阿閦佛国经》　　　　　　东汉支娄迦谶译，［日本］《大正新修大藏经》第 11 册。（台湾）新文丰出版公司，1983。

《般舟三昧经》　　　　　　东汉支娄迦谶译，［日本］《大正新修大藏经》第 13 册。（台湾）新文丰出版公司，1983。

《成具光明定意经》　　　　东汉支曜译，［日本］《大正新修大藏经》第 15 册。（台湾）新文丰出版公司，1983。

《道行般若经》　　　　　　东汉支娄迦谶译，［日本］《大正新修大藏经》第 8 册。（台湾）新文丰出版公司，1983。

《中本起经》　　　　　　　东汉昙果共康孟详译，［日本］《大正新修大藏经》第 4 册。（台湾）新文丰出版公司，1983。

《生经》　　　　　　　　　西晋竺法护译，［日本］《大正新修大藏经》第 3 册。（台湾）新文丰出版公司，1983。

《大庄严论经》　　　　　　姚秦鸠摩罗什译，［日本］《大正新修大藏经》第 4 册。（台湾）新文丰出版公司，1983。

《六度集经》　　　　　　　三国吴康僧会编译，［日本］《大正新修大藏经》第 3 册。（台湾）新文丰出版公司，1983。

《贤愚经》　　　　　　　　北魏慧觉等译，［日本］《大正新修大藏经》第 4 册。（台湾）新文丰出版公司，1983。

《杂宝藏经》　　　　　　　北魏吉迦夜共昙曜译，［日本］《大正新修大藏经》第 4 册。（台湾）新文丰出版公司，1983。

《撰集百缘经》	三国吴支谦译，[日本]《大正新修大藏经》第 4 册。（台湾）新文丰出版公司，1983。
《菩萨本缘经》	三国吴支谦译，[日本]《大正新修大藏经》第 3 册。（台湾）新文丰出版公司，1983。
《过去现在因果经》	南朝宋求那跋陀罗译，[日本]《大正新修大藏经》第 3 册。（台湾）新文丰出版公司，1983。
《百喻经》	周绍良译注本，中华书局，2008。
《根本说一切有部毗奈耶安居事》	唐义净译，[日本]《大正新修大藏经》第 23 册，（台湾）新文丰出版公司，1983。
《根本说一切有部毗奈耶药事》	唐义净译，[日本]《大正新修大藏经》第 24 册，（台湾）新文丰出版公司，1983。
《根本说一切有部毗奈耶》	唐义净译，[日本]《大正新修大藏经》第 23 册，（台湾）新文丰出版公司，1983。
《弘明集》	梁僧佑撰，[日本]《大正新修大藏经》第 52 册。（台湾）新文丰出版公司，1983。
《全唐诗》	中华书局，1960。
《全唐文》	上海古籍出版社，1990。
《贞观政要》	谢保成集校本，中华书局，2003。
《唐律疏议》	中华书局，1983。
《柳宗元全集》	上海古籍出版社，1997。
《大唐新语》	《唐五代笔记小说大观》，上海古籍出版社，2000。
《唐阙史》	同上

《入唐求法巡礼行记》	白化文等校注本，花山文艺出版社，1992。
《唐会要》	上海古籍出版社，1991。
《敦煌变文集》	人民文学出版社，1957。
《敦煌变文选注》	项楚选注，中华书局，2006 增订本。
《大唐创业起居注》	上海古籍出版社，1983。
《全宋词》	中华书局，1965。
《苏东坡全集》	中国书店，1986。
《栾城后集》	文渊阁四库全书本，台湾商务印书馆，1985。
《五灯会元》	苏渊雷点校本，中华书局，2008。
《朱子语类》	中华书局，1994。
《三朝北盟会编》	上海古籍出版社，1987。
《宾退录》	《宋元笔记小说大观》，上海古籍出版社，2001。
《归潜志》	同上
《涑水纪闻》	同上
《云笈七籤》	李永晟点校本，中华书局，2003。
《董解元西厢记》	人民文学出版社，1978。
《新校元刊杂剧三十种》	徐沁君校点本，中华书局，1980。
《元典章·刑部》	祖生利、李崇兴点校本，山西古籍出版社，2004。
《菽园杂记》	《明代笔记小说大观》，上海古籍出版社，2005。
《水东日记》	魏中平点校本，中华书局，1980。
《水浒传》	人民文学出版社，1975。
《西游记》	人民文学出版社，1980。
《三国演义》	人民文学出版社，1974。
《金瓶梅词话》	文学古籍刊行社，1955。
《警世通言》	人民文学出版社，1959。

《醒世恒言》　　　　　　　人民文学出版社，1959。

《喻世明言》　　　　　　　同上。

《清平山堂话本》　　　　　人民文学出版社，1987。

《型世言》　　　　　　　　新华出版社，1988。

《红楼梦》　　　　　　　　人民文学出版社，1974。

《儒林外史》　　　　　　　人民文学出版社，1977。

《儿女英雄传》　　　　　　人民文学出版社，1983。

后　记

本书是在我的博士学位论文的基础上修改而成的，书稿最终完成之际，不免感慨万端。我依稀回忆起了 2007～2010 年在四川大学读博的艰辛而又美好的时光。川大深厚的人文学术底蕴给予了我从事学术研究丰富的营养，老师们求真务实的严谨学术品格也深深地熏陶影响着我。因此，我在川大求学所取得的点滴成绩及如今在学术研究中所取得的些许进步，无不凝聚着老师们的心血。因此，怀着一颗感恩的心，我诚挚地感谢指导、关心、帮助过我的师友及为我无私奉献的亲人。

我衷心地感谢业师蒋宗福教授，博士学位论文从定题到最后完成定稿，都是在他的悉心指导下顺利完成的。我也要衷心感谢赵振铎教授、俞理明教授、雷汉卿教授等多位给我们授课的老师，他们在授课时都将自己多年学术研究的经验、方法毫无保留地传授给我们，使我们打下了较为坚实的从事学术研究的基础，同时他们在博士学位论文答辩中也中肯地指出了我的疏漏错误并给予了很好的修改建议。我还要衷心感谢我的硕士期间的导师刘兴均教授，在我写作博士学位论文期间也得到了他的一些很好的建议。

我也非常感谢同门的师兄弟们，尤其要感谢同级的乔立智、曹文亮两位博士，在读博期间的学习中与他们的相互探讨使我受益良多，毕业后到了新的工作单位，他们也一直鼓励支持我在学术研究中不断前进。

我同时要感谢江西农大人文院的郭锦墉书记，宋秉斌院长，李道和副院长，陈建锋、孙尊章、徐凌等同事及江西农大经管院的朱红根教授，他们的鼓励和帮助也使我受益良多。

　　最后我要感谢我年迈的父母、贤淑的妻子朱艳华及懂事的女儿潘思宁，她们的理解、支持和奉献使我能静下心来修改自己的博士学位论文并最终形成本书定稿。

　　本书获得了 2014 年度江西省哲学社会科学成果出版资助项目的资助，被纳入《江西省哲学社会科学成果文库》出版，在此特别感谢江西省社会科学界联合会的关怀帮助。社会科学文献出版社的责任编辑李兰生为本书的出版付出了辛勤的劳动，在此一并致以诚挚的谢意。

　　由于时间及学识能力有限，本书疏漏错误之处在所难免，书中所有疏漏错误之处概由本人负责，敬请同行专家学者指正。

潘志刚

2014 年 6 月于江西农大人文与公共管理学院

图书在版编目（CIP）数据

魏晋南北朝汉语连词研究/潘志刚著.—北京：社会科学文献
出版社，2014.9
（江西省哲学社会科学成果文库）
ISBN 978 - 7 - 5097 - 6440 - 4

Ⅰ.①魏…　Ⅱ.①潘…　Ⅲ.①汉语 - 连词 - 研究 - 中国 -
魏晋南北朝时代　Ⅳ.①H146.2

中国版本图书馆 CIP 数据核字（2014）第 201193 号

·江西省哲学社会科学成果文库·
魏晋南北朝汉语连词研究

著　　者／潘志刚

出 版 人／谢寿光
项目统筹／王　绯　周　琼
责任编辑／李兰生

出　　　版／社会科学文献出版社·社会政法分社（010）59367156
　　　　　　地址：北京市北三环中路甲 29 号院华龙大厦　邮编：100029
　　　　　　网址：www.ssap.com.cn
发　　　行／市场营销中心（010）59367081　59367090
　　　　　　读者服务中心（010）59367028
印　　　装／三河市尚艺印装有限公司

规　　　格／开　本：787mm × 1092mm　1/16
　　　　　　印　张：17　字　数：261 千字
版　　　次／2014 年 9 月第 1 版　2014 年 9 月第 1 次印刷
书　　　号／ISBN 978 - 7 - 5097 - 6440 - 4
定　　　价／65.00 元